Ullstein

ÜBER DAS BUCH:

Diese weitgehend autobiographische Trilogie ist, wie Elie Wiesels Schicksal selbst, eine »Herausforderung an die Menschheit«; sie zeigt das Ringen mit dem allgegenwärtigen Tod.
Im ersten Teil, *Nacht,* wird der fünfzehnjährige Elischa aus seiner frommen jüdisch-chassidischen Umwelt gerissen. Mit Familie und Freunden wird er nach Auschwitz und Buchenwald gebracht. In der grauenvollen Atmosphäre sind Mörder und Opfer untrennbar in der Gemeinsamkeit verbunden, die der Tod herstellt. – *Morgengrauen:* Nach Kriegsende in Palästina. Jetzt steht Elischa auf der anderen Seite, er gehört den jüdischen Terrorgruppen an; Widerstand ist zwecklos, auch hier bleibt der Tod Herr des Lebens. – *Tag* spielt in New York. Als Journalist versucht Elischa zum Leben zu finden. Ein schwerer Unfall bringt ihn wiederum dem Tod nahe. Auch die Kraft der Liebe einer Frau vermag nicht zu siegen. Am Schluß steht die Frage nach Gott. Vielleicht ist auch er ein Opfer des allgegenwärtigen Todes geworden . . .

DER AUTOR:

Elie Wiesel wurde am 30. September 1928 in Sighet (Rumänien) geboren. Er überlebte Birkenau, Buchenwald und Auschwitz, ging nach dem Krieg nach Paris, studierte und ging 1963 nach Amerika. Er wurde Journalist und unterrichtete in New York, Boston und Yale »Jüdische Studien«. Die Liste seiner Ehrungen umfaßt mehrere Seiten, unter anderem 25 Ehrendoktorate und den *Prix Medicis.*
1986 Verleihung des Friedensnobelpreises für einen »der bedeutendsten geistigen Führer und Wegweiser einer Zeit, in der Gewalt, Unterdrückung und Rassismus immer noch das Bild der Welt mitprägen«.

Elie Wiesel

Die Nacht zu begraben, Elischa

Mit Vorreden von Martin Walser
und François Mauriac

Ullstein

ein Ullstein Buch
Nr. 20823
im Verlag Ullstein GmbH,
Frankfurt/M – Berlin
Titel der Originalausgaben:
La Nuit – L'Aube – Le Jour

Aus dem Französischen
von Curt Meyer-Clason

Ungekürzte Ausgabe

Umschlagentwurf:
Vera Bauer
Foto: Deutsche Presse-Agentur

Printed in Germany 1996
Druck und Verarbeitung:
Ebner Ulm
ISBN 3 548 20823 1

6. Auflage Februar 1996
Gedruckt auf alterungs-
beständigem Papier mit
chlorfrei gebleichtem Zellstoff

Die Deutsche Bibliothek –
CIP-Einheitsaufnahme

Wiesel, Elie:
Die Nacht zu begraben, Elischa / Elie
Wiesel. Mit Vorreden von Martin Walser
und François Mauriac. [Aus dem Franz.
von Curt Meyer-Clason]. – Ungekürzte
Ausg., 6. Aufl. – Frankfurt/M; Berlin:
Ullstein, 1996
(Ullstein-Buch; Nr. 20823)
ISBN 3-548-20823-1
NE: GT

Vom selben Autor
in der Reihe
der Ullstein Bücher:

Der Bettler von Jerusalem (20809)
Die Pforten des Waldes (20810)

VORWORT

zur deutschen Ausgabe 1962

Elie Wiesel wäre wohl unter allen Umständen ein Erzähler geworden. Wir hätten sicher erfahren vom Küster=Mosche aus Sighet, vom schwarzen Kopftuch der Großmutter, wären eingeweiht worden in die Fragen des Talmud=Schülers an seinen Lehrer Kalman, in die Antworten des kabbalistischen Lehrers mit dem vergilb=ten Bart. Und doch wäre aus Elie Wiesel kein Scholem Alejchem geworden, kein bloßer, wie gewaltiger Erzäh=ler auch immer, sondern einer, der Geschichten nur erzählt als Beispiel oder als Frage an seinen Gott. Elie Wiesel wäre vielleicht ein Bürger seiner chassidischen Provinz geblieben, wäre vielleicht ein jüdischer Mystiker geblieben, fromm und aufbegehrend, immer unterwegs mit der Frage, ob Leiden einen Sinn habe, ob der Mes=sias den „Ketten der Zukunft" zu entreißen sei.

Elie Wiesel war aber zwölf Jahre alt, als die ersten Juden aus Sighet deportiert wurden. Und er war noch nicht ganz fünfzehn, als er mit Vater und Mutter und Schwester und Verwandten und Nachbarn und Freunden durch das Lagertor von Auschwitz getrieben wurde. Er war fünfzehn, als er jenen Todesmarsch von Auschwitz nach Buchenwald überstand; es war da von den Seinen nur noch sein Vater bei ihm. Aber als Elie Wiesel dann befreit und aus dem Lager Buchenwald schwerkrank herausgetragen wurde, war er allein. Die Leute aus Sighet, die Verwandten, Vater und Mutter? „Die Friedhöfe liegen dort oben, aufgehängt im Himmel ..." Im deutschen Himmel über den Schornsteinen der deutschen Konzentrationslager. Paris, Palästina (vor der Gründung des Staates Israel) und Amerika sind, den drei Prosastücken nach zu urteilen, die nächsten Stationen Wiesels gewesen. Heute lebt der Beter aus der chassidischen Provinz in Amerika. Da er keine Muttersprache mehr hat, schreibt er französisch. Die chassidische Provinz ist ausgerottet. Der Schüler der jüdischen Mystik aus dem transsilvanischen Nest ist nach Manhattan verschlagen und dort für eine israelitische Zeitung tätig. Seine drei Stücke erzählen, was ist geworden aus dem Talmud-Schüler aus Sighet und seiner Leidenschaft für Fragen an Gott. „Die Toten", sagt Elie Wiesel, „nehmen auch die Zukunft ihrer Nachkommen mit ins Jenseits."

Was in Auschwitz und in Buchenwald getan wurde, kann nicht vergessen oder gar „bewältigt" werden. Wie die Henker weiterleben können, weiß niemand. Wahrscheinlich leichter als die Opfer, die überlebten. Wiesel erzählt von der Unmöglichkeit, Auschwitz zu überleben. Um wirklich zu überleben, um wieder Anteil nehmen zu können am Leben von Menschen, die Auschwitz nur vom Hörensagen kennen, die also mit einiger Freude auf dem Balkon frühstücken können, um zu denen, zu den lebendigen Menschen zu gehören, müßte man Auschwitz vergessen. Dazu müßte man Vater und Mut=

ter vergessen und zuallererst sich selbst. Verzeihen, bewältigen, das ganze sozialhygienische Vokabular einer auf säuberliche Erledigung bedachten Gesellschaft wirkt grotesk, wenn man in Elie Wiesels Aufzeichnungen Kenntnis erhält von dem verzweifelten und immer scheiternden Versuch des überlebenden Opfers, das bloße Leben wieder mitzumachen. Das Opfer bleibt an Auschwitz gekettet. An den Tod. „Schmerz, Scham und Schuldgefühl" lassen den Überlebenden nicht mehr teilnehmen, machen es ihm für immer unmöglich „nach Herzenslust Brot zu essen und im Winter gutes warmes Schuhwerk zu tragen". Ungeheurer kann die Klage nicht mehr ausgesprochen werden.

Es wäre besser, sagt Elie Wiesel, der Überlebende trennte sich von denen, die nicht das erlitten haben, was er erlitten hat: „Er verpestet nur die Luft." Was ihm angeboten wird an Liebe, Sorge, Freundschaft, erreicht ihn nicht mehr. Will er das gutgemeinte Angebot annehmen, muß er lügen, muß er sein Überleben auf eine Lüge bauen, muß so tun, als habe er vergessen. Anders ist keine Gemeinschaft möglich.

Mehr kann uns nicht gesagt werden. Härteres auch nicht. Man könnte sich einen besonders freundlichen literarischen Ratgeber vorstellen, der Elie Wiesels Buch diesem und jenem Leser nicht zumuten möchte, sein erfahrenes Gefühl sagt ihm: dieses Buch verpestet die Luft. Zum Beispiel, die Weihnachtsluft. Und es wird sich auch leicht eine literarische Begründung für solches Unbehagen finden lassen. Elie Wiesel paßt nicht in die von den Präzeptoren geforderte Entwicklung.

Wer nicht dabei gewesen ist, und doch schreiben will,

wie es war, der wird leicht ein Stilist. So kann unter Umständen große Literatur erzeugt werden. Der Manier ist kein Niveau verschlossen. Ja, das gerade macht die Manier, daß man sie eher an ihrem Niveau messen muß als an dem, was sie an Wirklichkeit noch mitführt. Die Chiffre etwa verbraucht die Wirklichkeit, die sie aufnimmt, wie eine Nahrung. War einer aber dabei, dann verschlägt es ihm vielleicht die Sprache. Er wird ein Opfer und ein Zeuge. Wenn er schreibt, wird das, was er schreibt, eine Aussage. Dieses Wort ist bei den Feinsten zur Zeit in Verruf. Elie Wiesel, der eine Fremdsprache schreiben muß und nicht in dem Lande lebt, in dem seine Fremdsprache gesprochen wird, wäre, unter anderen Umständen, vielleicht ein chassidischer Geschichtenerzähler geworden. Jetzt macht er als Opfer und als Zeuge eine Aussage. Aber er gibt keinen Bericht. Seine Aussage ist immer nach oben gerichtet, zu den Toten, die seine Zukunft mit sich genommen haben, und vor allem zu dem, den er in seiner Jugend mit Talmud und Kabbala anging um Antwort, den er jetzt, nach Auschwitz und Buchenwald, mit Schilderung und Beschwörung aller geschehenen Furchtbarkeit zur Antwort zwingen will. Für diesen Überlebenden sind Gott und die Welt in Verlust geraten. Er kann sich kein Bild mehr machen. Und schon gar keine Chiffre. Das teilt er uns mit. Und vor dieser Mitteilung erlischt jene spielerische Freiheit, die wir dem Stilisten gegenüber haben. Versagt wird uns jenes feine Vergnügen, alle Wirklichkeit im Stil aufgehoben zu sehen. Literatur als Mitteilung ist keine kulinarische Literatur. Sie ist aber, glaube ich, die einzige Literatur, die notwendig ist.

Martin Walser

Nacht

FRANÇOIS MAURIAC

Mitglied der Académie française
zur Originalausgabe „La Nuit"

Ich bekomme oft Besuch von ausländischen Journalisten. Ich fürchte sie, weil ich zwischen dem Wunsch, mich ihnen gegenüber rückhaltlos zu eröffnen, und der Angst, einem Gesprächspartner, dessen Einstellung zu Frankreich ich nicht kenne, eine Waffe in die Hand zu geben, hin und her schwanke. Daher übe ich bei solchen Begegnungen stets Vorsicht.

An jenem Vormittag erweckte der junge Israelit, der mich im Auftrage einer Tel=Aviver Zeitung aufsuchte, sofort meine Sympathie, gegen die ich mich nicht lange zu wehren brauchte, da unser Gespräch rasch eine persönliche Wendung nahm. So kam ich bald auf Erinnerungen aus der Besatzungszeit zu sprechen. Nicht immer gehen uns die Umstände nahe, die wir unmittelbar erlebt haben. Ich vertraute meinem jungen Besucher an, daß kein Anblick jener dunklen Jahre mich so betroffen habe wie jene mit jüdischen Kindern gefüllten Eisenbahnwagen auf dem Austerlitz=Bahnhof ... Zwar sah ich sie nicht mit eigenen Augen, aber meine Frau, noch ganz benommen von dem Schrecken, den sie bei ihrem Anblick empfand, hatte sie mir beschrieben. Damals kannten wir die Vernichtungsmethoden der Nazis noch nicht. Wer hätte sie sich auch vorzustellen vermocht! Aber diese ihren Müttern entrissenen Lämmer — das übertraf alles, was wir für möglich gehalten hätten. Ich glaube, an jenem Tag zum erstenmal an das Geheimnis des Bösen gerührt zu haben, dessen Offenbarung das Ende der einen und den Anfang einer neuen Zeit bedeutet. Der Traum, den der Mensch des Westens im 18. Jahrhundert ersonnen und dessen Morgenröte er im Jahre 1789 erlebt zu haben glaubte und der sich bis zum 2. August 1941 durch den Fortschritt der Aufklärung und die Entdeckungen der Wissenschaft bereichert hat — dieser Traum ist für mich angesichts der mit kleinen Jungen vollgestopften Eisenbahnwagen endgültig versunken. Trotzdem war ich weit davon entfernt, anzunehmen, daß sie die Gas- und Vernichtungskammern speisen sollten.

Das mußte ich dem Journalisten anvertrauen. Als ich seufzte: „Wie oft habe ich an diese Kinder gedacht!" sagte er: „Ich bin eines von ihnen!" Er war einer von ihnen! Er hatte seine Mutter, sein angebetetes Schwesterchen und alle Seinigen mit Ausnahme des Vaters in dem mit lebenden Geschöpfen geheizten Ofen verschwinden sehen. Was seinen Vater betrifft, so wohnte er dessen Martyrium Tag für Tag, dessen Todeskampf und Tod bei. Was für ein Tod! Dieses Buch berichtet von seinen Einzelheiten, deren Entdeckung ich den Lesern überlasse, die hoffentlich ebenso zahlreich sein werden wie die des „Tagebuch der Anne Frank", und von dem Wunder, dem der Knabe seine Rettung verdankt.

Dieses Zeugnis, das auf so viele bekannte folgt und ein Entsetzen beschreibt, das wir bis ins kleinste zu kennen glauben, ist meiner Auffassung nach jedoch anders geartet, einzigartig, einmalig. Das Schicksal der Juden aus dem siebenbürgischen Städtchen Sighet, ihre Blindheit gegenüber einem Schicksal, dem sie hätten rechtzeitig entfliehen können und dem sie sich mit unbegreiflicher Passivität auslieferten, taub für die Warnungen und flehentlichen Bitten eines, der dem Massaker entkommen ist und Dinge erzählt, die er mit eigenen Augen gesehen hat; sie aber weigern sich ihm zu glauben und halten ihn für verrückt – diese Gegebenheiten hätten genügt, ein Werk zu beflügeln, dem meines Erachtens kein anderes an die Seite gestellt zu werden verdient.

Das Buch hat mich jedoch wegen eines anderen Aspektes außerordentlich gefesselt. Das Kind, das uns hier seine Geschichte erzählt, ist ein Erwählter Gottes. Seit dem Erwachen seines Bewußtseins lebte der Knabe, genährt vom Talmud, begierig, in die Kabbala eingeweiht zu werden, dem Ewigen verschworen, nur für Gott. Haben wir jemals an diese Folge eines weniger sichtbaren, weniger auffallenden Schreckens als jedes anderen Entsetzens gedacht – jedenfalls an das Schlimmste von allen für uns, die wir den Glauben besitzen: an den Tod Gottes in dieser Kinderseele, die mit einem Schlage das absolut Böse entdeckt?

Versuchen wir zu begreifen, was sich in ihm abspielt, während seine Augen zusehen, wie sich die schwarzen Rauchringe des Verbrennungsofens, in den sein Schwesterchen und seine Mutter nach Millionen anderer gestürzt werden sollen, im Himmel auflösen:

„Nie werde ich diese Nacht vergessen, die erste Nacht im Lager, die aus meinem Leben eine siebenmal verriegelte lange Nacht gemacht hat.

Nie werde ich diesen Rauch vergessen.

Nie werde ich die kleinen Gesichter der Kinder vergessen, deren Körper vor meinen Augen als Spiralen zum blauen Himmel aufstiegen.

Nie werde ich die Flammen vergessen, die meinen Glauben für immer verzehrten.

Nie werde ich das nächtliche Schweigen vergessen, das mich in alle Ewigkeit um die Lust am Leben gebracht hat.

Nie werde ich die Augenblicke vergessen, die meinen Gott und meine Seele mordeten, und meine Träume, die das Antlitz der Wüste annahmen.

Nie werde ich das vergessen, und wenn ich dazu verurteilt wäre, so lange wie Gott zu leben. Nie."

Nun verstand ich, was ich vom ersten Augenblick an dem jungen Israeliten geliebt hatte: den Blick eines auferstandenen Lazarus, und dennoch eines Gefangenen düsterer Gestade, an denen er, über geschändete Leichen stolpernd, umherirrte. Für ihn drückte Nietzsches Schrei eine fast physische Wirklichkeit aus: Gott ist tot. Der Gott der Liebe, der Sanftheit und des Trostes, der Gott Abrahams, Isaaks und Jakobs hat sich im Blick dieses Knaben für immer im Rauch des Menschenopfers aufgelöst, das die götzengierigste aller Rassen gefordert hat. Bei wie vielen Juden ist dieser Tod nicht eingetreten? An jenem furchtbaren Tage, unter den furchtbaren Tagen, an dem der Knabe dem Hängen (sic!) eines anderen Knaben beiwohnte, der — wie Wiesel uns erzählt — das Gesicht eines unglücklichen Engels hatte, hörte er jemand hinter sich seufzen: „Wo ist Gott? Wo ist er? Wo ist nur Gott?" Und eine Stimme antwortete in mir: „Wo er ist? Hier — an diesem Galgen hängt er."

Am letzten Tag des jüdischen Jahres wohnt der Knabe der Feier von Rosch=Haschanah bei und hört Tausende von Sklaven einstimmig rufen: „Gepriesen sei der Name des Ewigen!" Vor kurzem hätte auch er sich niedergeworfen, und mit welcher Anbetung, mit welcher Furcht, mit welcher Liebe! Heute steht er auf und bietet ihm die Stirn. Die über alles Maß des für Herz und Hirn Erträglichen hinaus erniedrigte und beleidigte Kreatur fordert die blinde, taube Gottheit heraus: „Heute betete ich nicht mehr. Ich war außerstande zu seufzen. Ich fühlte mich im Gegenteil stark. Ich war der Ankläger. Und Gott war der Angeklagte. Meine Augen waren sehend geworden und ich war allein, furchtbar allein auf der Welt, ohne Gott, ohne Menschen. Ohne Liebe und ohne Mitleid. Ich war nur noch Asche, aber ich fühlte mich stärker als der Allmächtige, mit dem mein Leben so lange verknüpft gewesen war. Inmitten dieser Gemeinde war ich ein fremder Beobachter."

Was konnte ich, der ich glaube, daß Gott die Liebe ist, meinem jungen Gesprächspartner antworten, dessen blaue Augen den Widerschein der Trauer jenes Engels bewahren, die eines Tages in den Gesichtszügen des gehängten Knaben erschienen war? Was habe ich ihm gesagt? Habe ich ihm von jenem Israeliten gesprochen, von dem Bruder, der ihm vielleicht glich, von jenem Gekreuzigten, dessen Kreuz die Welt besiegt hat? Habe ich ihm bestätigt, daß das, was für ihn ein Stein des Anstoßes wurde, für mich der Eckstein geworden ist und daß die Übereinstimmung zwischen dem Kreuz und dem Leiden der Menschen in meinen Augen der Schlüssel zu dem unergründlichen Geheimnis bleibt, in dem sein Kinderglauben verlorengegangen ist? Dennoch ist Zion aus den Gaskammern und Beinhäusern wieder erstanden. Das jüdische Volk ist aus seinen Millionen von Toten auferstanden. Durch sie lebt es von neuem. Wir kennen nicht den Wert eines einzigen Tropfen Bluts, einer einzigen Träne. Alles ist Gnade. Wenn der Ewige der Ewige ist, gehört ihm das letzte Wort eines jeden von uns. Das hätte ich dem jungen Juden sagen sollen. Statt dessen habe ich ihn nur weinend umarmen können.

Dem Gedenken meiner Eltern
und meiner kleinen Schwester, Tsipora

Sie nannten ihn den Küster=Mosche, als habe er nie einen Familiennamen besessen. In einer chassidischen Synagoge war er das Mädchen für alles. Die Juden von Sighet – dem Siebenbürgener Städtchen, in dem ich meine Kindheit verlebt habe – mochten ihn gerne. Er war bettelarm und lebte jammervoll. Wenn die Bewohner meiner Heimatstadt auch die Armen unterstützten, so liebten sie sie deshalb noch lange nicht. Der Küster=Mosche bildete jedoch eine Ausnahme. Er störte niemanden und seine Anwesenheit ging niemandem auf die Nerven. Er beherrschte die Kunst, nicht aufzufallen und sich unsichtbar zu machen.

Körperlich war er linkisch wie ein Clown. Mit seiner Schüchternheit eines Waisenkindes erregte er Heiterkeit. Ich liebte seine großen träumenden Augen, die sich in der Welt zu verlieren schienen. Er sprach wenig, sang dafür aber viel, freilich war es mehr ein Singsang. Das wenige, das man verstehen konnte, handelte vom Leiden der Gottheit, von der Verbannung der Vorsehung, die nach der Kabbala ihre Erlösung in der des Menschen erwartet.

Ich lernte ihn gegen Ende des Jahres 1941 kennen, als ich zwölf Jahre und tief gläubig war. Tags lernte ich im Talmud und abends lief ich in die Synagoge, um die Zerstörung des Tempels zu beweinen.

Eines Tages bat ich meinen Vater, mir einen Lehrer zu besorgen, der mich in der Kabbala unterweisen könne.

„Dafür bist du noch zu jung. Erst mit dreißig Jahren, sagt Maimonides, ist man befugt, sich in eine Welt zu wagen, die voller mystischer Gefahren ist. Vorläufig sollst du die Anfangsgründe lernen, für die du gerade reif genug bist."

Mein Vater war ein kultivierter und ganz unsentimentaler Mann, der selbst im engsten Kreise Gefühlsäußerungen vermied und sich mehr um Fremde als um seine eigene Familie kümmerte. Die jüdische Gemeinde von Sighet achtete ihn hoch; oft wurde er für Fragen der Öffentlichkeit und sogar für Privatangelegenheiten bemüht. Wir waren vier Geschwister: die älteste hieß Hilda, dann kam Bea, ich war der dritte und einzige Sohn, gefolgt von Judith, der jüngsten.

Meine Eltern hatten ein Handelsgeschäft, bei dem ihnen Hilda und Bea halfen. Mein Platz sei im Lehrhaus, sagten sie.

„In Sighet gibt es keine Kabbalisten", wiederholte mein Vater, der mir solche Ideen auszureden suchte. Aber vergebens. Ich fand meinen eigenen Lehrer – im Küster-Mosche.

Er hatte mich eines Tages beobachtet, als ich in der Abenddämmerung betete.

„Warum weinst du beim Beten?" fragte er, als kenne er mich seit langem.

„Ich weiß nicht", erwiderte ich verstört. Die Frage war mir nie gekommen. Ich weinte, weil ... weil etwas in mir weinen wollte. Ich konnte nichts dazu sagen.

„Warum betest du?" fragte er mich eine Weile später.

„Ich weiß es nicht", antwortete ich noch verwirrter und befangener. „Ich weiß es wirklich nicht."

Von diesem Tage an sah ich ihn häufig. Er versuchte mir eindringlich zu erklären, daß jede Frage eine Kraft besitzt, welche die Antwort nicht mehr enthält.

„Der Mensch erhebt sich zu Gott durch die Fragen, die er an ihn stellt", pflegte er immer wieder zu sagen. „Das ist die wahre Zwiesprache. Der Mensch fragt und Gott antwortet. Aber man versteht seine Antworten nicht. Man kann sie nicht verstehen, denn sie kommen aus dem Grunde der Seele und bleiben dort bis zum Tode. Die wahren Antworten, Elieser, findest du nur in dir."

„Und warum betest du, Mosche?" fragte ich ihn.

„Ich bete zu Gott, der in mir ist, daß er mir die Kraft gebe, ihm wahre Fragen zu stellen."

So unterhielten wir uns fast jeden Abend. Nachdem alle Gläubigen gegangen waren, blieben wir in der dunklen Synagoge sitzen, in der noch ein paar halb heruntergebrannte Kerzen flackerten.

Eines Abends gestand ich ihm, wie unglücklich ich sei, keinen Lehrer in Sighet finden zu können, der mich in den Sohar, in die kabbalistischen Bücher und die Geheimnisse der jüdischen Mystik einführen könne. Er lächelte nachsichtig und sagte nach einer langen Weile:

„Es gibt tausend und eine Tür zum Garten der mystischen Wahrheit. Jeder Mensch hat seine Tür. Er darf sich nur nicht täuschen und ihn durch eine Tür betreten wollen, die nicht zu ihm gehört. Das ist gefährlich für den, der eintreten will und für den, der sich schon im Garten befindet."

Und Küster=Mosche, der arme Barfüßige von Sighet, sprach mit mir stundenlang von der Klarheit und vom Geheimnis der Kabbala. Bei ihm begann meine Ein=weihung. Zehnmal, zwanzigmal lasen wir ein und die=selbe Stelle des Sohar zusammen. Nicht um sie aus=wendig zu lernen, sondern um das Wesen, den Kern der Gottheit zu begreifen.

So gewann ich im Laufe der langen Abende die Über=zeugung, daß Küster=Mosche mich in die Ewigkeit mit=nehmen würde, in jene Zeit, in der Frage und Antwort eins werden.

Eines Tages wurden die ausländischen Juden aus Sighet gejagt; Küster=Mosche war Ausländer.

Von ungarischen Polizisten in Viehwagen gesperrt, weinten sie dumpf vor sich hin. Auch wir weinten auf dem Bahnsteig. Der Zug verschwand hinter dem Hori=zont, und nur ein dichter schmutziger Rauch blieb zurück.

Ich hörte einen Juden hinter mir seufzen:

„Was wollen sie? Es ist Krieg . . ."

Die Deportierten waren rasch vergessen. Einige Tage nach ihrer Verfrachtung hieß es, sie arbeiteten in Gali=zien, und seien sogar mit ihrem Los ausgesöhnt.

Tage vergingen, Wochen, Monate. Das Leben kehrte

in seine gewohnten Bahnen zurück. Ein stilles Genügen erfüllte alle Häuser. Die Kaufleute machten gute Geschäfte, die Studenten lebten in ihren Büchern und die Kinder spielten auf der Straße.

Eines Tages sah ich auf dem Wege zur Synagoge auf einer Bank an der Tür den Küster=Mosche sitzen.

Er erzählte mir seine Geschichte und die seiner Gefährten. Der Zug der Ausgewiesenen hatte die ungarische Grenze passiert und war auf polnischem Gebiet von der Gestapo übernommen worden. Dort hielt er an. Die Juden mußten aussteigen und auf Lastwagen klettern, die einem Wäldchen entgegenfuhren. Dort hieß es: aussteigen und tiefe Gräben ausheben. Als sie ihre Arbeit beendet hatten, begann die Gestapo die ihre. Ohne Leidenschaft, ohne Hast erschossen sie ihre Gefangenen. Jeder mußte sich dem Loch nähern und sein Genick hinhalten. Säuglinge wurden in die Luft geschleudert und von den Maschinengewehren aufs Korn genommen. Das geschah in den galizischen Wäldern, in der Nähe von Kolomea. Wie entkam der Küster=Mosche aus dieser Hölle? Durch ein Wunder. Da er einen Beinschuß erhalten hatte, hielt man ihn für tot . . .

Tage= und nächtelang lief er von einem Haus zum andern und erzählte die Geschichte Malkas, des jungen Mädchens, das drei Tage lang starb, und das Schicksal des Schneiders Tobias, der flehte, man möge ihn vor seinen Söhnen erschießen . . .

Mosche war verändert. In seinen Augen leuchtete keine Freude mehr. Er sagte nichts mehr. Er sprach nicht mehr von Gott oder der Kabbala, nur noch von dem, was er gesehen hatte. Die Leute weigerten sich nicht nur, seine Geschichten zu glauben, sondern auch, sie anzuhören.

„Er will nur Mitleid erwecken. Was für eine krankhafte Phantasie er hat ..."

Oder es hieß:

„Der Arme, er muß verrückt geworden sein."

Er aber jammerte nur:

„Juden, hört mich an. Nur darum bitte ich euch. Nicht um Geld, nicht um Mitleid. Aber daß ihr mich anhört", schrie er in der Synagoge zwischen Abend- und Nachtgebet.

Auch ich glaubte ihm nicht. Oft setzte ich mich nach der Abendandacht zu ihm, lauschte seinen Geschichten und versuchte, seine Trauer zu begreifen. Ich hatte nur Mitleid mit ihm.

„Man hält mich für einen Verrückten", murmelte er, während Tränen wie Wachstropfen über seine Wangen liefen.

Einmal stellte ich ihm die Frage:

„Warum willst du unbedingt, daß man dir glaubt? An deiner Stelle wäre es mir gleichgültig, ob man mir glaubt oder nicht ..."

Wie um der Zeit zu entfliehen, schloß er die Augen:

„Das verstehst du nicht", entgegnete er verzweifelt. „Das kannst du nicht verstehen. Ich bin durch ein Wunder gerettet worden. Ich bin wieder hierher gelangt. Woher habe ich die Kraft genommen? Ich wollte nach Sighet zurückkehren, um euch meinen Tod zu erzählen. Damit ihr euch vorbereiten könnt, solange es noch Zeit ist. Leben? Ich lege keinen Wert mehr darauf. Ich bin allein. Aber ich wollte zurückkommen und euch warnen. Und jetzt hört niemand auf mich ..."

Das war gegen Ende des Jahres 1942.

Dann ging das Leben wieder seinen gewohnten Gang. Im Radio, das wir allabendlich einschalteten, hörten wir aus London erfreuliche Nachrichten; tägliche Bombardierung Deutschlands, der Fall von Stalingrad, Vorbereitung der zweiten Front. So harrten wir Juden von Sighet auf bessere Tage, die da kommen sollten.

Unterdessen fuhr ich fort, fleißig zu lernen. Tags den Talmud, abends die Kabbala. Mein Vater widmete sich seinem Handel und der Gemeinde. Mein Großvater war zu Besuch gekommen, um dem Neujahrsgottesdienst des berühmten Rabbi von Borsche beiwohnen zu können. Meine Mutter begann sich mit dem Gedanken zu tragen, einen passenden Mann für Hilda zu finden.

So verging das Jahr 1943.

Das Frühjahr 1944 brachte glänzende Nachrichten von der russischen Front. Über Deutschlands bevorstehende Niederlage konnte kein Zweifel mehr bestehen. Es war nur mehr eine Frage der Zeit, von Monaten, vielleicht nur von Wochen.

Die Bäume blühten. Es war ein Jahr wie so viele andere, mit seinem Frühling, mit seinen Verlobungen, Hochzeiten und Geburten.

Die Leute sagten:

„Die Rote Armee rückt mit Riesenschritten näher ... Hitler wird außerstande sein, uns etwas anzutun, selbst wenn er es will.“

Ja, wir zweifelten selbst an seinem Willen, uns auszulöschen.

Sollte er ein ganzes Volk vernichten, eine über so viele Länder verstreute Volkschaft ausrotten wollen? Millionen Menschen – mit welchen Mitteln denn?

Daher interessierten die Leute sich für alles – für die Kriegsführung, die Diplomatie, die Politik, und den Zionismus –, nur nicht für ihr eigenes Los.

Selbst Küster=Mosche war verstummt und zu müde zum Sprechen. Mit gesenktem Blick und gebeugtem Rücken irrte er in der Synagoge oder den Straßen umher und wich den Blicken der Fußgänger aus.

Zu jener Zeit war es noch möglich, eine Auswanderungserlaubnis nach Palästina zu erwirken. Ich hatte meinen Vater gebeten, alles zu verkaufen, aufzulösen und abzureisen.

„Ich bin zu alt, mein Sohn", erwiderte er. „Zu alt, um ein neues Leben zu beginnen. Zu alt, um in einem fernen Land von vorne anzufangen..."

Radio Budapest verkündete die Machtergreifung durch die faschistische Partei. Miklos von Horthy wurde gezwungen, den Chef der Nyilas-Partei um die Bildung einer neuen Regierung zu bitten.

Auch das genügte noch nicht, um uns zu beunruhigen. Zwar hatten wir von den Faschisten reden hören, aber das bedeutete für uns kaum mehr als einen Regierungswechsel.

Am folgenden Tag traf eine beunruhigende Nachricht ein: Die deutschen Truppen hatten mit der Zustimmung der Regierung ungarisches Hoheitsgebiet betreten.

Da und dort begann Unruhe aufzuflackern. Einer unserer Freunde namens Berkowitz, der soeben von der Hauptstadt zurückkehrte, erzählte:

„Die Juden von Budapest leben in Furcht und Schrek-ken. Tagtäglich erlebt man in den Straßen, in den Zügen antisemitische Kundgebungen. Die Faschisten vergreifen sich an den jüdischen Läden und Synagogen. Die Lage wird allmählich blutig ernst ...“

Wie ein Lauffeuer verbreiteten sich diese Nachrichten in Sighet, überall war davon die Rede. Aber nicht lange. Bald kehrte der allgemeine Optimismus zurück:

„Die Deutschen kommen nicht bis hierher. Sie bleiben bestimmt in Budapest. Und zwar aus strategischen, politischen Gründen ...“

Es waren noch keine drei Tage vergangen, als die Panzerwagen der deutschen Wehrmacht durch unsere Straßen rollten.

Wir hatten Angst vor den deutschen Soldaten mit ihren Stahlhelmen und ihrem Abzeichen, dem Totenkopf.

Dennoch war der erste Eindruck durchaus beruhigend. Die Offiziere wurden in Privatwohnungen, sogar bei Juden, einquartiert. Ihre Haltung gegenüber ihren Gastgebern war zurückhaltend. Nie forderten sie Unmögliches, ließen keine unfreundlichen Bemerkungen fallen und gönnten der Hausfrau sogar bisweilen ein Lächeln. Ein deutscher Offizier bewohnte das uns gegenüberliegende Haus, wo er ein Zimmer bei Kahns hatte. Es hieß, er sei ein reizender Mensch: still, sympathisch und höflich. Drei Tage nach seinem Einzug brachte er Frau Kahn eine Schachtel Schokolade mit. Die Optimisten frohlockten:

„Na und? Was hat man uns prophezeit? Ihr wolltet's nicht glauben. Hier sind sie, *eure* Deutschen. Und was sagt ihr jetzt? Wo ist ihre berühmte Grausamkeit?"

Die Deutschen waren schon in der Stadt, die Faschisten waren schon an der Macht, das Urteil war bereits gesprochen und die Juden von Sighet lächelten noch immer.

Dann kam die Osterwoche.

Das Wetter war herrlich. Meine Mutter machte sich in ihrer Küche zu schaffen. Die Synagogen waren geschlossen worden, so daß man in Privathäusern zusammenkam: man durfte die Deutschen doch nicht herausfordern. Somit wurde praktisch jede Wohnung eines Rabbiners zu einem Ort des Gebets.

Man trank, man aß, man sang. Die Bibel verlangte, wir sollten uns während der acht Festtage freuen und fröhlich sein. Aber das Herz war nicht dabei. Das Herz schlug seit einigen Tagen heftiger. Man wünschte, das Fest möge zu Ende gehen, damit man nicht gezwungen war, diese Komödie zu spielen.

Am siebten Ostertag ging der Vorhang auf: die Deutschen nahmen die Oberhäupter der jüdischen Gemeinde fest.

Von diesem Augenblick an lief alles blitzschnell ab. Das Rennen zum Tode hatte begonnen.

Erste Maßnahme: Die Juden durften bei Todesstrafe drei Tage lang nicht das Haus verlassen.

Küster-Mosche kam angerannt und schrie meinem Vater ins Gesicht:

„Ich habe euch gewarnt ..." Und ohne eine Antwort abzuwarten, entschwand er.

Am selben Tag drang die ungarische Polizei in alle jüdischen Häuser der Stadt ein: ein Jude hatte nicht mehr das Recht, Gold, Juwelen und Wertsachen zu besitzen; alles mußte bei Todesstrafe den Behörden abgeliefert werden. Mein Vater stieg in den Keller und grub unsere Ersparnisse ein.

Im Hause ging meine Mutter ihren Beschäftigungen nach und hielt nur manchmal inne, um uns schweigend anzublicken.

Nach Ablauf der drei Tage wurde eine neue Verordnung bekanntgegeben: jeder Jude mußte den gelben Stern tragen.

Honoratioren der Gemeinde suchten meinen Vater auf – der gute Beziehungen zu den höheren Stellen der ungarischen Polizei unterhielt –, um seine Meinung über die Lage zu hören. Mein Vater sah die Lage nicht allzu düster an, vielleicht wollte er die anderen auch nicht entmutigen und ihnen nicht noch weher tun:

„Der gelbe Stern? Na und? Man stirbt doch nicht davon ..."

(Armer Vater! Woran bist du dann gestorben?) Aber schon wurden neue Bestimmungen an den Häusern angeschlagen. Es wurde uns untersagt, Gaststätten und Cafés zu besuchen, in der Eisenbahn zu fahren, in die Synagoge zu gehen, uns nach achtzehn Uhr auf der Straße zu zeigen.

Dann kam das Ghetto.

Zwei Ghettos wurden in Sighet errichtet. Ein großes mitten in der Stadt umfaßte vier Straßen; ein zweites, kleineres, erstreckte sich über mehrere Gassen der Vorstadt. Die Straße, in der wir wohnten, die Schlangenstraße, befand sich im Umkreis des ersten. Wir blieben somit in unserem Hause wohnen. Da es aber ein Eckhaus war, mußten die nach der Straße gehenden Fenster zugenagelt werden. Wir überließen ein paar Zimmer Verwandten, die aus ihren Wohnungen vertrieben worden waren.

Langsam renkte sich das Leben wieder ein. Der Stacheldraht, der uns wie eine Mauer umschloß, flößte uns keine ernstliche Angst ein. Wir fühlten uns sogar ganz wohl: wir waren ja unter uns. Eine kleine jüdische Republik... Man rief einen jüdischen Verwaltungsrat ins Leben, eine jüdische Polizei, eine soziale Hilfsstelle, einen Arbeitsausschuß, ein Gesundheitsamt – mithin einen gesamten Regierungsapparat.

Alle staunten. Von jetzt ab würden wir nicht mehr den feindseligen Gesichtern, nicht mehr den haßerfüllten Blicken ausgesetzt sein. Furcht und Angst waren ausgestanden und vorbei. Wir lebten unter Juden, unter Brüdern...

Natürlich gab es immer wieder peinliche Augenblicke. Jeden Tag holten die Deutschen Männer zur Verladung von Kohle auf ihre Militärtransportzüge. Für diese Arbeit gab es wenige Freiwillige. Aber abgesehen davon war die Atmosphäre friedlich und beruhigend.

Allgemein wurde angenommen, daß wir bis zum Kriegsende, bis zum Einmarsch der Roten Armee, im Ghetto bleiben würden. Dann würde das alte Leben wieder einkehren. Somit herrschte weder der Deutsche noch der Jude im Ghetto, sondern die Illusion.

Am Samstag vor Pfingsten schlenderten die Menschen unter dem Frühlingshimmel sorglos durch die bevölkerten Straßen. Man plauderte fröhlich. Die Kinder spielten mit Haselnüssen auf dem Gehsteig. In Esra Maliks Garten versuchte ich mit einigen Kameraden eine Stelle im Talmud zu ergründen.

Die Nacht brach ein. Im Hof unseres Hauses waren etwa zwanzig Personen versammelt, denen mein Vater Geschichten erzählte und seine Meinung über die Lage auseinandersetzte. Er war ein guter Erzähler.

Plötzlich ging die Tür zum Hof einen Spalt auf und Stern – ein alter Kaufmann, der Polizist geworden war – trat ein und rief meinen Vater zur Seite. Trotz der einfallenden Dunkelheit sah ich ihn erbleichen.

„Was gibt's?" wollte man wissen.

„Ich weiß es nicht. Man hat mich zu einer außerordentlichen Versammlung gerufen. Es muß etwas vorgehen."

Die schöne Geschichte, die er gerade erzählte, blieb unbeendet.

„Ich gehe sofort hin", sagte mein Vater statt dessen. „Ich komme so rasch wie möglich zurück. Ihr sollt alles erfahren. Wartet hier."

Man machte sich auf stundenlanges Warten gefaßt. Der Hof wurde zum Vorzimmer eines Operationssaals. Man wartete nur darauf, daß die Türe wieder aufgehen und der Himmel sich aufklären würde. Durch das Gerücht mißtrauisch gemacht, gesellten sich weitere Nachbarn zu uns. Man schaute auf die Uhr. Die Zeit verstrich im Schneckentempo. Was mochte eine so lange Sitzung bedeuten?

„Mir schwant nichts Gutes", meinte meine Mutter. „Heute Nachmittag habe ich neue Gesichter im Ghetto gesehen. Zwei deutsche Offiziere, ich glaube, von der Gestapo. Seit wir hier sind, hat sich noch kein einziger Offizier gezeigt."

Es ging auf Mitternacht. Kein Mensch verspürte Lust, zu Bett zu gehen. Der eine oder andere eilte auf einen Sprung zu sich hinüber, um nach dem Rechten zu sehen. Andere gingen endgültig heim, baten jedoch, benachrichtigt zu werden, sobald mein Vater zurück sei.

Endlich ging die Tür auf, und er erschien. Bleich. Sofort wurde er umringt.

„Erzählen Sie! Sagen Sie, was los ist! Sagen Sie irgend etwas ..."

Man war in diesem Augenblick nur darauf aus, ein Wort der Zuversicht, der Beschwichtigung zu vernehmen, zu hören, die Versammlung sei wie üblich alltäglich verlaufen, es seien nur Fragen sozialer und sanitärer Art besprochen worden ... Man brauchte jedoch nur das verstörte Gesicht meines Vaters zu sehen, um eines Besseren belehrt zu werden:

„Eine furchtbare Nachricht", verkündete er schließlich. „Die Deportation."

Das Ghetto sollte aufgelöst werden. Die Verschickung sollte schon vom nächsten Tag an straßenweise vor sich gehen.

Man wollte alles wissen und alle Einzelheiten erfahren. Die Nachricht betäubte uns, trotzdem wollten wir den bitteren Becher bis zur Neige leeren.

„Wohin wird man uns bringen?"

Das war Staatsgeheimnis. Ein Geheimnis für alle, ausgenommen für einen: für den Vorsitzenden des Judenrates. Er aber wollte es nicht, konnte es nicht sagen. Die Gestapo hatte gedroht, ihn zu erschießen, wenn er ein Wort verlauten ließe.

Mit gebrochener Stimme warf mein Vater hin:

„Man munkelt, es soll irgendwohin nach Ungarn gehen, zur Zwangsarbeit in die Ziegelbrennereien. Anscheinend, weil die Front schon zu nahe gerückt ist ..."

Nach einem kurzen Stillschweigen fügte er hinzu:

„Jeder darf nur das Allernotwendigste mitnehmen, einen Rucksack, etwas Proviant, ein paar Kleidungsstücke, sonst nichts."

Wieder entstand bedrücktes Schweigen.

„Geht und weckt die Nachbarn", sagte mein Vater. „Sie sollen sich vorbereiten ..."

Um mich her erwachten Schatten wie aus einem langen Schlaf und schlichen in alle Richtungen davon.

Einen Augenblick blieben wir allein. Plötzlich trat Batia Reich, eine bei uns wohnende Verwandte, ins Zimmer:

„Jemand klopft am zugenagelten Fenster: an dem, das auf die Straße geht!"

Erst nach dem Krieg erfuhr ich, wer geklopft hatte.

Es war ein ungarischer Polizeiinspektor, ein Freund meines Vaters. Kurz vor dem Entstehen des Ghettos hatte er gesagt: „Seid unbesorgt. Sobald es gefährlich wird, lasse ich es euch wissen." Hätte er an diesem Abend die Möglichkeit gehabt, mit uns zu sprechen, wir hätten noch fliehen können... Als wir endlich das Fenster aufbrachen, war es schon zu spät. Es war niemand mehr draußen.

Das Ghetto erwachte. Eines nach dem anderen gingen die Lichter hinter den Läden an.

Ich betrat das Haus von einem Freunde meines Vaters. Ich weckte den Hausherrn, einen vom langjährigen Studium gebeugten graubärtigen Greis.

„Stehen Sie auf, stehen Sie bitte auf! Machen Sie sich reisefertig. Sie und die Ihren werden morgen vertrieben, Sie und alle anderen Juden. Wohin? Fragen Sie nicht, stellen Sie mir keine Fragen. Nur Gott kann Ihnen antworten. Um des Himmels willen, stehen Sie auf..."

Er verstand kein Wort von dem, was ich sagte. Vermutlich glaubte er, ich hätte den Verstand verloren.

„Was erzählst du da? Ich mich reisefertig machen? Was für eine Reise denn? Warum? Was geht hier vor? Bist du verrückt geworden?"

Schlaftrunken blickte er mich an, das Auge voller Schrecken, als erwarte er, daß ich schallend herauslache und gestehe:

„Legen Sie sich wieder hin. Schlafen Sie weiter und träumen Sie süß. Es geht überhaupt nichts vor. Es war bloß Spaß..."

Meine Kehle war trocken, die Worte blieben mir im Halse stecken und lähmten meine Lippen. Ich brachte kein Wort heraus.

Endlich begriff er, stieg aus dem Bett und begann sich automatisch anzukleiden. Dann trat er an das Bett seiner Frau und berührte ganz zärtlich ihre Stirn. Sie schlug die Augen auf und es schien, als husche ein Lächeln über ihre Lippen. Dann riß er rasch seine beiden Kinder aus ihren Träumen. Ich machte mich davon.

Die Zeit verstrich blitzschnell. Inzwischen war es vier Uhr morgens geworden. Mein Vater lief hierhin und dorthin, erschöpft tröstete er Freunde und eilte zum Judenrat, um nachzufragen, ob die Verordnung inzwischen nicht widerrufen worden sei. Bis zuletzt glimmte ein Funken Zuversicht in allen Herzen.

Die Frauen kochten Eier, brieten Fleisch und buken Kuchen, nähten Rucksäcke; die Kinder irrten mit hängenden Köpfen umher und wußten nicht, wo sie bleiben und ein Plätzchen finden sollten, ohne die Erwachsenen zu stören. Unser Hof war ein Markt geworden. Wertsachen, kostbare Teppiche, silberne Leuchter, Gebetbücher, Bibeln und Kultgegenstände lagen unter einem lichtblauen Himmel in Haufen auf dem staubigen Erdboden, arme Dinge, die nie einen Besitzer gehabt zu haben schienen.

Um acht Uhr morgens lastete bleierne Müdigkeit in den Adern, in den Gliedern, im Gehirn. Ich wollte gerade beten, als plötzlich Schreie auf der Straße ertön=

ten. Rasch band ich meine Tefilim* ab und lief ans Fenster. Ungarische Gendarmen waren im Ghetto erschienen und schrien in der Nachbarstraße:

„Alle Juden raus! Und zwar dalli!"

Jüdische Polizisten betraten die Häuser und sagten mit gebrochener Stimme:

„Es ist soweit ... Ihr müßt alles stehen und liegen lassen ..."

Die ungarischen Gendarmen schlugen mit Gewehrkolben und Gummiknüppeln wahllos auf die Ghettobewohner ein, auf Greise und Frauen, auf Kinder und Kranke.

Nach und nach leerten sich die Häuser, und die Straße füllte sich mit Menschen und Paketen. Um zehn Uhr standen alle Verurteilten im Freien. Einmal, zweimal, zwanzigmal ließen die Gendarmen antreten. Es war sehr heiß. Der Schweiß rann von Gesichtern und Körpern.

Kinder jammerten nach einem Schluck Wasser.

Wasser! Es gab genug in nächster Nähe, in den Häusern, in den Höfen, es war jedoch verboten, aus Reih und Glied zu treten.

„Wasser, Mama, bitte Wasser!"

Jüdischen Ghetto=Polizisten gelang es, heimlich einige Krüge zu füllen. Meine Schwestern und ich, die wir für den letzten Transport bestimmt waren und uns daher noch bewegen durften, halfen ihnen dabei, so gut wir konnten.

---

* A. d. Ü.: Gebetsriemen, auf denen Kästchen mit Pergamentstreifen befestigt sind, die an Stirn und linkem Oberarm getragen werden.

Um ein Uhr nachmittags wurde endlich das Zeichen zur Abfahrt gegeben.

Alle freuten sich, ja, sie freuten sich wirklich. Sie dachten sicherlich, in der Hölle Gottes gäbe es kein größeres Leiden als hier, auf dem Gehsteig inmitten der Bündel, mitten auf der Straße in glühender Sonnenhitze zu kauern, alles sei besser als das. Man setzte sich in Bewegung, ohne einen Blick auf die verlassenen Straßen, auf die leeren, erloschenen Häuser, auf die Gärten, auf die Grabsteine zurückzuwerfen... An jedem Rücken hing ein Rucksack. In den Augen eines jeden lag tränenvoller Schmerz. Langsam, schwerfällig strebte der Zug dem Ausgang des Ghettos entgegen.

Ich stand auf dem Gehsteig, unfähig, eine Bewegung zu machen, und sah die Menschen an mir vorbeiziehen. Jetzt kam der Rabbiner, den Rücken gebeugt, das Gesicht glattrasiert, sein Bündel auf dem Rücken. Seine bloße Gegenwart unter all den Vertriebenen genügte, um dieses Schauspiel unwirklich zu machen. Ich glaubte, eine Seite aus einem Geschichtenbuch, aus einem historischen Roman über die babylonische Gefangenschaft oder über die spanische Inquisition zu erleben.

Einer nach dem anderen zogen sie an mir vorüber, die Lehrer, die Freunde, all die anderen, die, vor denen ich Angst gehabt hatte, die, über die ich gelacht, die, mit denen ich all die Jahre verbracht hatte. Krumm, wie geprügelte Hunde, trotteten sie davon und schleppten ihren Rucksack, ihr Leben mit, verließen ihr Heim und ihre Kindheit.

Ohne mich anzublicken, schoben sie sich an mir vorbei und beneideten mich vielleicht.

Die Prozession verschwand hinter der Straßenecke. Noch wenige Schritte, und sie mußte die Ghettomauern durchschritten haben.

Die Straße glich einem eilends verlassenen Markt. Alles mögliche lag herum: Handkoffer, Servietten, Geldbeutel, Messer, Teller, Banknoten, Papiere, vergilbte Familienbilder. Lauter Dinge, die man einen Augenblick lang hatte mitnehmen wollen und schließlich zurücklassen mußte. Sie hatten ihren Wert vollkommen verloren.

Überall standen Zimmertüren offen, und Fenster gähnten ins Leere. Mit einemmal gehörte alles allen, nichts mehr hatte einen Besitzer. Man brauchte sich nur zu bedienen. Die Judenstadt war ein offenes Grab – in der Sommersonne.

Wir hatten den ganzen Tag nichts gegessen, waren aber nicht hungrig, sondern nur erschöpft.

Mein Vater hatte die Deportierten bis zum Ghettotor begleitet. Sie waren zunächst durch die große Synagoge geschleust worden, wo man sie sorgfältig durchsuchte, um festzustellen, ob sie nicht Gold, Silber oder andere Wertgegenstände mit sich führten. Dabei gab es Weinkrämpfe und Knüppelschläge.

„Wann kommen wir dran?" fragte ich meinen Vater.

„Übermorgen. Es sei denn ... es sei denn, daß die Sache sich einrenkt. Vielleicht geschieht noch ein Wunder ..."

Wohin brachte man die Menschen? War es noch nicht bekannt? Nein, das Geheimnis wurde streng gehütet.

Die Nacht brach ein. An diesem Abend gingen wir früh schlafen. Mein Vater sagte:

„Schlaft ruhig, Kinder. Wir haben Zeit bis übermorgen. Bis zum Dienstag."

Der Montag verging wie eine kleine Sommerwolke, wie ein Traum in den ersten Morgenstunden.

Mit der Anfertigung der Rucksäcke, mit dem Backen von Brötchen und Brot beschäftigt, dachten wir an nichts mehr. Das Urteil war ja gesprochen.

Abends hieß die Mutter uns früh zu Bett gehen, um Kräfte zu sammeln, wie sie sagte. Die letzte Nacht, die wir zu Hause verbrachten.

Mit dem Hahnenschrei war ich wach. Ich wollte Zeit zum Beten haben, bevor man uns aus dem Hause trieb.

Mein Vater war vor uns allen aufgestanden, um Auskünfte einzuholen. Er kam gegen acht Uhr zurück und brachte eine gute Nachricht: Wir sollten heute noch nicht verschickt, sondern nur ins kleine Ghetto überführt werden. Dort sollten wir den Abtransport erwarten. Wir würden zuletzt an die Reihe kommen.

Um neun Uhr begann sich das Schauspiel vom Sonntag zu wiederholen. Knüppelbewaffnete Polizisten brüllten:

„Alle Juden raus!"

Wir waren bereit. Ich trat als erster auf die Straße. Ich wollte das Gesicht meiner Eltern nicht sehen. Ich wollte nicht in Tränen ausbrechen. Wie die anderen vor zwei Tagen blieben wir mitten auf der Straße sitzen. Wieder brannte die Sonne. Wieder litten wir schrecklichen Durst. Diesmal war aber niemand da, der uns Wasser bringen konnte.

Ich betrachtete unser Haus, in dem ich jahrelang meinen Gott gesucht, in dem ich fastend das Kommen des Messias erwartet, in dem ich mir vorgestellt hatte, wie mein Leben werden würde. Ich war nicht einmal traurig, ich dachte an nichts.

„Aufstehen! Abzählen!"

Aufstehen. Abzählen. Hinsetzen. Wieder aufstehen. Endlose Litanei. Ungeduldig warteten wir darauf, daß man uns abführte. Worauf warteten sie noch? Endlich kam der Befehl: „Vorwärts! Marsch!"

Mein Vater weinte. Es war das erstemal, daß ich ihn weinen sah. Mir war nie der Gedanke gekommen, daß er weinen könnte. Meine Mutter ging verschlossen, wortlos, in Gedanken versunken. Ich blickte auf mein Schwesterchen, auf Tsipora, ein siebenjähriges Mädchen mit sorgfältig gebürsteten blonden Haaren, das einen roten Mantel über dem Arm trug. Sie biß sich auf die Zähne, sie wußte, daß Klagen nutzlos waren. Da und dort verteilten die Gendarmen Knüppelhiebe: „Rascher!" Ich hatte keine Kraft mehr. Der Weg hatte kaum begonnen, und schon fühlte ich meine Kräfte versagen...

„Rascher! Rascher! Vorwärts, ihr Faulpelze!" brüllten die ungarischen Schutzpolizisten.

In diesem Augenblick begann ich sie zu hassen, und mein Haß ist das einzige, was mich noch heute an sie bindet. Sie waren unsere ersten Bedrücker. Sie waren das erste Antlitz der Hölle und des Todes.

Man befahl uns zu laufen. Wir setzten uns in Trab. Wer hätte gedacht, daß wir so stark sein würden! Hinter ihren Fenstern, hinter ihren Läden sahen unsere Landsleute uns dahintrotten.

Endlich erreichten wir unseren Bestimmungsort. Man warf die Säcke auf die Erde und ließ sich fallen:

„Mein Gott, König der Welt, erbarme Dich unser ..."

Das kleine Ghetto. Vor drei Tagen hatten hier noch Menschen gelebt, die Menschen, denen die Gegenstände gehörten, deren wir uns jetzt bedienten. Sie waren vertrieben worden. Wir hatten sie bereits vergessen.

Hier herrschte noch größere Unordnung als im großen Ghetto. Vermutlich waren die Bewohner überraschend abtransportiert worden. Ich suchte die Zimmer auf, in denen die Familie meines Onkels gehaust hatte. Auf dem Tisch stand ein halb ausgelöffelter Teller Suppe. Teig wartete darauf, in den Ofen geschoben zu werden. Bücher lagen wahllos auf dem Fußboden herum. Hatte mein Onkel etwa mit dem Gedanken gespielt, sie mitzunehmen?

Wir richteten uns ein (Was für ein Ausdruck!). Ich ging Holz holen, meine Schwestern machten Feuer im Herd. Trotz ihrer Müdigkeit schickte meine Mutter sich an, eine Mahlzeit zu bereiten.

„Wir müssen durchhalten, wir müssen durchhalten", sagte sie immer wieder.

Die Stimmung unserer Leidensgefährten war nicht einmal schlecht: man begann sich an die Lage zu gewöhnen. Auf der Straße ließ man sich sogar zu optimistischen Meinungen hinreißen: Die Deutschen würden keine Zeit mehr haben, uns auszutreiben, hieß es ... Für die, die bereits deportiert worden waren, gab es freilich keine Rettung mehr. Uns hingegen würde man wahrscheinlich unser erbärmliches Leben bis zum Kriegsende weiterführen lassen.

Das Ghetto war nicht bewacht. Jeder konnte unbehelligt ein- und ausgehen. Unser früheres Dienstmädchen Marie kam uns besuchen. Unter heißen Tränen flehte sie uns an, in ihr Dorf zu kommen, wo sie uns eine sichere Bleibe zu verschaffen versprach. Mein Vater wollte davon nichts wissen. Zu meinen zwei großen Schwestern und mir sagte er:

„Wenn ihr wollt, geht mit. Ich bleibe bei Mama und der Kleinen ..."

Natürlich lehnten wir es ab, uns von den Eltern zu trennen.

Nacht. Niemand betete darum, daß die Nacht rasch verstreichen möge. Die Sterne waren nur Funken des großen Brandes, der uns verzehrte. Wenn dieses Feuer eines Tages erlöschen sollte, würde der Himmel leer sein, es würde nur noch erloschene Sterne und tote Augen geben.

Wir konnten nichts Besseres tun als uns ins Bett zu legen, in die Betten der Deportierten, um auszuruhen und Kräfte zu sammeln.

Im Morgengrauen war die Schwermut verschwunden. Wir kamen uns vor wie in den Ferien. Man sagte sich:

„Wer weiß, vielleicht ist es unser Glück, verschleppt zu werden. Die Front ist nicht mehr weit, bald wird man den Kanonendonner hören. Darum evakuiert man die Zivilbevölkerung ..."

„Sicherlich haben sie Angst, daß wir Partisanen werden!"

„Meiner Meinung nach ist die ganze Deportations=geschichte nichts als Theater. Lacht nicht, ich meine es ernst. Die Deutschen wollen nur unseren Schmuck stehlen. Sie wissen natürlich, daß alles eingegraben ist, und daß sie suchen müssen. Das geht leichter, wenn die Besitzer in Ferien sind."

In Ferien!

Mit diesen optimistischen Reden, die kein Mensch glaubte, vertrieben wir uns die Zeit. Die wenigen Tage, die wir hier verbrachten, vergingen ruhig und verhält=nismäßig angenehm. Man war freundlich miteinander. Es gab keine Reichen, keine Honoratioren, keine „Per=sönlichkeiten" mehr, nur zur gleichen, noch unbekann=ten Strafe Verurteilte.

Der Schabbath, unser Ruhetag, war für die Ver=schleppung vorgesehen.

Am Vorabend hatten wir das traditionelle Freitag=abendessen eingenommen. Wir hatten die üblichen Se=gensworte über Brot und Wein gesprochen und wortlos unser Mahl verzehrt. Zum letztenmal — das wußten wir – saßen wir gemeinsam am Familientisch. Ohne Schlaf finden zu können, verbrachte ich die Nacht in Erinnerungen und Gedanken.

Beim Morgengrauen standen wir marschbereit auf der Straße. Diesmal war von ungarischen Polizisten nichts zu sehen. Es war mit dem Judenrat vereinbart worden, daß er alles allein durchführen sollte.

Unser Zug setzte sich in Richtung große Synagoge in Bewegung. Die Stadt schien ausgestorben. Aber hinter ihren Fensterläden warteten unsere Freunde von gestern sicherlich auf den Augenblick, in dem sie unsere Häuser ausräubern konnten.

Die Synagoge glich einem großen Bahnhof: Gepäckstücke und Tränen. Der Altar war zerbrochen, die Wandbekleidung abgerissen, die Wände nackt. Wir waren so viele Menschen, daß wir kaum atmen konnten. Wir verbrachten entsetzliche vierundzwanzig Stunden. Die Männer waren im Erdgeschoß, die Frauen im ersten Stock untergebracht. Es war Samstag: man hätte meinen können, wir wären zur Andacht gekommen. Da wir nicht auf die Straße hinaustreten durften, verrichteten wir unsere Notdurft in einer Ecke.

Am nächsten Morgen marschierten wir zum Bahnhof, wo uns ein Viehwagentransportzug erwartete. Die ungarischen Gendarmen befahlen uns einzusteigen, je achtzig Personen in einen Waggon. Man ließ uns einige Kanten Brot, ein paar Kübel Wasser. Man prüfte die Gitter der Fenster auf ihre Haltbarkeit. Dann wurden die Wagen versiegelt. Für jeden Wagen wurde ein Wagenältester bestimmt: wenn jemand fliehen sollte, würde er erschossen werden.

Auf dem Bahnsteig schlenderten zwei Offiziere der Gestapo lächelnd auf und ab. Schließlich war alles rei=bungslos abgelaufen.

Ein langer Pfiff durchdrang die Luft. Die Räder be=gannen zu kreischen. Wir waren unterwegs.

Es war nicht daran zu denken, daß alle sich setzen, geschweige denn hinlegen konnten. Daher beschloß man, abwechselnd niederzukauern. Die Luft war klamm. Glücklich, wer an einem Fenster stand und die blühende Landschaft vorbeigleiten sah.

Nach zwei Tagen Fahrt begann uns der Durst zu quälen. Dann wurde die Hitze unerträglich. Befreit von aller Kontrolle der Umwelt gaben die Jungen hem=mungslos ihren Trieben nach und paarten sich im Schutze der Nacht mitten unter uns, ohne die geringste Rücksicht zu nehmen, als seien sie allein auf der Welt. Die anderen taten so, als sähen sie nichts.

Wir hatten noch einige Lebensmittel übrig. Aber man aß sich nicht satt. Unser Motto hieß: für den mor=gigen Tag sparen. Der morgige Tag konnte noch schlim=mer werden.

In Kaschau, einem Städtchen an der tschechischen Grenze, hielt der Zug. Wir begriffen somit, daß wir nicht in Ungarn bleiben würden. Zu spät wurden uns die Augen geöffnet.

Die Türe des Viehwagens ging auf und ein deutscher Offizier erschien in Begleitung eines ungarischen Leutnants, der seine Worte übersetzte:

„Von jetzt ab stehen Sie unter dem Kommando der deutschen Wehrmacht. Wer noch Gold, Silber, Uhren besitzt, soll sie jetzt abgeben. Wer später mit Wertsachen angetroffen wird, wird auf der Stelle erschossen. Zweitens: wer krank ist, kann im Lazarettwagen reisen. Das ist alles."

Der ungarische Leutnant durchschritt unsere dichtgedrängte Gemeinschaft und sammelte den letzten Besitz derer ein, die den bitteren Geschmack des Schreckens nicht mehr auf der Zunge spüren wollten.

„Ihr seid achtzig Personen im Wagen", fügte der deutsche Offizier hinzu. „Wenn einer fehlt, werdet ihr alle wie Hunde niedergeknallt."

Die beiden verschwanden. Die Türen schlossen sich von neuem. Wir steckten bis zum Halse in der Falle. Die Türen wurden zugenagelt. Der Rückweg war endgültig abgeschnitten. Die Welt war ein hermetisch verriegelter Viehwagen.

Mit uns fuhr Frau Schächter, eine etwa fünfzigjährige Mutter mit ihrem zehnjährigen Sohn, der in seiner Ecke kauerte. Ihr Mann und zwei ältere Söhne waren versehentlich mit dem ersten Transport verfrachtet worden. Die Trennung hatte sie erschüttert.

Ich kannte sie gut. Sie war oft bei uns gewesen: ein friedliches Geschöpf mit glühendem, gespanntem Blick.

Ihr Mann war ein frommer Mensch, der Tag und Nacht im Lehrhaus verbrachte, so daß sie den Lebensunterhalt der Ihren erarbeiten mußte.

Frau Schächter hatte den Verstand verloren. Am ersten Tag der Fahrt hatte sie zu stöhnen begonnen und fragte, warum man sie von den Ihren getrennt hatte. Später wurden ihre Klagerufe hysterisch.

In der dritten Nacht, während wir sitzend und stehend, aneinandergelehnt, schliefen, durchdrang ein schriller Schrei die Stille:

„Ein Feuer! Ich sehe ein Feuer! Ich sehe ein Feuer!"

Es entstand eine Panik. Wer hatte geschrien? Frau Schächter. Mitten im Waggon, im bleichen Schimmer, der durch die Fenster fiel, glich sie einem verdorrten Baum in einem Kornfeld. Kreischend deutete sie auf das Fenster:

„Seht! Seht doch! Das Feuer! Ein schreckliches Feuer! Habt Mitleid mit mir, das Feuer!"

Männer preßten die Gesichter gegen die Stäbe. Es war nichts zu sehen, nur Nacht.

Lange lastete der Schock dieses schrecklichen Erwachens auf uns. Wir zitterten. Bei jedem Kreischen der Räder auf den Schienen schien es, als gähne ein Abgrund unter unseren Füßen. Unfähig, unsere Angst zu betäuben, suchten wir uns damit zu trösten, daß wir sagten: „Sie ist verrückt, die Arme." Um sie zu beruhigen, hatte man ihr ein feuchtes Tuch auf die Stirn gelegt. Trotzdem gellte sie weiter: „Das Feuer! Das Feuer!"

Ihr Bübchen weinte auch, klammerte sich an ihren Rock und suchte ihre Hände: „Es ist nichts, Mama! Es ist nichts... Setz' dich wieder hin..." Sein Stammeln tat mir weher als das Jammern seiner Mutter. Andere Frauen suchten sie zu beruhigen: „Sie werden Ihren Mann und Ihre Söhne wiedersehen. In wenigen Tagen..."

Trotzdem schrie sie mit keuchender, von Schluchzen unterbrochener Stimme weiter: „Juden, hört mich an: Ich sehe ein Feuer! Flammen schlagen hoch! Ein furchtbarer Brand!" Als sei eine verdammte Seele in sie geschlüpft und spreche aus der Tiefe ihres Wesens.

Um uns zu beruhigen, eher um selbst Atem zu schöpfen als um sie zu trösten, suchten wir uns einzureden: „Sie muß wahnsinnigen Durst haben, die Ärmste! Deshalb spricht sie immer von dem Feuer, das sie verzehrt..."

Es war alles vergebens. Unser Schrecken schien die Wände des Wagens sprengen zu wollen. Unsere Nerven waren bis zum Zerspringen gespannt. Unsere Haut schmerzte. Es war, als griffe der Wahnsinn auch uns an die Kehle. Man hielt es nicht länger aus. Einige junge Leute zwangen sie auf den Boden nieder, fesselten sie und steckten ihr einen Knebel in den Mund.

Von neuem trat Stille ein. Der Kleine saß neben seiner Mutter und weinte. Mein Atem ging wieder ruhig. Die Räder schlugen auf den Schienen den eintönigen Takt der Reise durch die Nacht. Man konnte wieder einschlummern, dahindämmern, träumen...

So vergingen ein oder zwei Stunden. Ein neuer Schrei verschlug uns den Atem. Frau Schächter hatte sich losgemacht und kreischte lauter als vorher:

„Schaut das Feuer! Flammen, Flammen überall!"

Wieder banden und knebelten die jungen Leute die

Unglückliche; ermutigt von den anderen, versetzten sie ihr sogar ein paar Püffe.

„Sie soll endlich den Mund halten, die Wahnsinnige! Sie ist nicht allein im Wagen!"

Man schlug sie auf den Kopf, hart, unerbittlich. Ihr kleiner Junge klammerte sich an sie, ohne einen Ton von sich zu geben. Er weinte nicht einmal mehr.

Die Nacht schien nicht enden zu wollen. Gegen Morgen beruhigte sich Frau Schächter. In ihrer Ecke kauernd, den dumpfen Blick ins Leere gerichtet, sah sie uns nicht mehr.

So verharrte sie den ganzen Tag, stumm, abwesend, eine Fremde unter uns allen. Beim Einbruch der Nacht schrie sie von neuem: „Der Brand, dort!" Und sie deutete auf einen Punkt im Raum, auf ein und denselben. Man hatte keine Lust mehr, sie zu schlagen. Die Hitze, der Durst, der Pesthauch, der Mangel an frischer Luft erstickte uns, aber all das war nichts im Vergleich zu den Schreien, die uns innerlich zerrissen. Noch wenige Tage, und wir hätten allesamt zu schreien begonnen.

Der Zug lief jedoch in einen Bahnhof ein. Wer am Fenster stand, rief den Namen der Station in den Wagen hinein:

„Auschwitz!"

Niemand hatte den Namen jemals gehört.

Der Zug fuhr nicht weiter. Langsam schlich der Nachmittag. Dann wurden die Türen aufgeschoben. Zwei Insassen durften aussteigen, um Wasser zu holen.

Als sie zurückkehrten, erzählten sie, was sie im Austausch gegen eine goldene Uhr erfahren hatten. Auschwitz war die Endstation. Hier würde alles ausgeladen werden.

Hier lag ein Arbeitslager. Gute Behandlung. Die Familien würden nicht getrennt. Nur die Jungen müßten in den Fabriken arbeiten. Die Greise und Kranken würden zur Feldarbeit eingesetzt.

Das Stimmungsbarometer stieg sprunghaft. Blitzartig fühlten wir uns von allen Schrecken der vergangenen Nächte befreit. Man dankte Gott.

Frau Schächter blieb in ihrem Winkel hocken, zusammengesunken, stumm, gleichgültig gegen die allgemeine Hoffnungsfreudigkeit. Ihr Bübchen streichelte ihre Hand.

Langsam kroch die Dämmerung in den Wagen. Wir schickten uns an, unseren letzten Proviant zu verzehren. Gegen zehn Uhr abends suchte jeder eine günstige Stellung, um ein wenig zu schlummern, und bald schliefen alle Wageninsassen. Plötzlich ertönte der Schrei:

„Das Feuer! Es brennt! Seht, dort . . .!"

Aus dem Schlaf aufgeschreckt, stürzten wir zum Fenster. Wieder hatten wir es geglaubt, wenn auch nur für den Bruchteil einer Sekunde. Aber draußen war nichts als Nacht. Tief beschämt nahmen wir wieder unsere Schlafstellung ein und waren trotzdem von Angst zerfressen. Da sie aber weiterschrie, schlugen wir von neuem auf sie ein und vermochten sie nur mit großer Mühe zum Schweigen zu bringen.

Der Wagenälteste rief einen deutschen Offizier, der auf dem Bahnsteig auf und ab ging, und bat ihn, man möge unsere Kranke in den Lazarettwagen überführen.

„Geduld", antwortete dieser, „Geduld. Man wird sie bald hinbringen."

Gegen elf Uhr setzte sich der Zug in Bewegung. Man drängte zu den Fenstern. Langsam fuhr man weiter.

Eine Viertelstunde später hielt man wieder. Durch die Fenster sah man Stacheldraht. Das mußte das Lager sein.

Wir hatten Frau Schächter ganz vergessen. Plötzlich hörten wir furchtbares Schreien:

„Juden, seht! Seht das Feuer! Die Flammen, seht nur!"

Der Zug hielt an, und diesmal sahen wir Flammen, die in der tiefen Nacht aus einem hohen Schornstein schlugen.

Frau Schächter war von selbst verstummt. Schweigend, teilnahmslos, abwesend saß sie wieder in ihrem Eckchen.

Wir blickten auf die Flammen in der Nacht. Ein widerwärtiger Geruch lag in der Luft. Plötzlich öffneten sich die Türen. Seltsame, mit gestreiften Jacken und schwarzen Hosen bekleidete Gestalten, eine Stablampe in der einen, einen Knüppel in der anderen Hand, sprangen in den Wagen und riefen, nach links und rechts Hiebe austeilend:

„Alles aussteigen! Alles im Wagen lassen! Wird's bald!"

Wir sprangen auf den Bahnsteig hinunter. Ich warf einen letzten Blick auf Frau Schächter. Ihr kleiner Junge hielt ihre Hand.

Vor uns Flammen. In der Luft der Geruch von verbranntem Fleisch. Es mußte Mitternacht sein. Wir waren da. In Birkenau.

Die alten liebgewonnenen Gegenstände, die wir bis hierher mitgeschleift hatten, blieben im Wagen zurück und damit unsere Illusionen.

Alle zwei Meter stand ein SS=Mann und hielt seine Maschinenpistole drohend auf uns gerichtet. Hand in Hand folgten wir den anderen.

Ein SS=Unteroffizier, einen Gummiknüppel in der Hand, kam auf uns zu und befahl:

„Männer links raus! Frauen rechts raus!"

Vier Worte, ruhig und gleichgültig gesprochen, unbewegt. Vier schlichte, kurze Worte. Für mich zwar der Augenblick, in dem ich meine Mutter verlassen mußte. Ich fand keine Zeit, nachzudenken, als ich schon den Druck der Hand meines Vaters fühlte: wir waren allein, getrennt. Den Bruchteil einer Sekunde lang konnte ich meine Mutter und meine Schwestern nach rechts heraustreten sehen. Tsipora hielt Mamas Hand. Ich sah, wie sie sich entfernten. Meine Mutter streichelte die blonden Haare meiner Schwester, wie um sie zu beschützen. Ich ging mit meinem Vater, mit den Männern weiter. Ich wußte nicht, daß ich an dieser Stelle, in diesem Augenblick, Mutter und Tsipora für immer verließ. Ich ging weiter. Mein Vater hielt meine Hand.

Hinter mir brach ein Greis zusammen. Neben ihm steckte ein SS=Mann seine Pistole wieder ein.

Meine Hand verkrampfte sich in den Arm meines Vaters. Nur ein Gedanke: ihn nicht verlieren. Nicht allein bleiben.

Die SS=Offiziere befahlen:

„In Fünferreihen antreten!"

Ein Durcheinander entstand. Es galt, unbedingt zusammen zu bleiben.

„Heda, Kleiner, wie alt bist du?"

Der Fragesteller war ein Gefangener. Ich sah sein Gesicht nicht, aber seine Stimme klang müde und warm.

„Noch keine fünfzehn."

„Nein. Achtzehn."

„Nein", erwiderte ich. „Fünfzehn."

„Dummkopf. Hör, was ich dir sage."

Dann fragte er meinen Vater nach seinem Alter, der antwortete:

„Fünfzig Jahre."

Noch wütender geworden, sagte der andere:

„Nein, nicht fünfzig. Vierzig. Verstehen Sie? Achtzehn und Vierzig."

Er verschwand in der Nacht. Ein anderer erschien fluchend:

„Hundesöhne, warum seid ihr gekommen? Sprecht, warum, warum?"

Jemand wagte zu antworten:

„Was meinen Sie wohl? Etwa zum Vergnügen? Glauben Sie, wir hätten darum gebeten?"

Fast hätte der andere ihn niedergeschlagen:

„Halt's Maul, Schweinehund, oder ich hau' dich zusammen. Ihr hättet euch lieber aufhängen sollen, wo ihr wart, statt hierher zu kommen. Habt ihr nicht gewußt, was in Auschwitz gespielt wird? Ihr hattet keine Ahnung? Und das im Jahre 1944?"

Wir wußten es nicht. Niemand hatte uns ein Wort gesagt. Er traute seinen Ohren nicht. Sein Ton wurde immer brutaler.

„Seht ihr den Schornstein dort? Seht ihr ihn? Und die Flammen, seht ihr sie? (Wir sahen sie, die Flammen.) Dorthin wird man euch führen. Dort wartet euer Grab auf euch. Habt ihr's noch nicht begriffen? Hundesöhne, kapiert ihr denn gar nichts? Man wird euch verbrennen. Euch verkalken, euch einäschern!"

Seine Wut wurde hysterisch. Wir standen reglos, wie versteint. War das nicht ein Alptraum? Ein unvorstellbarer Alptraum?

Da und dort hörte ich murmeln:

„Es muß etwas unternommen werden. Wir dürfen uns nicht morden, uns nicht wie Vieh zum Schlachthof führen lassen. Wir müssen uns wehren."

Es befanden sich einige handfeste Burschen unter uns, die Dolche bei sich hatten und ihre Gefährten aufforderten, sich auf die bewaffneten Wächter zu stürzen. Ein junger Mann sagte:

„Die Welt muß wissen, was Auschwitz bedeutet. Alle, die noch rechtzeitig fliehen können, sollen es erfahren . . ."

Aber die Älteren flehten ihre Söhne an, keine Dummheiten zu machen:

„Wir dürfen die Hoffnung nicht verlieren, selbst wenn das Damoklesschwert über uns schwebt." So sprachen unsere Weisen.

Die Welle der Empörung verebbte. Wir marschierten bis zu einer Wegkreuzung weiter. Dort stand Herr Dr. Mengele, jener berühmte Dr. Mengele – ein typischer SS-Offizier, grausame Gesichtszüge, aber nicht ohne Klugheit, Monokel im Auge, einen Taktstock in der Hand – im Kreise anderer Offiziere. Das Stöckchen bewegte sich ohne Unterlaß, bald nach rechts, bald nach links.

Schon stand ich vor ihm:

„Dein Alter?" fragte er mit einem Ton, der wahrscheinlich väterlich klingen sollte.

„Achtzehn Jahre." Meine Stimme zitterte.

„Gesund?"

„Ja."

„Beruf?"

Sollte ich sagen, ich sei Student?

„Landarbeiter", hörte ich mich sagen.

Die Unterhaltung dauerte kaum einige Sekunden. Sie schien mir eine Ewigkeit zu währen.

Das Stöckchen sprang nach links. Ich machte einen halben Schritt vorwärts. Ich wollte zunächst sehen, wohin man meinen Vater führen würde. Ginge er nach rechts, würde ich ihn einholen können.

Wieder neigte sich das Stöckchen nach links. Mir fiel ein Stein vom Herzen.

Wir wußten noch nicht, welches die gute Richtung war, die nach links oder die nach rechts, welcher Weg ins Zuchthaus und welcher ins Vernichtungslager führte. Trotzdem war ich glücklich, ich war ja bei meinem Vater. Langsam schob sich unsere Kolonne weiter.

Ein anderer Gefangener trat auf uns zu:

„Zufrieden?"

„Ja", antwortete einer.

„Ihr Armen, ihr geht in die Gaskammer."

Er schien die Wahrheit zu sagen. Nicht weit von uns entfernt loderten Flammen aus einem Graben empor, riesige Flammen. Dort wurde etwas verbrannt. Ein

Lastwagen näherte sich dem Erdloch und schüttete seine Ladung aus: es waren kleine Kinder. Säuglinge! Ich hatte sie mit eigenen Augen gesehen ... Kinder in den Flammen. (Ist es verwunderlich, wenn mich seither der Schlaf flieht?)

Nun waren wir da, etwas weiter weg würde ein breiterer Graben für die Erwachsenen ausgeschachtet sein.

Ich kniff mir ins Gesicht: lebte ich noch? Wachte ich oder träumte ich? Ich konnte es gar nicht glauben. Wie war es möglich, daß Menschen und Kinder verbrannt wurden, und die Welt dazu schwieg? Nein, all das konnte nicht wahr sein. Ein Alptraum ... Gleich würde ich aus dem Schlaf auffahren und mich klopfenden Herzens in meinem Kinderzimmer mit meinen Büchern wiederfinden ...

Die Stimme meines Vaters entriß mich meinen Gedanken:

„Schade ... Schade, daß du nicht mit deiner Mutter gegangen bist ... Ich habe viele Jungens deines Alters mit ihrer Mutter fortgehen sehen ..."

Seine Stimme war furchtbar traurig. Ich begriff, daß er nicht sehen wollte, was man mir antun würde. Er wollte nicht seinen einzigen Sohn brennen sehen.

Kalter Schweiß bedeckte meine Stirn. Ich sagte ihm jedoch, daß ich nicht daran glaubte, daß man in unserer Zeit Menschen verbrennen könne, daß die Menschheit es nie zulassen würde ...

„Die Menschheit? Die Menschheit interessiert sich nicht für uns. Heute ist alles erlaubt. Alles ist möglich, sogar die Gaskammern ..." Seine Stimme versagte.

„Vater", sagte ich, „wenn das so ist, will ich nicht

länger warten. Ich renne in den elektrisch geladenen Stacheldraht. Das ist noch besser, als stundenlang in den Flammen zu leiden."

Er antwortete nicht. Er weinte. Sein Körper war vom Schluchzen geschüttelt. Ringsum weinten alle. Jemand begann, Kaddisch, das Totengebet aufzusagen. Ich weiß nicht, ob es in der langen Geschichte des jüdischen Volkes einmal vorgekommen ist, daß Menschen das Totengebet für sich selbst sprachen.

„Jisgadal wejiskadasch schme raba... Sein Name sei erhöht und geheiligt...", murmelte mein Vater.

Zum erstenmal fühlte ich Aufruhr in mir aufwallen. Warum sollte ich Seinen Namen heiligen? Der Ewige, der König der Welt, der allmächtige und furchtbare Ewige schwieg, wofür sollte ich Ihm danken?

Wir marschierten weiter. Allmählich näherten wir uns dem Graben, dem eine Gluthitze entstieg. Noch zwanzig Schritt. Wenn ich mir den Tod geben wollte, war der Augenblick gekommen. Unsere Kolonne brauchte nur noch zwanzig Schritt zurückzulegen. Ich biß mir auf die Lippen, damit mein Vater nicht meinen zitternden Unterkiefer sah. Noch zehn Schritte, noch acht. Sieben. Wir marschierten langsam, wie hinter dem Leichenwagen unseres eigenen Begräbnisses einher. Nur noch vier, dann drei Schritte. Nun standen wir vor dem lodernden Graben. Ich riß meine letzten Kräfte zusammen, um aus der Reihe zu setzen und mich in den Stacheldraht zu werfen. Tief im Herzen nahm ich Abschied von meinem Vater, von der ganzen Welt, und unwillkürlich bildeten sich Worte auf meinen Lippen: „Jisgadal wejiskadasch schme raba... Sein Name sei erhöht und geheiligt..."

Mein Herz wollte zerspringen. Nun gut. Ich stand vor dem Todesengel...

Nein. Zwei Schritte vor dem Graben befahl man uns, links abzuschwenken und in eine Baracke zu treten.

Ich drückte die Hand meines Vaters. „Erinnerst du dich an Frau Schächter im Zug?" fragte er.

Nie werde ich diese Nacht vergessen, die erste Nacht im Lager, die aus meinem Leben eine siebenmal verriegelte lange Nacht gemacht hat.

Nie werde ich diesen Rauch vergessen.

Nie werde ich die kleinen Gesichter der Kinder vergessen, deren Körper vor meinen Augen als Spiralen zum blauen Himmel aufstiegen.

Nie werde ich die Flammen vergessen, die meinen Glauben für immer verzehrten.

Nie werde ich das nächtliche Schweigen vergessen, das mich in alle Ewigkeit um die Lust am Leben gebracht hat.

Nie werde ich die Augenblicke vergessen, die meinen Gott und meine Seele mordeten, und meine Träume, die das Antlitz der Wüste annahmen.

Nie werde ich das vergessen, und wenn ich dazu verurteilt wäre, so lange wie Gott zu leben. Nie.

Man pferchte uns in eine langgestreckte Baracke. Am Dach waren einige blaugefärbte Luken angebracht. So muß die Vorhölle aussehen. So viele angstgepeinigte Menschen, so viele Schreie, soviel bestialische Grausamkeit.

Zahllose Inhaftierte empfingen uns mit geschwungenem Prügel und hieben grundlos nach allen Seiten, auf irgend etwas, auf irgend jemanden ein. Befehle wie „Ausziehen! Wird's bald! Raus!" ertönten. „Behaltet nur den Gürtel und die Schuhe in der Hand..."

Man mußte seine Kleider auf einen im hinteren Teil der Baracke aufgetürmten Haufen werfen. Da lagen die neuen und alten Anzüge, zerschlissene Mäntel, Fetzen. Für uns war es die wahre Gleichheit: die der Nacktheit. Zitternd vor Kälte.

Einige SS=Offiziere schritten auf der Suche nach kräftigen Männern den Raum ab. Wenn Körperkraft geschätzt war, empfahl es sich vielleicht, als robust an= gesehen zu werden. Mein Vater dachte anders: es sei besser, nicht aufzufallen. Das Schicksal der anderen würde auch unseres werden. (Später sollten wir erfah= ren, daß er recht behalten hatte. Die an diesem Tag aus= gewählten Männer wurden dem Sonderkommando zu= geteilt, jenem Kommando, das in den Gaskammern ar= beitete. Bela Katz — der Sohn eines Großkaufmanns meiner Vaterstadt — war eine Woche vor uns in Bir= kenau angekommen — mit dem ersten Transport. Als er von unserer Ankunft erfuhr, ließ er uns sagen, daß er wegen seiner Körperkraft dem Sonderkommando zu= geteilt und dadurch gezwungen worden sei, seinen eige= nen Vater in die Gaskammer zu schieben.)

Weiter hagelten die Hiebe:

„Zum Friseur!"

Gürtel und Schuhe in der Hand ließ ich mich zu den Friseuren treiben. Ihre Haarschneidemaschinen rissen das Haar aus und rasierten den ganzen Körper kahl. In meinem Kopf hämmerte nur ein Gedanke: mich nur nicht von meinem Vater entfernen.

Den Händen der Haarschneider entronnen, wanderten wir durch die Menschenmenge und trafen Bekannte, Freunde. Diese Begegnungen erfüllten uns mit Freude – ja, mit Freude: „Gott sei gelobt! Du lebst noch ...!"

Andere wiederum weinten. Sie nutzten die ihnen verbleibende Kraft, um zu weinen. Warum hatten sie sich hierher bringen lassen? Warum waren sie nicht im Bett gestorben? klagten sie mit schluchzender Stimme.

Plötzlich umschlang jemand meinen Hals: Jaschiel, der Bruder des Rabbiners von Sighet. Er weinte herzzerreißend. Ich meinte, er weine aus Freude, noch am Leben zu sein.

„Weine nicht, Jaschiel", bat ich. „Es ist schade um die Tränen ..."

„Ich soll nicht weinen? Wir stehen auf der Schwelle des Todes. Bald werden wir drin sein ... Verstehst du? Drinnen! Wie sollte ich da nicht weinen?"

Durch die bläulichen Dachluken sah ich langsam die Nacht sinken. Ich hatte keine Angst mehr. Dann befiel mich unmenschliche Müdigkeit.

Die Zurückgebliebenen streiften wir kaum noch mit unseren Gedanken. Man sprach noch von ihnen – „wer weiß, was aus ihnen geworden ist?" –, aber man sorgte sich nicht mehr um ihr Schicksal. Man war unfähig, noch an irgend etwas zu denken. Die Sinne waren abgestumpft, alles versank in Nebel. Man klammerte sich an nichts mehr. Der Selbsterhaltungs- und Selbstverteidigungstrieb, die Eigenliebe – alles war verschwunden. In einem letzten Augenblick der Hellsicht schien es mir, als seien wir im Nichts umherirrende verfluchte Seelen, dazu verurteilt, bis zum Ende aller Tage Räume des Alls zu durchwandern, auf der Suche nach Erlösung, auf der Suche nach Vergessen, ohne Hoffnung, es zu finden.

Gegen fünf Uhr morgens stieß man uns aus der Baracke. Kapos schlugen uns von neuem, aber ich spürte die Schläge nicht mehr. Eisiger Wind empfing uns. Wir waren nackt und hatten Schuhe und Gürtel in der Hand. „Laufschritt!" hieß es. Wir liefen. Nach einigen Minuten Dauerlauf erreichten wir eine neue Baracke.

Vor der Tür stand ein Faß mit Petroleum. Desinfektion. Jeder wird hineingetaucht. Hinterher eine heiße Dusche. In aller Geschwindigkeit. Gleich darauf wird man hinausgejagt. Wieder laufen. Wieder eine Baracke: das Lagerhaus. Lange Tische. Stapel Sträflingskleidung. Im Vorbeilaufen wirft man uns Hose, Jacke, Hemd und Stiefel zu.

In wenigen Sekunden hatten wir aufgehört, Menschen zu sein. Wäre die Situation nicht so tragisch gewesen, wir hätten vor Lachen herausplatzen müssen. Was für ein Aufzug! Meir Katz, ein Hüne von einem Menschen, hatte eine Kinderhose bekommen; Stern, ein mageres Männchen, eine Jacke, in der er ertrank. Rasch nahmen wir den nötigen Austausch vor.

Ich blickte mich nach meinem Vater um. Wie verändert er aussah! Sein Blick war düster. Ich wollte ihm etwas sagen, aber ich wußte nicht, was.

Die Nacht war vorüber. Der Morgenstern glitzerte am Himmel. Auch ich war ein völlig anderer Mensch geworden. Der Talmud-Schüler, das Kind, das ich einst gewesen, war in den Flammen untergegangen, und es blieb nur noch eine Hülle übrig, die mir ähnelte. Eine schwarze Flamme hatte meine Seele durchzüngelt und sie verzehrt.

So vieles hatte sich in wenigen Stunden ereignet, daß ich das Zeitgefühl vollständig verloren hatte. Wann hatten wir unser Haus verlassen? Und das Ghetto? Und den Zug? Vor einer Woche? Oder erst vor einer Nacht, einer einzigen Nacht?

Wie lange standen wir schon in dem eisigen Wind? Eine Stunde? Eine einzige Stunde von sechzig Minuten?

Es mußte ein Traum sein.

Nicht weit von uns entfernt arbeiteten Häftlinge. Die einen schachteten Löcher aus, andere schleppten Sand. Keiner von ihnen warf uns einen Blick zu. Wir kamen uns vor wie Bäume, die im Herzen einer Einöde verdorrt waren. Hinter mir hörte ich sprechen. Ich hatte keine Lust, zu hören, was gesagt wurde und wer sprach. Niemand wagte die Stimme zu erheben, obgleich kein Aufseher in der Nähe stand. Man flüsterte. Vielleicht geschah es wegen des dichten Rauches, der die Luft vergiftete und in die Kehle drang . . .

Man trieb uns in eine neue Baracke im Zigeunerlager. In Fünferreihen.

„Daß sich keiner muckst!"

Fußboden gab es keinen, nur ein Dach und vier Wände. Die Füße versanken im Dreck.

Wieder begann das Warten. Stehend schlief ich ein. Ich träumte von einem Bett, von mütterlicher Liebkosung. Ich erwachte – und stand, die Füße im Schlamm. Andere brachen zusammen und schliefen liegend ein. Wieder andere schrien:

„Seid ihr verrückt geworden? Es hat geheißen: stehen bleiben. Wollt ihr uns ins Verderben schicken?"

Als ob nicht alles Verderben der Welt bereits auf uns lastete. Einer nach dem anderen kauerten wir uns in den Kot. Aber jeden Augenblick mußte man aufstehen, jedes Mal, wenn ein Kapo eintrat, um nachzusehen, ob nicht jemand ein Paar neue Stiefel anhabe, die er dann zurückforderte. Widerstand war sinnlos: die Hiebe hagelten und zum Schluß verlor man ohnehin seine Stiefel.

Ich selbst hatte neue Stiefel. Da sie aber von einer dicken Kotschicht überzogen waren, war es unbeachtet geblieben. So dankte ich Gott in einer Gelegenheitslob=preisung, daß er den Kot in seinem unendlichen herr=lichen Weltall geschaffen hatte.

Plötzliches Schweigen. Ein SS=Offizier trat ein und mit ihm der Hauch des Todesengels. Unsere Blicke hefteten sich an seine fleischigen Lippen. Er pflanzte sich mitten in der Baracke auf und bellte:

„Ihr befindet euch in einem Konzentrationslager. In Auschwitz ..." Dann brach er ab, um den Eindruck seiner Worte in unseren Mienen zu beobachten. Sein Gesicht ist mir bis zum heutigen Tag im Gedächtnis geblieben. Ein hochgewachsener Mann in den Dreißigern, in dessen Stirn und Augen das Verbrechen geschrieben stand. Er musterte uns wie ein Rudel räudiger Hunde, die sich ans Leben klammern.

„Denkt immer daran", fuhr er fort. „Denkt daran und prägt es euch ein. Ihr seid in Auschwitz. Und Auschwitz ist kein Erholungsheim, sondern ein Konzentrations=lager. Hier wird gearbeitet. Sonst geht ihr in den

Schornstein. In die Gaskammer. Arbeiten oder Gas-kammer – ihr habt die Wahl!"

Wir hatten diese Nacht überlebt und glaubten daher, daß uns nichts mehr schrecken könne. Aber seine dürren Worte ließen uns erschauern. Das Wort „Schornstein" war kein leerer Wahn: er schwebte rauchumwölkt in der Luft. Vielleicht war das das einzige Wort, das hier Sinn hatte. Der Mann verließ die Baracke. Dann erschienen die Kapos und brüllten:

„Alle Fachleute – Schlosser, Schreiner, Elektriker, Uhrmacher – einen Schritt vor!"

Die anderen wurden in eine zweite, diesmal aus Stein gebaute Baracke geführt, wo sie sich unter der Aufsicht eines Zigeunerhäftlings setzen durften.

Mein Vater bekam plötzlich eine Kolik. Er stand auf, ging auf den Zigeuner zu und fragte ihn in höflichem Deutsch:

„Verzeihen Sie ... Können Sie mir sagen, wo hier die Toilette ist?"

Der Zigeuner musterte ihn lange von Kopf bis Fuß, als wolle er sich davon überzeugen, daß der Mensch, der ihn ansprach, ein Wesen aus Fleisch und Blut, ein lebendiges Geschöpf mit einem Leib und einem Bauch sei. Dann, wie plötzlich aus einem jähen Traum erwacht, versetzte er meinem Vater eine derartige Ohrfeige, daß dieser lang hinschlug und auf allen vieren wieder an seinen Platz kroch.

Ich war wie vor den Kopf geschlagen. Was war geschehen? Man hatte meinen Vater vor meinen eigenen Augen geschlagen, und ich hatte nicht mit der Wimper gezuckt. Ich hatte zugesehen und keinen Ton gesagt. Noch gestern hätte ich meine Nägel in das Fleisch dieses Halunken gegraben. Hatte ich mich so verändert? Und so rasch? Nun begann mich die Reue zu plagen. Ich dachte nur: dies werde ich ihnen nie verzeihen. Mein Vater erriet meine Gedanken und flüsterte mir ins Ohr: „Es tut nicht weh." Seine Wange war hochrot von dem Hieb.

„Alles raustreten!"

Etwa zehn Zigeuner gesellten sich zu unserem Wächter. Knüppel und Peitschen schlugen nach allen Seiten aus. Meine Füße liefen ohne mein Zutun. Ich suchte hinter dem Rücken der anderen Schutz. Draußen schien die Frühlingssonne.

„In Fünferreihen antreten!"

Die Gefangenen, die ich am Morgen gesehen hatte, arbeiteten neben uns, ohne Aufseher, nur vom Schatten des Schornsteins bewacht... Von der Sonne und von meinen Träumen betäubt, fühlte ich, daß jemand mich am Ärmel zupfte. „Komm, mein Junge", sagte mein Vater.

Wir marschierten, Türen gingen auf und schlossen sich. Wir marschierten zwischen elektrischem Stacheldraht. Auf Schritt und Tritt ein weißes Schild mit einem schwarzen Totenkopf, der uns anstarrte. Eine Inschrift: „Vorsicht! Lebensgefahr!" Lächerlich: gab es ein einziges Fleckchen, das nicht lebensgefährlich war?

Die Zigeuner blieben vor einer Baracke stehen und wurden von SS=Männern abgelöst, die uns umstellten. Pistolen, Maschinenpistolen, Polizeihunde.

Der Marsch hatte eine halbe Stunde gedauert. Ich stellte fest, daß der Stacheldraht und damit das Lager hinter uns lag. Wir waren im Freien.

Es war ein schöner Apriltag. Frühlingsduft hing in der Luft. Die Sonne sank im Westen.

Aber kaum waren wir einige Schritte marschiert, als wir den Drahtverhau eines neuen Lagers erblickten. Außerdem eine eiserne Tür mit der Aufschrift: „Arbeit ist Freiheit!"

Auschwitz.

Der erste Eindruck: besser als Birkenau. Statt Holzbaracken zweistöckige Betongebäude. Da und dort kleine Gartenanlagen. Man führte uns zu einem dieser „Blocks". Vor der Tür hieß es wieder: Warten. Wir kauerten uns auf den Erdboden. Von Zeit zu Zeit wurde einer hineingeführt. Es war die Dusche, eine Zwangsformalität beim Betreten irgendeines Lagers. Mochte man auch mehrmals von einem Lager zum anderen gehen, stets führte der Weg durch die Dusche.

Aus dem heißen Wasser kommend, schlotterten wir in der Nacht. Die Kleider hatten wir im Block zurücklassen müssen, wo man uns neue versprochen hatte.

Gegen Mitternacht hieß es plötzlich: laufen.

„Rascher", brüllten unsere Wächter. „Je rascher ihr lauft, desto früher könnt ihr schlafen."

Nach einigen Minuten wilden Rennens gelangten wir zu einem neuen Block, wo uns der Block=älteste, ein junger Pole, lächelnd erwartete. Er begann zu sprechen, und trotz unserer Müdigkeit hörten wir geduldig zu:

„Kameraden, ihr befindet euch im Konzentrationslager Auschwitz. Ein langer Leidensweg steht euch bevor. Laßt den Mut nicht sinken. Ihr seid bereits der größten Ge=fahr entronnen: der Auswahl. Sammelt alle Kraft und verliert nicht die Hoffnung. Wir werden alle den Tag der Befreiung erleben. Habt Vertrauen ins Leben, tausendmal Vertrauen. Verscheucht die Verzweiflung, damit verjagt ihr auch den Tod. Die Hölle dauert nicht ewig. Und nun eine Bitte, vielleicht eher einen Rat: Laßt Kameradschaft unter euch herrschen. Wir alle sind Brü=der und haben das gleiche Los zu ertragen. Über uns schwebt derselbe Rauch. Helft euch untereinander. Das ist das einzige Mittel, um zu überleben. Nun ist's genug, ihr seid müde. Hört zu: ihr seid im Block 17 unter=gebracht, ich bin für die Ordnung verantwortlich, jeder kann mit einer Beanstandung zu mir kommen. Das ist alles. Nun geht schlafen. Immer zwei in einem Bett. Gute Nacht!"

Die ersten menschlichen Worte.

Kaum waren wir auf unsere Matratzenlager ge=krochen, als schwerer Schlaf uns überfiel.

Am nächsten Morgen behandelten uns „die Alten" ohne Brutalität. Wir gingen zum Waschraum. Man ver=

teilte neue Kleider unter uns und schenkte schwarzen Kaffee aus.

Gegen zehn Uhr verließen wir den Block, damit sauber gemacht werden konnte. Draußen wärmte uns die Sonne. Unsere Stimmung hatte sich gehoben. Wir fühlten die wohltuende Nachtruhe. Freunde trafen sich, man wechselte ein paar Worte. Man sprach von allem möglichen, nur nicht von denen, die verschwunden waren. Die allgemeine Auffassung lautete: der Krieg kann nicht mehr lange dauern.

Gegen Mittag brachte man uns Suppe, einen Teller dicke Suppe für jeden. Wiewohl von Hunger geplagt, rührte ich sie nicht an. Ich war noch immer das verwöhnte Kind von zu Hause. Mein Vater schlang meine Ration mit hinunter.

Im Schatten des Blocks legten wir uns zu einem Schlummerstündchen nieder. Der SS-Offizier der schmutzigen Baracke mußte gelogen haben: Auschwitz war wirklich ein Erholungsheim...

Nachmittags ließ man uns antreten. Drei Häftlinge trugen einen Tisch und ärztliche Instrumente herbei. Mit freigemachtem linken Arm mußten wir am Tisch vorbeigehen. Die drei „Alten", Nadeln in der Hand, ritzten uns eine Nummer in den Unterarm. Ich bekam die Nummer A-7713 und hatte damit keinen Namen mehr.

Gegen Abend Appell. Die Arbeitskommandos waren heimgekehrt. An der Türe spielte die Musikkapelle Militärmärsche. Zehntausende von Häftlingen standen stramm, während die SS-Männer abzählen ließen.

Nach dem Appell zerstreuten sich die Gefangenen aller Blocks auf der Suche nach Freunden, Verwandten,

Nachbarn, die alle mit dem letzten Transport angekom=men sein mußten.

Die Tage vergingen. Morgens schwarzer Kaffee. Mit=tags Suppe. (Am dritten Tag verschlang ich bereits jede Suppe mit Heißhunger.) Sechs Uhr abends: Appell. Dann Brot und etwas dazu. Um neun Uhr: Nachtruhe.

Seit acht Tagen waren wir in Auschwitz. Es war abends, nach dem Appell. Wir warteten nur noch auf den Glockenton, der das Ende des Appells anzeigte. Mit einemmal hörte ich jemanden durch die Reihen gehen und fragen:

„Wer von euch heißt Wiesel und ist aus Sighet?"

Der Suchende war ein bebrilltes Männchen mit einem gealterten, durchfurchten Gesicht. Mein Vater antwor=tete:

„Ich bin Wiesel aus Sighet."

Der kleine Mann musterte ihn lange aus engen Augenschlitzen:

„Sie erkennen mich nicht... Sie kennen mich nicht wieder... Ich bin Ihr Verwandter, Stein. Haben Sie mich schon vergessen? Stein! Stein aus Antwerpen. Reizels Mann. Ihre Frau war Reizels Tante. Sie schrieb uns oft... und was für Briefe!"

Mein Vater hatte ihn nicht wiedererkannt. Er konnte ihn kaum gekannt haben, denn er steckte stets bis zum Hals in den Angelegenheiten der Gemeinde und fand daher kaum Zeit für Familiäres. Er war stets anderswo gewesen, in Pläne, in Gedanken versunken. (Einmal besuchte uns in Sighet eine Base. Zwei Wochen wohnte sie bei uns und saß an unserem Tisch, bis mein Vater ihre Anwesenheit bemerkte.) Nein, er konnte sich nicht an Stein erinnern. Ich erkannte ihn jedoch sofort wieder.

Ich hatte auch seine Frau Reizel vor ihrer Übersiedlung nach Belgien gekannt. Er sagte:

„Man hat mich im Jahre 1942 deportiert. Man hat mir gesagt, daß ein Transport aus eurer Gegend angekommen ist, daher habe ich dich gesucht. Ich dachte: vielleicht habt ihr Nachrichten von Reizel und meinen beiden Jungens, die in Antwerpen geblieben sind ..."

Ich wußte nichts von ihrem Schicksal. Seit 1940 hatte meine Mutter nur noch einen Brief von ihnen erhalten. Ich log:

„Ja, meine Mutter hat Nachrichten von euch. Reizel geht es gut. Den Kindern auch."

Er weinte vor Freude. Er wäre gerne noch lange geblieben, hätte gerne noch mehr erfahren, die guten Nachrichten hungrig eingesogen, aber ein SS-Mann kam auf uns zu, so daß er sich aus dem Staube machen mußte und nur noch zurückrufen konnte, er würde morgen wiederkommen.

Die Glocke kündigte an, daß man wegtreten könne. Wir holten also unser Nachtmahl, Brot und Margarine. Ich hatte furchtbaren Hunger und schlang meine Ration auf der Stelle hinunter. Mein Vater sagte:

„Iß nicht alles auf einmal. Morgen ist auch noch ein Tag ..."

Da er sah, daß sein Rat zu spät gekommen und meine Ration aufgegessen war, griff er die seine nicht an:

„Ich habe keinen Hunger."

Drei Wochen blieben wir in Auschwitz, ohne etwas zu tun. Wir schliefen viel, nicht nur nachts, sondern auch nachmittags.

Unsere einzige Sorge war, eine Weiterreise vermeiden und so lange als möglich hier bleiben zu können. Das fiel nicht schwer: es genügte, sich nirgends als Facharbeiter zu melden. Machenschaften bewahrte man sich bis zum Schluß auf.

Gegen Ende der dritten Woche setzte man unseren für zu menschlich befundenen Chef ab. Unser neuer Chef war ein Wüterich, seine Handlanger waren wahre Ungeheuer. Die schönen Tage waren vorüber. Wir begannen uns zu fragen, ob es nicht besser sei, uns für den nächsten Abtransport einteilen zu lassen.

Stein, unser Verwandter aus Antwerpen, besuchte uns weiterhin von Zeit zu Zeit und brachte jedesmal eine halbe Ration Brot mit:

„Hier, das ist für dich, Elieser."

Jedesmal liefen ihm die Tränen über die Wangen, wo sie hängen blieben und trockneten. Häufig sagte er zu meinem Vater:

„Paß auf deinen Jungen auf. Er ist schwach, ausgehöhlt. Sieh zu, daß er nicht ausgesondert wird. Eßt! Eßt zu jeder Zeit und was ihr auftreiben könnt. Wer schwach ist, macht es hier nicht lange mit ..."

Dabei war er selbst so mager, so ausgehungert, so schwächlich ...

„Das einzige, was mich am Leben hält", pflegte er zu sagen, „ist, daß Reizel und meine Kleinen noch am Leben sind. Ohne diese Gewißheit würde ich nicht durchhalten."

Eines Abends kam er strahlend angelaufen.

„Ein Transport aus Antwerpen ist eben angekommen. Morgen gehe ich hin. Sie werden bestimmt Nachrichten mitbringen ..."

Und fort war er.

Wir sollten ihn nicht wiedersehen. Er erhielt Neuigkeiten, *wahre* Neuigkeiten.

Abends versuchten wir auf unseren Pritschen die eine oder andere chassidische Weise zu singen, und Akiba Drumer brach uns das Herz mit seiner tiefen vollen Stimme.

Manch einer sprach von Gott und seinen geheimnisvollen Wegen, von den Sünden des jüdischen Volkes und von der künftigen Erlösung. Ich hatte zu beten aufgehört. Wie ich Hiob verstand! Ich leugnete zwar nicht Gottes Existenz, zweifelte aber an seiner unbedingten Gerechtigkeit.

Akiba Drumer sagte:

„Gott versucht uns. Er will sehen, ob wir imstande sind, die schlechten Triebe zu bezähmen, Satan in uns zu töten. Wir haben nicht das Recht zu verzweifeln. Und wenn er uns unbarmherzig straft, ist das ein Zeichen dafür, daß er uns um so mehr liebt ..."

Der in der Kabbala bewanderte Hersch Genud sprach vom Ende der Welt und vom Kommen des Messias.

Von Zeit zu Zeit freilich summte ein Gedanke in meinem Kopf: „Wo ist Mama in diesem Augenblick ... und Tsipora ..."

„Mama ist noch eine junge Frau", sagte einmal mein

Vater. „Sie wird in einem Arbeitslager sein. Und Tsi=pora, die doch schon ein großes Mädchen ist, wird auch in einem Lager sein ..."

Wie man daran glauben wollte! Man tat so. Ob der andere daran glaubte?

Alle Facharbeiter waren bereits in andere Lager über=führt worden. Wir waren nurmehr etwa hundert ein=fache Handarbeiter.

„Heute kommt ihr dran", verkündete uns der Block=sekretär. „Ihr geht mit dem Transport."

Um zehn Uhr gab man uns die tägliche Brotration. Etwa zehn SS=Männer umringten uns. Am Tor wieder das Schild mit der Aufschrift: „Arbeit ist Freiheit." Ab=zählen. Und schon waren wir auf freiem Feld unterwegs. Am Himmel schwammen ein paar weiße Wölkchen.

Es ging langsam vorwärts. Die Wächter hatten keine Eile, und wir waren froh darüber. Beim Durchqueren von Dörfern blickten uns viele Deutsche ohne Verwun=derung nach. Wahrscheinlich hatten sie schon viele der=artige Kolonnen gesehen ...

Unterwegs begegneten wir deutschen jungen Mäd=chen, die sich von den Aufsehern necken, umarmen, kitzeln ließen und hell auflachten. Alle lachten, scherzten und warfen sich eine Wegstrecke Koseworte zu. Wäh=rend dieser Zeit hatten wir wenigstens weder Schläge noch Schimpfworte auszustehen.

Nach vierstündigem Marsch kamen wir wieder zu einem Lager: Buna. Ein eisernes Tor fiel hinter uns ins Schloß.

Das Lager schien eine Epidemie hinter sich zu haben, so leer und tot sah es aus. Nur einige gutgekleidete Häftlinge schlenderten zwischen den Blocks einher.

Natürlich ging es zuerst wieder unter die Dusche. Dort erschien der Lagerchef, ein kräftiger, gutgebauter Mann mit breiten Schultern, einem Stiernacken, dicken Lippen und Kraushaar. Er schien ein guter Mensch zu sein. Von Zeit zu Zeit leuchtete ein Lächeln in seinen blaugrauen Augen auf. In unserem Zug befanden sich einige Kinder von zehn und zwölf Jahren. Der Offizier nahm sich ihrer an und ließ für sie zu essen kommen.

Nachdem wir neue Kleider erhalten hatten, wurden wir in zwei Zelten untergebracht. Es hieß, wir müßten warten, bis wir in Arbeitskommandos eingeteilt würden, um dann in Blocks zu kommen.

Am Abend kamen die Arbeitskommandos von den Arbeitsplätzen zurück. Appell. Wir suchten nach Bekannten, erkundigten uns bei den Alten, welches Arbeitskommando das beste sei, in welchen Block man eingeteilt werden müsse. Alle Häftlinge erklärten einstimmig:

„Buna ist ein sehr gutes Lager. Hier hält man es aus. Wichtig ist nur, nicht ins Baukommando eingeteilt zu werden ..."

Als ob die Wahl in unseren Händen gelegen hätte.

Unser Zeltwart war ein Deutscher mit einem Mördergesicht, mit fleischigen Lippen und Händen wie Wolfspfoten. Die Lagerkost schien ihm zu bekommen, denn er konnte sich kaum regen. Wie der Lagerchef liebte er

Kinder. Gleich nach unserer Ankunft ließ er Brot für sie kommen, Suppe und Margarine. (In Wahrheit war diese Zuneigung berechnet, denn die kleinen Jungen wurden unter den Homosexuellen des Lagers als Genuß=objekte verschachert, wie ich später erfuhr.) Er verkün=dete:

„Ihr bleibt drei Tage bei mir in Quarantäne. Dann werdet ihr arbeiten. Morgen ist ärztliche Untersuchung."

Einer seiner Helfer, ein Junge mit rohem Spitzbuben=gesicht, kam auf mich zu:

„Willst du zu einem guten Kommando?"

„Gewiß. Aber unter einer Bedingung: daß mein Vater bei mir bleibt..."

„Einverstanden", sagte er. „Das kann ich schaukeln. Für eine Kleinigkeit: deine Schuhe. Du kriegst dafür andere."

Ich lehnte ab, die Stiefel waren alles, was mir übrig geblieben war.

„Ich gebe dir noch eine Ration Brot mit einem Stück Margarine dazu..."

Die Stiefel gefielen ihm, aber ich trat sie ihm nicht ab. (Später hat man mir sie ohnehin weggenommen. Frei=lich ohne Gegengabe.)

Am nächsten Morgen fand in aller Frühe die Unter=suchung im Freien vor drei auf einer Bank sitzenden Ärzten statt.

Der erste faßte mich gar nicht an und fragte nur:

„Geht dir's gut?"

Wer hätte das Gegenteil zu sagen gewagt?

Der Zahnarzt hingegen schien gewissenhafter: man mußte den Mund weit aufmachen. Tatsächlich suchte er nicht nach schlechten Zähnen, sondern nach Goldplomben. Wer Gold im Mund hatte, wurde in eine Liste eingetragen. Ich selbst hatte eine Krone.

Die ersten drei Tage verliefen rasch. Am vierten Tag, als wir frühmorgens vor dem Zelt standen, erschienen Kapos, von denen ein jeder sich die Leute aussuchte, die ihm gefielen:

„Du... du... und du..." Er deutete auf uns, wie man auf eine Ware, auf ein Tier deutet.

Wir folgten unserem Kapo, einem jungen Menschen. Am Eingang zum ersten Block neben dem Lagertor ließ er anhalten. Das war der Block der Musikkapelle. „Hinein!" befahl er. Wir waren verwundert: was hatten wir mit den Musikern zu schaffen?

Der Bläserchor spielte einen Militärmarsch, immer denselben. Dutzende von Kommandos zogen im Gleichschritt zu den Arbeitsplätzen, während die Kapos im Takt riefen: „Links, rechts, links, rechts."

SS=Offiziere, Papier und Bleistift in der Hand, notierten die Anzahl der ausziehenden Männer. Der Spielmannszug spielte denselben Marsch bis zum Abmarsch des letzten Kommandos. Nun ließ der Musikmeister den Taktstock sinken. Das Spiel brach ab, und der Kapo brüllte: „Antreten!"

Wir traten mit der Kapelle in Fünferreihen an und marschierten zwar ohne Musik, aber im Gleichschritt, zum Lager hinaus, noch immer hallte der Marsch in unseren Ohren nach.

„Links, rechts! Links, rechts!"

Wir begannen ein Gespräch mit den Musikern, die fast alle Juden waren. So der Pole Juliek mit einer Brille auf der Nase und einem zynischen Lächeln auf seinem blassen Gesicht. So der aus Holland stammende Louis, ein bekannter Geiger, der darüber klagte, daß man ihn nicht Beethoven spielen ließ: die Juden hatten kein Recht, deutsche Musik zu spielen. Hans, ein geistvoller junger Berliner. Auch der Musikmeister war Pole: Franek, ein ehemaliger Student aus Warschau.

Juliek erklärte:

„Wir arbeiten in einem Elektro=Lager, nicht weit von hier. Die Arbeit ist weder schwer noch gefährlich. Nur hat Idek, der Kapo, von Zeit zu Zeit Wahnsinnsanfälle, und dann empfiehlt es sich, weit vom Schuß zu sein."

„Du hast Glück, Kleiner", meinte Hans lächelnd. „Du bist in ein gutes Kommando geraten..."

Zehn Minuten später standen wir vor dem Depot. Ein deutscher Zivilbeamter, der Meister, kam uns entgegen, schenkte jedoch keinem von uns mehr Aufmerksamkeit als einem Bündel Lumpen.

Unsere Kameraden hatten recht: die Arbeit war nicht schwierig. Auf der Erde kauernd, mußte man Bolzen, Ampullen und kleine Elektro=Ersatzteile zählen. Weitschweifig erklärte uns der Kapo die große Wichtigkeit dieser Arbeit und warnte uns, daß jeder, der faul wäre, es mit ihm zu tun bekommen würde. Meine neuen Kameraden beruhigten mich.

„Hab keine Angst. Er sagt das nur wegen des Meisters."

Es waren auch zahlreiche Polen und einige Französinnen da, die den Musikern zunickten.

Franek, der Werkführer, wies mir eine Ecke an:

„Bring dich nicht um und laß alles ruhig angehen. Paß nur auf, daß dich kein SS=Mann erwischt."

„Ich möchte aber bei meinem Vater bleiben, Herr Werkführer."

„Na schön. Dann arbeitet dein Vater eben neben dir."

Wir hatten Glück.

Zwei Jungens wurden unserer Gruppe zugeteilt: Jossi und Tibi, zwei Brüder aus der Tschechei, deren Eltern in Birkenau vergast worden waren. Sie waren ein Herz und eine Seele.

Bald wurden sie unsere Freunde. Da sie einst einer zionistischen Jugendorganisation angehört hatten, kannten sie zahllose hebräische Lieder. Es kam daher oft vor, daß wir leise Lieder vor uns hinträllerten, in denen wir die stillen Wasser des Jordans und die erhabene Heiligkeit Jerusalems beschworen. Wir sprachen auch oft von Palästina. Ihre Eltern hatten nicht den Mut gefunden, alles aufzulösen und auszuwandern, als es noch Zeit war. So beschlossen wir, daß wir keinen Tag in Europa bleiben würden, sofern es uns gewährt sei, den Tag der Freiheit zu erleben. Mit dem ersten Schiff würden wir nach Haifa fahren.

In seinen kabbalistischen Träumereien versunken, hatte Akiba Drumer einen Bibelvers entdeckt, dessen in Zahlen übersetzter Wortlaut ihm gestattete, die Befreiung für die kommenden Wochen vorauszusagen.

Inzwischen hatten wir die Zelte mit dem Block der Musiker vertauscht. Hier stand uns eine Decke, ein Waschbecken und ein Stück Seife zu. Der Blockälteste war ein deutscher Jude.

Es war gut, einen Juden als Aufseher zu haben. Er hieß Alfons, ein junger Mann mit einem verblüffend alten Gesicht, der ganz im Dienst „seines" Blocks auf= ging. So oft er konnte, trieb er einen zusätzlichen Topf Suppe auf für die Halbwüchsigen, die Schwachen, für all die, die mehr von einem zweiten Napf Suppe als von der Freiheit träumten.

Eines Tages, nach der Rückkehr vom Elektrodepot, rief mich der Blocksekretär:

„A=7713?"

„Hier."

„Nach dem Essen gehst du zum Zahnarzt."

„Aber . . . ich habe doch keine Zahnschmerzen . . ."

„Nach dem Essen! Vergiß es nicht!"

Ich ging ins Lazarett. Etwa zwanzig Häftlinge war= teten in einer Schlange vor der Tür. Es dauerte nicht lange, bis wir den Grund unserer Einberufung erfuhren: die Goldkronen sollten gezogen werden.

Der Zahnarzt, ein aus der Tschechei gebürtiger Jude, hatte ein Gesicht, das einer Totenmaske ähnelte. Wenn er den Mund aufmachte, sah man nur gelbe, verfaulte Zähne. Im Stuhl sitzend, fragte ich bescheiden:

„Was werden Sie machen, Herr Doktor?"

„Die Goldkrone extrahieren, nicht mehr", sagte er gleichgültig.

Ich stellte mich unwohl:

„Könnten Sie nicht ein paar Tage warten, Herr Doktor? Mir ist nicht gut, ich habe Fieber . . .“

Er runzelte die Stirn, dachte einen Augenblick nach und fühlte meinen Puls.

„Na schön, Kleiner. Wenn dir's besser geht, komme wieder her. Aber warte nicht, bis ich dich rufe!“

Eine Woche später ging ich wieder hin. Mit der gleichen Entschuldigung: ich war immer noch nicht wiederhergestellt. Er schien nicht verwundert, und ich weiß nicht, ob er mir glaubte. Vermutlich war er befriedigt, daß ich meinem Versprechen gemäß gekommen war. Wieder räumte er mir einen Aufschub ein.

Einige Tage nach meinem Besuch schloß man die Praxis des Zahnarztes, der ins Gefängnis wanderte. Er sollte gehängt werden, weil sich herausgestellt hatte, daß er mit den Goldzähnen der Inhaftierten auf eigene Rechnung Schmuggelhandel trieb. Ich empfand keinerlei Mitleid mit ihm. Ich frohlockte sogar über sein Schicksal: auf diese Weise rettete ich meine Goldkrone. Eines Tages konnte sie mir vielleicht dazu dienen, etwas Lebensnotwendiges zu kaufen, Brot, ja das Leben. Mein ganzes Streben zielte nur noch auf meinen täglichen Teller Suppe, auf meinen Kanten altbackenes Brot hin. Brot, Suppe – das war mein Leben, nicht mehr. Ich war nur noch ein Körper. Vielleicht noch weniger: ein hungriger Magen. Nur der Magen fühlte die Zeit verstreichen.

Oft arbeitete ich im Depot neben einer jungen Französin. Wir sprachen nicht, denn sie verstand kein Deutsch und ich kein Französisch.

Sie schien Jüdin zu sein, obgleich sie für eine „Arierin" galt. Sie war hierher zwangsdeportiert worden.

Eines Tages, als Idek sich gehen ließ, stand ich ihm im Weg. Wie ein wildes Tier warf er sich auf mich und schlug mich auf die Brust, auf den Kopf, stieß mich zurück, riß mich wieder an sich und ließ Hiebe auf mich hageln, bis ich blutüberströmt dastand. Da ich mir auf die Lippen biß, um nicht vor Schmerz aufzuheulen, hielt er wohl mein Schweigen für Verachtung und schlug immer wütender auf mich ein.

Plötzlich beruhigte er sich und schickte mich an meine Arbeit zurück, als sei nichts geschehen, als hätten wir ein Spiel mit gleichen Rollen zusammen gespielt.

So schleppte ich mich in meine Ecke. Mein ganzer Körper schmerzte. Plötzlich fühlte ich eine kühle Hand meine blutende Stirn abwischen. Es war die französische Zwangsarbeiterin. Sie lächelte mir trauervoll zu und schob mir ein Stück Brot in die Hand, dabei blickte sie mir gerade in die Augen. Ich fühlte, daß sie sprechen wollte, aber die Angst schnürte ihr die Kehle zu. Lange verharrte sie so, dann hellten sich ihre Züge auf, und sie sagte in fast richtigem Deutsch:

„Beiß dir auf die Lippen, Brüderchen ... Weine nicht. Bewahr dir deinen Zorn und deinen Haß für einen anderen Tag, für später auf. Es kommt ein Tag, aber noch nicht gleich ... Warte, beiß auf die Zähne und warte ..."

Jahre später, in Paris, fuhr ich zeitunglesend in der

Métro. Mir gegenüber saß eine schöne Frau mit schwar=zen Haaren und träumerischen Augen, Augen, die ich schon irgendwo gesehen hatte. Das war sie.

„Erkennen Sie mich nicht, gnädige Frau?"

„Ich kenne Sie nicht, mein Herr."

„1944 waren Sie doch in Deutschland, in Buna, oder nicht?"

„Gewiß..."

„Sie arbeiteten im Elektro=Depot..."

„Gewiß", sagte sie verwirrt. Und nach einem kurzen Schweigen: „Warten Sie... ich erinnere mich..."

„Idek, der Kapo... der kleine Judenjunge... Ihre sanften Worte..."

Wir stiegen zusammen aus und setzten uns in ein Terrassencafé. Den ganzen Abend verbrachten wir mit unseren Erinnerungen. Bevor ich sie verließ, fragte ich sie:

„Darf ich eine Frage an Sie stellen?"

„Bitte! Ich weiß, welche."

„Welche?"

„Ob ich Jüdin bin?... Ja, ich bin Jüdin aus einer orthodoxen Familie. Ich hatte mir während der Besat=zung falsche Papiere besorgt, um als Arierin durchzu=gehen. Auf diese Weise wurde ich zur Zwangsarbeit ein=geteilt und entging bei der Deportation nach Deutsch=land dem Konzentrationslager. Im Depot wußte nie=mand, daß ich deutsch sprach: das hätte nur Argwohn erregt. Die wenigen Worte, die ich zu Ihnen sagte, waren unbedacht. Aber ich wußte, daß Sie mich nicht verraten würden..."

Ein anderes Mal hieß es, unter der Aufsicht deutscher Soldaten Dieselmotoren aufladen. Idek bebte vor Wut und beherrschte sich nur mit großer Mühe. Plötzlich platzte er heraus, das Opfer war mein Vater.

„Alter Faulpelz", schrie er. „Das nennst du arbeiten?"

Und hieb mit einem Eisenstab auf ihn ein. Zuerst duckte sich mein Vater unter den Schlägen, dann brach er wie ein vom Blitz getroffener, ausgedörrter Baum zusammen.

Ich hatte dem Auftritt beigewohnt, ohne mit der Wimper zu zucken. Ich schwieg, vielmehr hielt ich es für richtig, mich zu entfernen, um nicht auch Hiebe abzubekommen. Ja noch mehr: wenn ich in diesem Augenblick Zorn verspürte, richtete er sich nicht gegen den Kapo, sondern gegen meinen Vater. Ich nahm es ihm übel, daß er den Vorfall mit dem Kapo nicht zu verhindern gewußt hatte. Soweit hatte das Leben im Konzentrationslager mich schon gebracht ...

Eines Tages bemerkte der Werkmeister Franek, daß ich eine Goldkrone im Mund hatte.

„Kleiner, gib mir deine Krone."

Ich antwortete, das sei unmöglich, denn ohne die Krone könne ich nicht essen.

„Für das, was man dir zu essen gibt, Kleiner!"

Ich fand eine andere Ausrede: man hatte meine Krone bei der ärztlichen Untersuchung aufnotiert, das konnte uns beiden Unannehmlichkeiten einbringen.

„Wenn du mir nicht deine Krone gibst, kann es dich viel teurer zu stehen kommen!"

Dieser sympathische, kluge Junge war plötzlich nicht mehr derselbe. Seine Augen blitzten neidisch. Ich sagte ihm, ich müsse meinen Vater um Rat bitten.

„Frage deinen Vater, Kleiner. Aber morgen will ich eine Antwort haben!"

Als ich meinen Vater fragte, erblaßte er, schwieg eine Weile und sagte:

„Nein, mein Sohn, das können wir nicht machen."

„Er wird sich rächen!"

„Er wird's nicht wagen!"

Leider wußte er, wie er vorgehen mußte, denn er kannte meine Schwäche. Mein Vater hatte nie Militärdienst geleistet und marschierte daher nie im Gleichschritt. Nun wurde im Lager nur im Gleichschritt marschiert, und das gab Franek die Gelegenheit, ihn zu quälen und ihn jeden Tag mit Stockschlägen zuzurichten. Links, rechts: Fausthiebe! Links, rechts: Ohrfeigen!

Ich beschloß daher, meinem Vater Unterricht im Gleichschritt und Schrittwechsel zu geben, ein Training, das vor unserem Block stattfand. Ich kommandierte: „Links, rechts!" und mein Vater tat sein Bestes. Schon machten sich die Inhaftierten über uns lustig:

„Schaut nur den kleinen General an, der dem Alten das Gehen beibringt. Heda, kleiner General, wieviel Rationen Brot gibt dir dein Alter dafür?"

Aber die Fortschritte meines Vaters waren ungenügend, so daß die Schläge weiter auf ihn niederprasselten.

„Du weißt also nicht, wie man im Gleichschritt marschiert, alter Faulpelz?"

Diese Szenen wiederholten sich zwei Wochen lang.

Wir konnten nicht mehr, wir mußten klein beigeben. An diesem Tag platzte Franek wild lachend heraus:

„Ich wußte es, Kleiner, ich wußte sehr genau, daß ich dich kleinkriegen würde. Lieber spät als nie. Und weil du mich hast warten lassen, kostet das dich noch eine weitere Ration Brot. Eine Ration Brot für einen meiner Kumpels, einen berühmten Warschauer Zahnarzt. Dafür, daß er dir die Krone herausnimmt."

„Wie? Meine Brotration dafür, daß du *meine* Krone kriegst?"

Franek lächelte.

„Oder willst du lieber, daß ich dir die Zähne einschlage?"

Am selben Abend brach der Warschauer Zahnarzt mir auf dem Abort meine Krone mit Hilfe eines verrosteten Löffels heraus.

Franek wurde freundlicher, von Zeit zu Zeit gab er mir sogar einen zweiten Schlag Suppe. Aber das hielt nicht lange an. Vierzehn Tage später wurden die Polen in ein anderes Lager versetzt. Somit hatte ich meine Krone umsonst eingebüßt.

Einige Tage nach der Versetzung der Polen machte ich eine neue Erfahrung.

Es war an einem Sonntagmorgen. Unser Kommando brauchte an diesem Tag nicht zu arbeiten. Aber gerade Idek wollte davon nichts wissen, wir mußten unbedingt ins Depot marschieren. Diese plötzliche Arbeitswut verblüffte uns. Dort übergab er uns Franek und sagte:

„Macht, was ihr wollt. Aber tut was. Sonst bekommt ihr's mit mir zu tun ..."

Damit verschwand er.

Wir wußten nicht, was wir tun sollten. Müde vom Herumhocken, schlenderte jeder für sich im Depot umher, auf der Suche nach einem Stückchen Brot, das ein Zivilbeamter vielleicht zurückgelassen hatte.

Am Ende des Gebäudes angekommen, hörte ich aus einem kleinen Nebenraum ein Geräusch. Ich trat näher und sah auf einem Strohsack Idek und eine junge Polin in halbnackter Umarmung. Jetzt begriff ich, warum Idek sich geweigert hatte, uns im Lager zu lassen. Nur um mit einem Mädchen zu schlafen, mußten hundert Gefangene herumbugsiert werden. Das kam mir so komisch vor, daß ich laut herauslachte.

Idek fuhr auf, drehte sich um und sah mich, während das Mädchen seine Brüste zu verdecken suchte. Ich wollte fliehen, aber meine Beine klebten am Boden. Idek packte mich an der Kehle. Dumpf knurrte er:

„Ich werd dich lehren, mein Bürschchen, deinen Arbeitsplatz zu verlassen! Das wirst du büßen... Und nun geh an deinen Platz zurück und zwar dalli...“

Eine halbe Stunde vor dem normalen Arbeitsschluß ließ der Kapo das ganze Kommando antreten. Niemand begriff, worum es ging. Appell zu dieser Stunde? Ich wußte es. Der Kapo hielt eine kurze Ansprache:

„Ein einfacher Gefangener hat nicht das Recht, sich in die Angelegenheiten anderer zu mischen. Einer von euch scheint das nicht begriffen zu haben. Ich werde daher versuchen, es ihm ein für allemal beizubringen.“

Ich fühlte, wie der Schweiß mir den Rücken herunterlief.

„A=7713!“

Ich trat vor.

„Eine Kiste!" befahl er.

Man brachte eine Kiste.

„Leg dich darauf! Auf den Bauch!"

Ich gehorchte.

Dann fühlte ich nur noch Peitschenhiebe.

„Eins! Zwei!" ... zählte er.

Er nahm sich Zeit. Nur die ersten Hiebe taten mir weh. Ich hörte ihn zählen:

„Zehn – elf!"

Seine Stimme war ruhig und erreichte mich wie durch eine dicke Mauer.

„Dreiundzwanzig ..."

Noch zwei, dachte ich unbewußt. Der Kapo wartete.

„Vierundzwanzig ... fünfundzwanzig!"

Die Strafe war zu Ende. Ich hatte es allerdings nicht gemerkt, ich war bewußtlos geworden. Unter einem kalten Wasserstrahl kam ich langsam zu mir. Noch immer lag ich auf der Kiste. Ich sah nur unbestimmt die feuchte Erde neben mir. Dann hörte ich jemanden schreien. Das mußte der Kapo sein. Ich begann zu unterscheiden, was er brüllte:

„Aufstehen!"

Wahrscheinlich versuchte ich, aufzustehen, denn ich fühlte mich auf die Kiste zurückfallen. Wie gerne wäre ich aufgestanden!

Hätte ich antworten können, ich hätte ihm gesagt, daß ich mich nicht bewegen konnte. Aber ich brachte die Lippen nicht auseinander.

Auf Befehl Ideks hoben mich zwei Häftlinge auf und führten mich vor ihn.

„Schau mir ins Gesicht!"

Ich blickte ihn an, ohne ihn zu sehen. Ich dachte an meinen Vater. Sicherlich litt er mehr als ich.

„Hör zu, Schweinehund!" sagte Idek kalt. „Das hast du für deine Neugier. Du kriegst fünfmal soviel, wenn du den Mund aufmachst! Verstanden?"

Ich nickte, einmal, zehnmal, ich nickte ununterbrochen, als sei mein Kopf entschlossen, ja zu sagen, ohne jemals wieder aufzuhören.

Eines Sonntags, während die Hälfte von uns, darunter mein Vater, bei der Arbeit war, schliefen die anderen, darunter ich, bis in den Morgen hinein.

Gegen zehn Uhr ertönte die Alarmsirene. Die Blockchefs sammelten uns in den Blocks, während die SS-Männer in die Bunker flüchteten. Da es verhältnismäßig leicht war, während des Luftalarms auszukneifen – die Aufseher verließen ihre Wachtürme und der Starkstrom wurde im Stacheldraht ausgeschaltet –, hatte die SS Befehl erhalten, jeden zu erschießen, der außerhalb der Blocks angetroffen wurde.

In wenigen Augenblicken glich das Lager einem verlassenen Schiff. Keine Menschenseele war in den Verbindungswegen zu sehen. Vor der Küche waren zwei halbvolle Kessel mit heißer dampfender Suppe ohne Bewachung stehengelassen worden. Welcher Festschmaus, welche Versuchung! Hunderte von Augen schielten gierig hinüber, Hunderte von Wolfsaugen, die zwei Lämmer, zwei hirtenlose Lämmer bespähten. Aber wer würde es wagen?

Der Schrecken war größer als der Hunger. Plötzlich sahen wir die Türe von Block 37 unauffällig aufgehen. Ein Mann erschien und kroch wie ein Wurm in Richtung auf die Kessel zu.

Hunderte von Augen folgten seinen Bewegungen. Hunderte von Männern krochen in Gedanken mit ihm und rissen sich mit ihm die Hände und Knie im Kies wund. Alle Herzen zitterten, vor allem aber aus Neid. Denn er hatte es gewagt.

Er berührte den ersten Kessel, die Herzen bebten noch stärker: ihm war es geglückt. Der Neid verzehrte uns, verbrannte uns wie Stroh. Nicht einen Augenblick dachten wir daran, ihn zu bewundern. Armer Held, der nur wegen einer Ration Suppe dem Selbstmord entgegenkroch, wir mordeten ihn in Gedanken.

Neben dem Kessel auf dem Boden liegend, versuchte er sich inzwischen zum Rand hochzuschieben. Sei es aus Schwäche, sei es aus Furcht, kauerte er dort und raffte fraglos seine letzten Kräfte zusammen. Endlich gelang es ihm, sich bis zum Rand des Behälters hochzuhieven. Einen Augenblick schien er in der Suppe sein gespenstisches Spiegelbild zu suchen. Dann stieß er ohne offensichtlichen Grund einen schrecklichen Schrei aus, ein Röcheln, das ich noch nie von einem Lebenden vernommen hatte, und warf den Kopf mit dem weitgeöffneten Mund in das noch dampfende Naß. Bei der Detonation zuckten wir zusammen. Auf die Erde zurücksinkend, das Gesicht von Suppe verschmiert, krümmte der Mann sich einige Sekunden am Fuß des Kessels, dann rührte er sich nicht mehr.

Jetzt begannen wir das Geräusch von Flugzeugmotoren zu vernehmen. Und im selben Augenblick erbebten die Baracken.

„Buna wird bombardiert!" schrie einer.

Ich dachte an meinen Vater. Trotzdem war ich froh. Welche Rache, wenn das Werk in Schutt und Asche aufgehen würde! Wohl hatte man von den Niederlagen der deutschen Truppen an den verschiedenen Fronten gehört, wußte jedoch nicht, ob man daran glauben durfte. Heute erlebten wir einen greifbaren Beweis!

Keiner von uns hatte Angst. Gleichwohl hätte ein einziger Treffer Hunderte von Häftlingen getötet. Wir fürchteten jedoch den Tod nicht mehr, jedenfalls nicht diesen Tod. Jede Bombe, die fiel, gab uns neues Vertrauen ins Leben.

Die Bombardierung hielt mehr als eine Stunde an. Hätte sie doch zehnmal zehn Stunden gedauert... Dann wurde es wieder still. Das letzte Geräusch von Flugzeugmotoren verschwand mit dem Wind, und wir waren wieder in unserem Friedhof. Am Horizont stiegen dichte Rauchschwaden in die Luft. Von neuem heulten die Sirenen. Entwarnung.

Alles lief aus den Blocks. Gierig sog man die feuer- und rauchgeschwängerte Luft ein, alle Augen glänzten hoffnungsfreudig. Eine Bombe war mitten im Lager, in der Nähe des Appellplatzes niedergegangen, aber nicht explodiert. Wir mußten sie aus der Umzäunung zerren.

Der Lagerchef machte in Begleitung seines Adjutanten und des Oberkapos einen Inspektionsgang durch die Lagerstraßen. Der Bombenangriff hatte auf seinem Gesicht Spuren tiefer Angst hinterlassen.

Mitten auf dem Platz lag als einziges Opfer der Leichnam des suppenverschmierten Mannes. Die Kessel wurden in die Küche zurückgeschleppt.

Die SS-Männer bezogen wieder ihre Posten auf den Türmchen hinter ihren Maschinengewehren. Das Zwischenspiel war beendet.

Nach einer Stunde sah man die Kommandos wie üblich im Gleichschritt zurückkommen. Froh erkannte ich meinen Vater.

„Mehrere Gebäude sind vernichtet worden", erzählte er, „aber das Depot hat nicht gelitten ..."

Nachmittags räumten wir fleißig die Trümmer fort.

Eine Woche später sahen wir beim Heimkehren von der Arbeit auf dem Appellplatz, mitten im Lager, einen Galgen aufragen.

Wir erfuhren, daß die Suppe erst nach dem Antreten verteilt werden würde, was länger als gewöhnlich dauerte. Die Befehle wurden trockener, barscher gegeben als sonst, etwas Sonderbares, Befremdliches lag in der Luft.

„Mützen ab!" brüllte plötzlich der Lagerchef.

Zehntausend Mützen wurden auf einmal abgenommen.

„Mützen auf!"

Zehntausend Mützen wurden blitzschnell aufgesetzt.

Die Lagertür öffnete sich. Eine Abteilung SS erschien und umstellte uns. ein SS-Mann alle drei Schritt. Die Maschinengewehre der Türme zielten auf den Platz.

„Sie fürchten Unruhen!" murmelte Juliek. Zwei SS-

Männer gingen auf das Gefängnis zu. Den Verurteilten in der Mitte führend, kehrten sie zurück. Es war ein junger Warschauer, der drei Jahre Konzentrationslager hinter sich hatte, ein kräftiger, gutgewachsener Junge, ein Hüne im Vergleich zu mir.

Mit dem Rücken gegen den Galgen, das blasse Gesicht auf seinen Richter gerichtet, schien er eher bewegt als erschrocken. Seine gefesselten Hände zitterten nicht. Kalt musterten seine Augen die Hunderte von SS-Männern, die Tausende von Gefangenen, die ihn umgaben.

Der Lagerchef verlas das Urteil und betonte dabei jeden Satz.

„Im Namen Himmlers... Der Häftling Nr.... hat während des Fliegeralarms gestohlen... Laut Gesetz... Paragraph... ist der Häftling Nr.... zum Tode verurteilt. Das soll allen Gefangenen als Warnung und Beispiel dienen."

Kein Mensch rührte sich.

Ich hörte mein Herz klopfen. Die Tausende von Menschen, die täglich in Auschwitz und Birkenau in den Gaskammern starben, hatten aufgehört, mich zu verwirren. Aber dieser, der an seinem Todesgalgen lehnte, erschütterte mich.

„Wird's bald? Ich habe Hunger...", tuschelte Juliek.

Auf ein Zeichen des Lagerchefs trat der Lagerkapo auf den Verurteilten zu. Zwei Gefangene halfen ihm bei seiner Aufgabe. Für zwei Teller Suppe.

Der Kapo wollte die Augen des Todeskandidaten verbinden, aber dieser wehrte ab.

Nach langem Warten legte ihm der Henker den Strick um den Hals. Er wollte seinen Handlangern gerade ein

Zeichen geben, den Stuhl unter den Füßen des Verurteilten wegzuziehen, als dieser mit starker, ruhiger Stimme rief:

„Es lebe die Freiheit! Ich verfluche Deutschland! Ich verfluche, ich verfl . . ."

Die Henker hatten ihre Arbeit vollendet.

Messerscharf durchdrang ein Befehl die Luft:

„Mützen ab!"

Zehntausend Häftlinge ehrten den Toten.

„Mützen auf!"

Dann mußte das ganze Lager, Block für Block, an dem Erhängten vorbeiziehen und die toten Augen und die hängende Zunge des Toten ansehen. Kapos und Blockchefs zwangen einen jeden, dem Erhängten gerade ins Gesicht zu blicken.

Nach dem Vorbeizug erhielten wir die Erlaubnis, in den Blocks die Abendsuppe zu löffeln.

Ich erinnere mich, daß ich die Suppe an diesem Abend ausgezeichnet fand.

Ich habe in der Folge mehreren Erhängungen beigewohnt. Nie habe ich einen der Verurteilten weinen sehen, denn ihre ausgemergelten Körper hatten seit langem den bitteren Trost der Tränen vergessen.

Mit Ausnahme einer Vollstreckung. Der Oberkapo des 52. Kabelkommandos war ein Holländer: ein über zwei Meter hoher Riese. Siebenhundert Häftlinge arbeiteten unter seinem Befehl und alle liebten ihn wie einen Bruder. Nie hatte einer eine Ohrfeige von seiner Hand bekommen, nie einen Fluch aus seinem Munde gehört.

Er hatte im Dienst einen jungen Burschen bei sich, einen Pipel, wie man ihn nannte, ein Kind mit fein=gezeichneten schönen Gesichtszügen, das nicht in unser Lager paßte.

(In Buna haßte man die Pipel: dort erwiesen sie sich oft grausamer als die Erwachsenen. Ich habe einmal einen Dreizehnjährigen seinen Vater schlagen sehen, weil dieser sein Bett nicht gut gemacht hatte. Da der Alte sanft weinte, schrie der Junge: „Wenn du nicht so=fort aufhörst zu heulen, bring ich dir kein Brot mehr. Verstanden?" Der kleine Diener des Holländers wurde jedoch von allen geliebt. Er hatte das Gesicht eines unglücklichen Engels.)

Eines Tages flog die Elektrozentrale von Buna in die Luft. An Ort und Stelle gerufen, schloß die Gestapo auf Sabotage. Man fand eine Fährte, die in den Block des holländischen Oberkapos führte. Dort entdeckte man nach einer Durchsuchung eine bedeutende Menge Waffen.

Der Oberkapo wurde auf der Stelle festgenommen. Wochenlang wurde er gefoltert. Umsonst. Er gab keinen Namen preis, wurde nach Auschwitz überführt und war fortan verschollen.

Aber sein Pipel blieb im Lager, im Kerker. Gleichfalls gefoltert, blieb auch er stumm. Die SS verurteilte ihn daher zusammen mit zwei anderen Häftlingen, bei denen Waffen gefunden worden waren, zum Tode.

Als wir eines Tages von der Arbeit zurückkamen, sahen wir auf dem Appellplatz drei Galgen. Antreten. Ringsum die SS mit drohenden Maschinenpistolen, die übliche Zeremonie. Drei gefesselte Todeskandidaten, dar=

unter der kleine Pipel, der Engel mit den traurigen Augen.

Die SS schien besorgter, beunruhigter als gewöhnlich. Ein Kind vor Tausenden von Zuschauern zu hängen, war keine Kleinigkeit. Der Lagerchef verlas das Urteil. Alle Augen waren auf das Kind gerichtet. Es war aschfahl, aber fast ruhig und biß sich auf die Lippen. Der Schatten des Galgens bedeckte es ganz.

Diesmal weigerte sich der Lagerkapo, als Henker zu dienen. Drei SS=Männer traten an seine Stelle.

Die drei Verurteilten stiegen zusammen auf ihre Stühle. Drei Hälse wurden zu gleicher Zeit in die Schlin=gen eingeführt.

„Es lebe die Freiheit!" riefen die beiden Erwachsenen.

Das Kind schwieg.

„Wo ist Gott, wo ist er?" fragte jemand hinter mir.

Auf ein Zeichen des Lagerchefs kippten die Stühle um.

Absolutes Schweigen herrschte im ganzen Lager. Am Horizont ging die Sonne unter.

„Mützen ab!" brüllte der Lagerchef. Seine Stimme klang heiser. Wir weinten.

„Mützen auf!"

Dann begann der Vorbeimarsch. Die beiden Erwach=senen lebten nicht mehr. Ihre geschwollenen Zungen hin=gen bläulich heraus. Aber der dritte Strick hing nicht reglos: der leichte Knabe lebte noch . . .

Mehr als eine halbe Stunde hing er so und kämpfte vor unseren Augen zwischen Leben und Sterben seinen Todeskampf. Und wir mußten ihm ins Gesicht sehen. Er lebte noch, als ich an ihm vorüberschritt. Seine Zunge war noch rot, seine Augen noch nicht erloschen.

Hinter mir hörte ich denselben Mann fragen:

„Wo ist Gott?"

Und ich hörte eine Stimme in mir antworten:

„Wo er ist? Dort – dort hängt er, am Galgen ..."

An diesem Abend schmeckte die Suppe nach Leichnam.

Der Sommer ging zu Ende. Das jüdische Jahr war vorbei.

Am Vorabend von Resch=Haschanah, dem letzten Tage dieses verwünschten Jahres, bebten alle Herzen im Lager vor Spannung. Trotz allem war es ein Tag, der sich von anderen Tagen unterschied, der letzte Tag des Jahres. Das Wort „letzter" klang seltsam. Wenn er wirklich der letzte wäre?

Man teilte die Abendsuppe aus, eine dicke Suppe, die niemand berührte. Man wollte bis nach dem Gebet warten. Auf dem von elektrisch geladenem Stacheldraht umzäunten Appellplatz hatten sich Tausende von Juden mit verzerrten Gesichtszügen versammelt.

Die Nacht brach herein. Aus allen Blocks strömten die Gefangenen zusammen, plötzlich waren sie fähig, Raum und Zeit zu bezwingen und sie ihrem Willen unterzuordnen. Wer bist Du, mein Gott, dachte ich zornig, verglichen mit dieser schmerzerfüllten Menge, die Dir ihren Glauben, ihren Zorn, ihren Aufruhr zuschreit? Was bedeutet Deine Größe, Herr der Welt, angesichts all dieser Schwäche, angesichts dieses Verfalls und dieser Fäulnis? Warum noch ihre kranken Seelen, ihre siechen Körper heimsuchen?

Zehntausend Männer hatten sich eingefunden, um der Feier beizuwohnen, Blockchefs, Kapos, Todesfunktionäre.

„Lobet den Ewigen ..."

Die Stimme des Kantors ließ sich vernehmen. Zunächst glaubte ich, es sei der Wind.

„Gepriesen sei der Name des Ewigen!"

Tausende von Lippen wiederholten die Lobpreisung, Tausende beugten sich wie Bäume im Sturm.

Gepriesen sei der Name des Ewigen!

Warum, warum soll ich ihn preisen? Jede Faser meines Wesens sträubte sich dagegen. Nur weil er Tausende seiner Kinder in Gräben verbrennen ließ? Nur weil er sechs Gaskammern Tag und Nacht, Sabbat und Festtag arbeiten ließ? Nur weil er in seiner Allmacht Auschwitz, Birkenau, Buna und so viele andere Todesfabriken geschaffen hatte? Wie, sollte ich zu ihm sagen: „Gepriesen seist Du, Ewiger, König der Welt, der Du uns unter den Völkern erwählt hast, damit wir Tag und Nacht gefoltert werden, unsere Väter, unsere Mütter, unsere Brüder in den Gaskammern verenden sehen? Gelobt sei Dein heiliger Name, Du, der Du uns auserwählt hast, um auf Deinem Altar geschlachtet zu werden?"

Ich hörte, wie die Stimme des Vorbeters unter dem Weinen, Schluchzen und Seufzen der Gläubigen machtvoll und gebrochen zugleich aufstieg:

„Er ist der Herr der ganzen Erde und des Weltalls!"

Alle Augenblicke hielt er inne, als habe er nicht die Kraft, in den Worten ihren Inhalt wiederzufinden. Die Weise erstickte seine Stimme.

Und ich, der Mystiker von einst, dachte:

„Ja, der Mensch ist stärker, größer als Gott. Als Du von Adam und Eva hintergangen wurdest, hast Du sie aus dem Paradies gejagt. Als Noahs Geschlecht Dir mißfiel, hast Du ihm die Sintflut geschickt. Als Sodom keinen Gefallen mehr vor Deinen Augen fand, hast Du Feuer und Schwefel vom Himmel regnen lassen. Aber diese Männer hier, die Du getäuscht hast, die Du hast foltern, erwürgen, vergasen, einäschern lassen, was tun sie? Sie beten Dich an! Sie preisen Deinen Namen!"

„Alle Schöpfung bezeugt die Größe Gottes!"

Einst beherrschte der Neujahrstag mein Leben. Ich wußte, daß meine Sünden den Ewigen betrübten, und ich flehte um seine Vergebung. Früher glaubte ich zutiefst, daß von einer einzigen meiner Gebärden, daß von einem einzigen meiner Gebete das Heil der Welt abhing.

Heute betete ich nicht mehr. Ich war außerstande, zu seufzen. Ich fühlte mich im Gegenteil stark. Ich war der Ankläger. Und Gott war der Angeklagte. Meine Augen waren sehend geworden, und ich war allein, furchtbar allein auf der Welt, ohne Gott, ohne Menschen. Ohne Liebe und ohne Mitleid. Ich war nur noch Asche, aber ich fühlte mich stärker als jener Allmächtige, mit dem mein Leben so lange verknüpft gewesen war. Inmitten dieser Gemeinde war ich ein fremder Beobachter.

Die Andacht endete mit dem Kaddisch. Ein jeder sprach Kaddisch für seine Eltern, seine Kinder, seine Brüder und sich selbst.

Eine Weile blieben wir auf dem Appellplatz stehen. Niemand wagte sich diesem Wahn zu entziehen. Es war Schlafenszeit, und die Gefangenen trotteten langsam in ihre Blocks zurück. Ich hörte, wie man einander ein gutes neues Jahr wünschte!

Rasch lief ich hinter meinem Vater her. Gleichzeitig hatte ich Angst, ihm ein glückliches Jahr zu wünschen, an das ich nicht glauben konnte.

Er stand vor dem Block, an die Mauer gelehnt, mit eingefallenen Schultern wie unter einer schweren Last. Ich trat auf ihn zu, nahm seine Hand und küßte sie. Eine Träne fiel darauf. Von wem war sie? Von mir? Von ihm? Ich sagte nichts. Er auch nicht. Nie hatten wir uns so gut verstanden.

Der Glockenton stieß uns unbarmherzig in die Wirklichkeit zurück. Es war Schlafenszeit. Wir waren weit fort gewesen. Ich hob die Augen, um das Gesicht meines über mich gebeugten Vaters zu sehen, um ein Lächeln zu erhaschen oder irgend etwas, das einem Lächeln in seinem ausgemergelten und gealterten Gesicht glich. Ich sah jedoch nichts. Nicht den Schatten eines menschlichen Ausdrucks. Er war geschlagen, vernichtet.

Jom Kippur. Der Tag der Versöhnung, des großen Vergebens.

Mußte man fasten? Die Frage wurde heftig diskutiert. Fasten könnte sicheren, rascheren Tod bedeuten. Hier fastete man das ganze Jahr. Das ganze Jahr war Jom Kippur. Aber andere meinten, man müsse fasten, schon weil Fasten gefährlich war. Es galt, Gott zu zeigen, daß man selbst hier, in dieser verriegelten Hölle, imstande war, ihm Preis zu singen.

Ich fastete nicht. Zunächst, um meinen Vater nicht zu verstimmen, der mir verboten hatte, zu fasten. Dann, weil fasten völlig sinnlos war. Ich nahm Gottes Schweigen nicht mehr hin. Meine Suppe schlürfend, sah ich in dieser Gebärde einen Akt des Aufruhrs und der Auflehnung gegen ihn.

Und ich knabberte meine Brotrinde.

Tief im Herzen fühlte ich große Leere.

Die SS machte uns zum Neujahr ein schönes Geschenk.

Wir kehrten von der Arbeit wieder. Sobald wir durchs Lagertor marschierten, spürten wir, daß etwas Ungewohntes in der Luft lag. Der Appell dauerte weniger lange als sonst. Die Abendsuppe wurde in Windeseile ausgeschöpft und alsbald angstvoll ausgelöffelt.

Ich fand mich nicht mehr im selben Block mit meinem Vater wieder. Vielmehr war ich in ein anderes Kommando versetzt worden, und zwar in ein Gebäude, wo ich zwölf Stunden täglich schwere Steinblöcke zu schleppen hatte. Der Chef meines neuen Blocks war ein deutscher Jude, ein untersetzter Mann mit scharfem Blick. An diesem Abend kündigte er uns an, daß niemand den Block nach der Abendsuppe verlassen dürfe. Bald darauf lief ein schreckliches Wort durch das Lager: die Auswahl.

Wir wußten, was das bedeutete. Ein SS-Mann würde uns untersuchen. Sobald er auf einen Schwachen, einen „Musulmann", wie wir sagten, stieß, schrieb er seine Nummer auf: reif für die Gaskammer.

Nach der Suppe gab man sich zwischen den Betten ein Stelldichein. Die Veteranen meinten:

„Ihr habt Glück, daß man euch so spät hergebracht hat. Heute ist hier das Paradies, im Vergleich zu dem, was es vor zwei Jahren war. Damals war Buna die wahre Hölle. Es gab kein Wasser, keine Decken, und weniger Suppe und Brot als heute. Nachts schlief man fast nackt, und das bei dreißig Grad unter Null. Jeden Tag sammelte man die Leichen zu Hunderten ein. Die Arbeit war hart. Daraus ist heute ein kleines Paradies geworden. Die Kapos hatten Befehl erhalten, täglich eine bestimmte Anzahl Gefangene zu töten. Jede Woche wurde Auswahl gehalten. Eine unbarmherzige Auswahl ... Ja, ihr habt weiß Gott Glück."

„Genug! Haltet den Mund!" flehte ich. „Erzählt eure Geschichten morgen früh, oder ein andermal."

Sie lachten schallend heraus. Sie waren nicht umsonst Veteranen.

„Hast du Angst? Auch wir hatten damals Angst. Wir hatten auch allen Grund dazu – früher."

Die Greise blieben in ihren Ecken, stumm, reglos, wie gestelltes Wild. Manche beteten.

Noch eine Stunde. In einer Stunde sollten wir das Urteil kennen lernen: den Tod oder den Aufschub.

Und mein Vater? Erst jetzt dachte ich an ihn. Wie würde er die Auswahl überstehen? Er war so gealtert ...

Unser Blockwart war seit 1933 nicht mehr aus den Konzentrationslagern herausgekommen. Er war durch alle Schlachthöfe, durch alle Todesfabriken gegangen. Gegen neun Uhr pflanzte er sich mitten unter uns auf:

„Achtung!"

Sogleich trat Stille ein.

„Hört, was ich euch zu sagen habe. (Zum erstenmal hörte ich seine Stimme zittern.) In wenigen Minuten beginnt die Auslese. Dazu müßt ihr euch vollkommen ausziehen und dann hintereinander an den SS=Ärzten vorbeigehen. Ich hoffe, ihr kommt alle heil durch. Aber ihr müßt selbst eure Chancen vermehren. Bevor ihr ins Nebenzimmer geht, bewegt euch ein bißchen, damit ihr etwas Farbe bekommt. Marschiert nicht langsam, lauft! Lauft, als sei euch der Teufel auf den Fersen! Schaut nicht die SS an. Lauft immer gerade aus!"

Er unterbrach einen Augenblick, dann fügte er hinzu:

„Und die Hauptsache: Ihr dürft keine Angst haben!"

Das war ein Rat, den wir alle gerne befolgt hätten.

Ich zog mich aus und ließ meine Kleider auf dem Bett. An diesem Abend bestand keine Diebstahlsgefahr.

Tibi und Jossi, die gleichfalls neu eingeteilt worden waren, kamen zu mir und sagten:

„Wir wollen zusammenbleiben. Dann sind wir stärker."

Jossi murmelte etwas zwischen den Zähnen, vermut= lich betete er. Ich hatte nie gewußt, daß Jossi gläubig war. Vielmehr hatte ich immer das Gegenteil angenom= men. Tibi hingegen schwieg. Leichenblaß. Alle Häftlinge standen nackt zwischen ihren Betten. So wird man wohl am Jüngsten Gericht dastehen.

„Sie kommen ...!"

Drei SS=Offiziere umstanden den berühmten Arzt, Dr. Mengele, derjenige, der uns in Birkenau empfangen hatte. Der Blockwart versuchte zu lächeln:

„Fertig?"

Wir waren fertig. Die SS=Ärzte auch. Dr. Mengele hielt eine Liste in der Hand: unsere Nummern – und gab dem Blockwart ein Zeichen: „Sie können anfangen!" Als sei es ein Spiel.

Zuerst kamen die „Persönlichkeiten" des Blocks, die Stubenältesten, die Kapos, die Werkmeister, natürlich alle in glänzender körperlicher Verfassung! Daran schlossen sich die einfachen Gefangenen. Dr. Mengele maß sie von Kopf bis Fuß. Hin und wieder schrieb er eine Nummer auf. Nur ein Gedanke erfüllte mich: ihn nicht meine Nummer notieren, nicht meinen linken Arm sehen lassen.

Vor mir waren nur noch Tibi und Jossi. Sie liefen vorbei. Ich konnte gerade noch sehen, daß Mengele ihre Nummer nicht aufgeschrieben hatte. Jemand stieß mich an. Ich war an der Reihe. Ich lief, ohne mich umzu=blicken. Es schwirrte mir durch den Kopf: Du bist zu mager, zu schwach, du bist zu mager, du bist reif für den Schornstein ... Der Lauf schien nicht enden zu wollen, ich glaubte jahrelang zu laufen ... Endlich kam ich, völlig ausgepumpt, an. Als ich wieder bei Atem war, fragte ich Jossi und Tibi:

„Hat er mich aufgeschrieben?"

„Nein", sagte Jossi und fügte lächelnd hinzu: „Er hätte es auch gar nicht gekonnt, weil du zu rasch gelaufen bist."

Nun lachte auch ich und war so glücklich, daß ich ihn hätte umarmen mögen. In diesem Augenblick spielten die anderen keine Rolle mehr. Man hatte mich nicht notiert.

Diejenigen, deren Nummern aufnotiert worden waren, standen abseits, von der ganzen Welt verlassen. Einige weinten still vor sich hin.

Die SS=Offiziere gingen weg. Der Blockwart erschien, sein Gesicht spiegelte die allgemeine Erschöpfung wider:

„Alles ist gut gegangen. Macht euch keine Sorgen. Keinem wird etwas passieren. Keinem ..."

Er versuchte noch zu lächeln. Ein armer, ausgehöhlter, ausgemergelter Jude fragte mit zitternder Stimme:

„Aber ... aber, Blockältester, man hat mich doch auf=geschrieben!"

Der Blockwart ließ seinen Zorn an ihm aus. Was, man wollte ihm nicht glauben?

„Was soll das heißen? Lüge ich vielleicht? Ich habe euch ein für allemal gesagt: nichts wird euch geschehen! Niemand gehts an den Kragen! Ihr aalt euch nur in eurer Verzweiflung, ihr Idioten!"

Die Glocke läutete und zeigte damit an, daß die Aus=wahl im ganzen Lager beendet sei.

So rasch ich konnte, lief ich zum Block Nr. 36 und traf meinen Vater, der auf dem Wege zu mir war:

„Nun? Bist du durchgekommen?"

„Ja, und du?"

„Ich auch."

Wie frei wir aufatmeten! Mein Vater hatte ein Ge=schenk für mich mitgebracht: eine halbe Ration Brot im Austausch gegen ein im Depot gefundenes Stück Gummi, das zur Herstellung einer Sohle dienen konnte.

Es läutete. Schon wieder mußten wir uns trennen und schlafen gehen. Der ganze Tag lief nach der Glocke ab, sie erteilte die Befehle, die ich automatisch ausführte. Ich haßte diese Glocke. Wenn ich mitunter von einer besseren Welt träumte, so brauchte ich mir nur eine Welt ohne Glocke vorzustellen.

Tage vergingen. Wir dachten nicht mehr an die Auswahl. Wie sonst gingen wir zur Arbeit und luden schwere Steine auf Waggons. Die Rationen waren magerer geworden: das war die einzige Veränderung.

Wie alle Tage standen wir eines Morgens vor Sonnenaufgang auf. Wir hatten unseren schwarzen Kaffee und unsere Brotration bekommen und schickten uns an, wie üblich zur Arbeitsstelle zu gehen, als der Blockälteste angelaufen kam:

„Einen Augenblick Ruhe. Ich habe eine Nummernliste zu verlesen. Wer aufgerufen wird, geht heute nicht zur Arbeit und bleibt im Lager."

Mit schwacher Stimme verlas er etwa zehn Nummern. Wir hatten begriffen: es waren die bei der Auswahl Aufnotierten. Dr. Mengele hatte uns nicht vergessen. Gefolgt von einem Dutzend Gefangener, die sich an seine Jacke klammerten, ging der Blockälteste in seine Kammer:

„Retten Sie uns! Sie haben versprochen ... Wir wollen zur Arbeit, wir haben genug Kraft. Wir sind gute Arbeiter. Wir können ... wir wollen ..."

suchte sie zu beruhigen, ihnen wegen ihres Schick=
Trost und Gewißheit zuzusprechen, ihnen zu er=
ren, daß die Tatsache, daß sie im Lager bleiben
llten, nichts zu sagen und keinesfalls etwas Schlimmes
zu bedeuten habe:

„Ich bleib ja auch alle Tage hier ..."

Das war freilich ein schwaches Argument. Er merkte es, sprach kein Wort mehr und schloß sich in seine Kammer ein.

Es läutete.

„Antreten!"

Jetzt spielte es keine Rolle mehr, daß die Arbeit hart war. Wichtig war nur, weitab vom Block, von der Todesgrube, fern vom Mittelpunkt der Hölle zu sein.

Ich sah meinen Vater auf mich zueilen und bekam es mit der Angst zu tun.

„Was ist los?"

Er war außer Atem und brachte den Mund nicht auf.

„Ich auch ... ich auch ... Man hat mir gesagt, ich solle im Lager bleiben."

Man hatte ihn aufgeschrieben, ohne daß er es ge=merkt hatte.

„Was wird geschehen?" fragte ich geängstigt.

„Es ist noch nicht sicher", sagte er in dem Bestreben, mich zu beruhigen. „Es gibt noch eine Möglichkeit, zu entwischen. Heute findet eine zweite Auswahl statt ... eine endgültige Auswahl ..."

Ich schwieg.

Ich fühlte, wie die Zeit seinen Händen entglitt. Er sprach schnell: er hätte mir soviel zu sagen gehabt. Er verhaspelte sich in seinen Worten, seine Stimme ver=

sagte. Er wußte, daß ich in wenigen Minuten ab=marschieren mußte. Er würde allein, so allein sein...

„Hier, nimm dies Messer", bat er. „Ich brauche es nicht mehr. Dir kann es noch nützen. Nimm auch diesen Löffel. Verkaufe nichts. Rasch! Los, nimm doch, was ich dir gebe!"

Das Erbe...

„Sprich nicht so, Vater! (Ich war nahe daran, in Schluchzen auszubrechen.) Ich will nicht, daß du das sagst. Behalte den Löffel und das Messer. Du brauchst sie ebenso notwendig wie ich. Heute abend, nach der Arbeit sehen wir uns wieder."

Er blickte mich mit seinen müden und von Verzweif=lung verschleierten Augen an und begann von neuem:

„Ich bitte dich... Nimm das Zeug, tu, was ich dir sage, mein Sohn. Wir haben keine Zeit... Tu, was dein Vater dir sagt."

Unser Kapo brüllte den Marschbefehl.

Das Kommando setzte sich in Richtung auf den Lagerausgang in Bewegung. Links, rechts! Ich biß mir auf die Lippen. Mein Vater war vor dem Block stehen=geblieben und lehnte an der Mauer. Dann lief er los, um uns einzuholen. Vielleicht hatte er vergessen, mir etwas zu sagen... Aber wir marschierten zu schnell... Links, rechts!

Schon waren wir am Tor und wurden im Lärm der Militärmusik abgezählt. Dann waren wir draußen!

Den ganzen Tag schlich ich wie ein Schlafwandler um=her. Tibi und Jossi schenkten mir von Zeit zu Zeit ein brüderliches Wort. Auch der Kapo suchte mich zu be=ruhigen und teilte mir für heute eine leichtere Arbeit zu.

Mir war übel zumute. Dabei war man so gut zu mir, wie zu einem Waisenkind. Ich dachte: selbst jetzt hilft mir mein Vater noch.

Ich wußte selbst nicht, was ich wollte, ob der Tag schneller vergehen solle oder nicht. Ich hatte Angst, abends wieder allein zu sein. Wie gut wäre es gewesen, hier zu sterben!

Schließlich kam der Rückmarsch. Wie lieb wäre es mir gewesen, wenn befohlen worden wäre: Laufen!

Wieder der Militärmarsch. Das Tor. Das Lager.

Ich lief zum Block 36.

Geschahen noch Wunder auf der Erde? Er lebte, er war bei der zweiten Auslese durchgeschlüpft. Nochmals hatte er seine Nützlichkeit beweisen können. Ich gab ihm Messer und Löffel zurück.

Akiba Drumer war ein Opfer der Auswahl geworden und hatte uns verlassen. In der letzten Zeit war er mit glasigen Augen umhergewandert und hatte jedem von seiner Schwäche erzählt: „Ich kann nicht mehr ... Es ist vorbei mit mir ...“ Es war unmöglich, ihn aufzumuntern. Er hörte nicht mehr, was man zu ihm sagte. Er wiederholte nur, daß für ihn alles aus sei, daß er den Kampf nicht mehr durchhalten könne, daß ihm weder die Kraft noch der Glaube geblieben sei. Seine Augen wurden mit einemmal leer, sie waren nur noch zwei offene Wunden, zwei Brunnen des Entsetzens.

Nicht nur er hatte in den Tagen der Auswahl den Glauben verloren. Ich habe den Rabbiner einer kleinen polnischen Stadt gekannt, einen gebeugten Greis mit stets zitternden Lippen, der die ganze Zeit im Block, auf dem Arbeitsplatz, in Reih und Glied betete. Ganze Seiten aus dem Talmud sagte er auswendig auf, diskutierte mit sich selbst, stellte sich Fragen und beantwortete sie. Eines Tages sagte er zu mir:

„Es ist aus. Gott ist nicht mehr mit uns."

Und als bereue er, diese Worte trocken und kalt hervorgestoßen zu haben, fügte er mit erloschener Stimme hinzu:

„Ich weiß. Man hat nicht das Recht, so etwas zu sagen, ich weiß es wohl. Der Mensch ist zu klein, zu unbedeutend, um die geheimnisvollen Wege Gottes suchen und verstehen zu können. Aber was kann ich tun? Ich bin kein Weiser, kein Gerechter, ich bin kein Heiliger. Ich bin ein einfaches Geschöpf aus Fleisch und Blut. Ich leide Höllenqualen in meiner Seele und in meinem Fleisch. Ich habe auch Augen im Kopf und sehe, was hier geschieht. Wo ist die göttliche Barmherzigkeit? Wo ist Gott? Wie kann ich, wie kann man an diesen Gott der Barmherzigkeit glauben?"

Armer Akiba Drumer! Hätte er sich seinen Glauben an Gott bewahren, hätte er in diesem Leidensweg eine Prüfung Gottes sehen können, er wäre nicht ein Opfer der Auslese geworden. Sobald er aber den ersten Riß in seinem Glauben spürte, verlor er jeden Grund zum Weiterkämpfen, und der Todeskampf begann.

Als die Auswahl begann, war er von vorneherein verurteilt, weil er seinen Hals dem Henker hinstreckte. Er bat uns nur:

„In drei Tagen bin ich nicht mehr ... sagt Kaddisch für mich."

Wir versprachen es: Sollte in drei Tagen der Schornstein rauchen, würden wir an ihn denken. Wir würden zehn der Unsrigen zusammenrufen und eine besondere Andacht abhalten. Alle seine Freunde würden Kaddisch sagen.

Dann machte er sich mit fast sicherem Schritt zum Lazarett auf den Weg, ohne sich einmal umzublicken. Dort wartete eine Ambulanz, um ihn nach Birkenau zu bringen.

Das waren schreckliche Tage. Wir bekamen mehr Hiebe als Essen und die Arbeit gab uns fast den Rest. Drei Tage nach seinem Fortgang vergaßen wir Kaddisch zu sagen.

Der Winter war gekommen. Die Tage wurden kürzer und die Nächte fast unerträglich. In den ersten Morgenstunden peitschte uns der eisige Wind. Jetzt bekamen wir Winterkleidung: gestreifte, etwas dickere Hemden, was den Veteranen neue Gelegenheit zum Spotten gab:

„Jetzt werdet ihr das Lager erst richtig kennenlernen."

Wie üblich zogen wir durchgefroren zur Arbeit aus. Die Steine waren so kalt, daß sie an den Händen zu kleben schienen, sobald man sie berührte. Aber man gewöhnt sich an alles.

An Weihnachten und Neujahr wurde nicht gearbeitet. Wir bekamen eine weniger klare Suppe.

Gegen Mitte Januar bekam ich Frostbeulen am Fuß. Da ich nicht mehr auftreten konnte, ging ich zur Sprechstunde. Der Arzt, ein großer jüdischer Arzt, Gefangener wie wir, meinte eindeutig: „Wir müssen operieren! Wenn wir warten, werden wir die Zehen, vielleicht sogar das Bein abnehmen müssen."

Das fehlte noch! Es blieb mir jedoch keine andere Wahl. Der Arzt hatte beschlossen zu schneiden, es gab kein Wort mehr darüber zu verlieren. Ich war sogar froh, daß er die Entscheidung fällte.

Man legte mich in ein Bett mit weißen Laken. Ich hatte vergessen, daß man normalerweise in weißen Laken schläft.

Die Lazarettbehandlung war gar nicht so schlecht: man hatte Anrecht auf Weißbrot und eine dickere Suppe. Auch kein Läuten, kein Antreten, keine Arbeit. Von Zeit zu Zeit konnte ich meinem Vater ein Stück Brot zuschmuggeln.

Neben mir lag ein an Ruhr erkrankter ungarischer Jude. Er war nur noch Haut und Knochen, und seine Augen waren erloschen. Ich hörte nur noch seine Stimme, seine einzige Lebensäußerung. Woher nahm er die Kraft, zu sprechen?

„Freu dich nicht zu früh, Kleiner. Auch hier gibt es die Auswahl! Und zwar noch häufiger als draußen. Deutschland braucht keine kranken Juden, Deutschland braucht mich nicht. Nach dem nächsten Transport hast du einen neuen Nachbarn. Drum hör mich an und befolge meinen Rat: verlasse das Lazarett nach der Auswahl!"

Diese Worte, die aus der Erde kamen, aus einer Gestalt, die kein Gesicht mehr hatte, jagten mir einen furchtbaren Schrecken ein. Natürlich war das Lazarett winzig, und wenn in diesen Tagen neue Kranke kamen, mußte man Platz machen.

Vielleicht wollte mein Nachbar ohne Gesicht, der vielleicht fürchtete, unter den ersten Opfern zu sein, mich nur vertreiben und mein Bett frei sehen, damit er selbst eine Chance bekäme, zu überleben. Vielleicht wollte er mich nur erschrecken. Wenn er aber wahr gesprochen hatte? Ich beschloß, die Ereignisse abzuwarten.

Der Arzt kündigte mir an, daß ich am darauffolgenden Tag operiert werden würde.

„Hab' keine Angst", fügte er hinzu, „alles wird gutgehen."

Gegen zehn Uhr morgens führte man mich ins Operationszimmer. „Mein" Arzt war anwesend, das tröstete mich. Ich fühlte, daß mir in seiner Gegenwart nichts Böses zustoßen konnte. Jedes seiner Worte war Balsam und jeder seiner Blicke traf mich wie ein Hoffnungsschimmer.

„Es wird etwas weh tun", sagte er, „aber das geht vorüber. Beiß auf die Zähne!"

Die Operation dauerte eine Stunde. Man hatte mich nicht betäubt. Ich ließ keinen Blick von meinem Arzt. Dann verließen mich die Sinne.

Als ich wieder zu mir kam und die Augen öffnete, sah ich zuerst nur eine riesige weiße Fläche, meine Laken, und dann die Augen des Arztes, der sich über mich beugte:

„Alles ist gut verlaufen. Du bist tapfer, mein Kleiner. Jetzt bleibst du zwei Wochen liegen und ruhst dich aus, und dann ist alles vorbei. Du bekommst gut zu essen, du kannst deinen Körper und deine Nerven entspannen ..."

Ich folgte nur den Bewegungen seiner Lippen, kaum

verstand ich, was er sagte, aber das Summen seiner Stimme tat mir wohl. Plötzlich bedeckte kalter Schweiß meine Stirn: ich fühlte mein Bein nicht mehr! Hatte man es amputiert?

„Herr Doktor", stammelte ich, „Herr Doktor!"

„Was ist denn, Kleiner?"

Ich hatte nicht den Mut, ihm die Frage zu stellen, die mir auf den Lippen brannte.

„Ich habe Durst . . ."

Man brachte mir Wasser. Er lächelte und schickte sich an, seine anderen Patienten zu betreuen.

„Herr Doktor?"

„Was ist?"

„Werde ich mein Bein wieder benützen können?"

Er lächelte nicht mehr. Angst befiel mich. Er sagte:

„Kleiner, hast du Vertrauen zu mir?"

„Großes, Herr Doktor."

„Na schön. Dann hör zu: in vierzehn Tagen wirst du vollkommen hergestellt sein und wirst gehen können wie die anderen. Deine Fußsohle war völlig vereitert. Wir mußten nur diesen Beutel reinigen. Dein Bein ist nicht amputiert worden. Du wirst sehen, in vierzehn Tagen läufst du quietschfidel herum."

Ich brauchte also nur vierzehn Tage zu warten.

Aber schon zwei Tage nach meiner Operation lief das Gerücht durchs Lager, daß die Front plötzlich nahegerückt sei. Die Rote Armee stoße auf Buna vor, hieß es, es sei nur noch eine Frage von Stunden.

Wir waren an diese Art von Gerüchten bereits gewöhnt. Es war nicht das erste Mal, daß ein falscher Prophet uns den Frieden auf der Welt, Verhandlungen mit dem Roten Kreuz wegen unserer Befreiung und andere Hirngespinste versprochen hatte . . . Plötzlich glaubten wir daran, es war wie eine Morphiumspritze.

Diesmal klangen die Prophezeiungen jedoch handgreiflicher. In den vergangenen Nächten hatten wir in der Ferne Kanonendonner gehört.

Aber da sagte mein gesichtsloser Nachbar:

„Gib dich keinen Illusionen hin. Hitler hat es klar und deutlich ausgesprochen, daß er sämtliche Juden vernichtet haben wird, bevor es dreizehn schlägt."

„Was haben Sie davon?" stieß ich hervor. „Sollen wir Hitler als Propheten ansehen?"

Seine erloschenen Augen blickten mich starr an. Schließlich sagte er tonlos:

„Ich habe mehr Vertrauen in Hitler als in irgend jemand anderen. Hitler ist der einzige, der alle seine dem jüdischen Volke gemachten Versprechungen samt und sonders gehalten hat."

Um vier Uhr nachmittags desselben Tages rief die Uhr wie üblich alle Blockältesten zum Appell.

Niedergeschlagen kehrten sie zurück und sagten nur ein Wort: Evakuierung. Das Lager sollte aufgelöst, wir sollten rückwärts verlagert werden. Aber wohin? Irgendwohin tief nach Deutschland hinein, in andere Lager: an denen fehlte es nicht.

„Wann?"

„Morgen abend."

„Vielleicht kommen die Russen noch vorher ..."

„Vielleicht."

Wir wußten wohl, daß das nicht der Fall sein würde.

Das Lager summte wie ein Bienenkorb. Man lief, rief und fragte. In allen Blocks wurden Marschvorbereitungen getroffen. Ich hatte meinen kranken Fuß vergessen. Ein Arzt betrat das Krankenzimmer und verkündete:

„Morgen unmittelbar nach Einbruch der Dunkelheit marschiert das Lager ab. Ein Block nach dem anderen. Die Kranken können im Lazarett bleiben und werden nicht evakuiert."

Diese Nachricht gab mir zu denken. Sollte die SS sich damit einverstanden erklären, daß einige hundert Häftlinge sich in den Lazarettblocks bereitmachten und seelenruhig die Ankunft ihrer Befreier erwarteten? Würden sie irgendeinem Juden erlauben, die dreizehnte Stunde abzuwarten? Sicherlich nicht.

„Man wird alle Kranken schonungslos erledigen", sagte der Gesichtslose, „und sie mit dem letzten Schub in die Gaskammer spedieren."

„Sicherlich ist das Lager unterminiert", warf ein anderer ein. „Unmittelbar nach der Evakuierung wird alles in die Luft fliegen."

Ich selbst dachte nicht an den Tod, wollte mich jedoch nicht von meinem Vater trennen lassen. Wir hatten schon soviel gemeinsam gelitten und ertragen: es war nicht mehr der Augenblick, uns trennen zu lassen.

Ich lief hinaus, um ihn zu suchen. Der Schnee lag dicht, die Fenster der Blocks waren bereift. Einen Stiefel in der Hand, denn ich konnte den rechten Stiefel nicht anziehen, lief ich und fühlte weder Schmerz noch Kälte.

„Was geschieht nun?"

Mein Vater antwortete nicht.

„Was wird geschehen, Vater?"

Er war in Gedanken versunken. Die Wahl lag in unseren Händen. Zum erstenmal konnten wir unser Los selbst entscheiden. Wir konnten alle beide im Lazarett bleiben, wo ich ihn dank meines Arztes als Kranken oder Krankenwärter einführen konnte. Wir konnten auch mit den anderen gehen.

Ich war entschlossen, meinen Vater auf jeden Fall zu begleiten.

„Was geschieht nun, Vater?"

Er schwieg.

„Wir wollen uns mit den anderen evakuieren lassen", sagte ich.

Er antwortete nicht und blickte nur auf meinen Fuß.

„Glaubst du, daß du marschieren kannst?"

„Ich glaub schon."

„Hoffentlich bereuen wir es nicht, Elieser."

Nach dem Kriege erfuhr ich das Schicksal der im Lazarett Verbliebenen. Sie wurden zwei Tage nach der Evakuierung schlicht und einfach von den Russen befreit.

Ich kehrte nicht ins Lazarett zurück, sondern ging in meinen Block. Meine Wunde hatte sich geöffnet, blutete und färbte den Schnee rot.

Der Blockälteste verteilte doppelte Rationen von Brot und Margarine für den Marsch. Kleider und Hemden konnte man sich im Depot in beliebigen Mengen holen.

Es war kalt. Wir legten uns ins Bett.

Die letzte Nacht in Buna. Wieder einmal die letzte Nacht. Die letzte Nacht zu Hause, die letzte Nacht im Ghetto, die letzte Nacht im Viehwagen und nun die letzte Nacht in Buna. Wie lange würde unser Leben sich noch von einer „letzten Nacht" zur anderen schleppen?

Ich tat kein Auge zu. Hinter dem bereiften Fenster blitzte roter Lichtschein auf. Kanonendonner zerriß die stille Nacht. Wie nah die Russen schon waren! Zwischen ihnen und uns – eine Nacht, eine letzte Nacht. Man flüsterte von einem Bett zum anderen: nur ein wenig Glück, und die Russen sind vor der Evakuierung hier! Noch lebte die Hoffnung.

Einer rief:

„Versucht zu schlafen. Sammelt Kraft für den Marsch."

Das erinnerte mich an die letzten Ratschläge meiner Mutter im Ghetto.

Aber ich konnte nicht einschlafen. Mein Fuß brannte wie Feuer.

Am nächsten Morgen sah das Lager völlig verändert aus. Die Häftlinge traten in merkwürdiger Verkleidung auf, wie bei einem Maskenfest. Jeder hatte mehrere Kleidungsstücke übereinander gezogen, um sich besser gegen die Kälte schützen zu können. Armselige Gaukler=gestalten, breiter als hoch, mehr tot als lebendig, arme Possenreißer, deren Gespenstermasken aus einem Haufen Sträflingsdrillich hervorschauten.

Ich versuchte einen großen Stiefel aufzutreiben. Ver=gebens. So zerriß ich meine Decke und umwickelte mei=nen verletzten Fuß. Dann durchsuchte ich das ganze Lager nach etwas Brot und ein paar Kartoffeln.

Einige meinten, es ginge in die Tschechei. Andere, nach Groß=Rosen, dritte, nach Gleiwitz, wieder andere, sonst wohin ...

Zwei Uhr nachmittags. Der starke Schneefall hielt an.

Jetzt verstrichen die Stunden rasch, schon brach die Dämmerung herein, und der Tag sank ins Graue.

Plötzlich erinnerte sich der Blockwart daran, daß die Blockreinigung vergessen worden war, und befahl vier Gefangenen, den Boden zu schrubben ... Eine Stunde vor Abmarsch! Wozu? Für wen?

„Für die Befreiungsarmee!" rief er. „Damit sie wissen, daß hier Menschen gewohnt haben und keine Schweine."

Wir waren also Menschen? Der Block wurde blitz=sauber gescheuert und bis in die kleinsten Winkel hinein gesäubert.

Um sechs Uhr läutete die Glocke. Die Totenglocke. Das Begräbnis. Der Trauerzug sollte sich in Bewegung setzen.

„Antreten! Wird's bald!"

Im Handumdrehen waren wir alle blockweise angetreten. Die Nacht fiel ein. Alles ging planmäßig, wie am Schnürchen.

Die Scheinwerfer leuchteten auf. Hunderte von SS-Männern, begleitet von Schäferhunden, enttauchten der Dunkelheit. Es schneite noch immer.

Die Tore des Lagers gingen auf. Dahinter schien uns eine noch dunklere Nacht zu erwarten.

Die ersten Blocks setzten sich in Bewegung. Wir warteten. Wir mußten den Abmarsch von sechsundfünfzig Blocks, die vor uns kamen, abwarten. Es war bitter kalt. Ich hatte zwei Stück Brot in der Tasche. Wie gerne hätte ich sie jetzt gegessen! Aber ich durfte nicht. Noch nicht.

Nun kamen wir bald an die Reihe: Block 53 ... Block 55 ... Block 57. Ohne Tritt, marsch!

Es schneite ohne Unterlaß.

Ein eisiger Wind wehte, aber wir marschierten unverdrossen.

Die SS drängte zur Eile. „Rascher, Kanaillen, räudige Hunde!" Warum nicht? Die Bewegung wärmte uns etwas, das Blut lief rascher durch die Adern. Man hatte das Gefühl, zum Leben zu erwachen ...

„Rascher, räudige Hunde!" Schon marschierte man nicht mehr, man lief, wie Automaten. Auch die SS-Männer liefen, die Waffe in der Hand. Wir schienen vor ihnen zu fliehen.

Pechschwarze Nacht. Von Zeit zu Zeit knallte ein Schuß. Die SS hatte Befehl, auf jeden zu schießen, der nicht mitkam. Den Finger am Abzug, legte die Begleitmannschaft sich keine Zurückhaltung auf. Sobald einer auch nur eine Sekunde stillstand, streckte ein dumpfer Knall einen räudigen Hund nieder.

Mechanisch setzte ich einen Schritt vor den anderen und schleppte mein Knochengerüst weiter, das trotzdem noch zu viel wog. Hätte ich es doch abschütteln können! Trotz meiner Anstrengungen, nicht daran zu denken, fühlte ich, daß ich zweierlei war: mein Körper und ich. Ich haßte ihn.

Ich dachte immer wieder: Denke nicht, bleib nicht stehen, lauf!

Ganz in meiner Nähe brachen viele im schmutzigen Schnee zusammen und schon krachte der Schuß ...

Neben mir marschierte ein Polenjunge namens Zalman, der in Buna im Elektro-Depot gearbeitet hatte und stets verlacht worden war, weil er ständig betete und über irgendeine Frage des Talmud nachdachte. Das tat er, um der Wirklichkeit zu entfliehen und die Schläge weniger zu spüren ...

Plötzlich bekam er Magenkrämpfe. „Ich habe Bauchschmerzen", flüsterte er mir zu. Er konnte nicht weitermarschieren, er mußte einen Augenblick stehenbleiben. Ich flehte ihn an:

„Halt aus, Zalman. Bald wird Halt gemacht. In diesem Tempo werden wir nicht bis ans Ende der Welt rennen."

Aber mitten im Lauf knöpfte er sich die Hose auf und rief mir zu:

„Ich kann nicht mehr. Mein Bauch platzt ..."

„Versuch's noch mal, Zalman ... Versuch's ..."

„Ich kann nicht mehr", seufzte er.

Seine Hose rutschte, und schon ließ er sich fallen.

Das ist das letzte Bild, das mir von ihm verblieben ist. Ich glaube nicht, daß ein SS-Mann ihn liquidiert hat, denn niemand hat ihn gesehen. Vielmehr muß er unter den Füßen von Tausenden von Männern, die hinter uns kamen, totgetrampelt worden sein.

Ich vergaß ihn rasch und dachte wieder an mich. Wegen meines schmerzenden Fußes durchzuckte mich bei jedem Schritt ein Schauer. Noch ein paar Meter, dachte ich, nur noch wenige Meter und alles ist vorbei. Ich falle, eine kleine rote Flamme, ein Schuß. Der Tod umringte mich bis zum Ersticken, er klebte an mir. Mir war, als könne ich ihn berühren. Der Gedanke, zu sterben, nicht mehr zu sein, begann mich zu betören. Nicht mehr zu existieren, nicht mehr den fürchterlichen Schmerz im Fuß zu spüren. Nichts mehr zu fühlen, weder Müdigkeit, noch Kälte, nichts. Aus Reih und Glied zu springen, sich am Straßenrand niedersinken zu lassen . . .

Die Gegenwart meines Vaters war das einzige, was mich davon abhielt. Er lief mir zur Seite, außer Atem, am Ende seiner Kräfte, in den letzten Zügen. Ich hatte nicht das Recht, einfach hier zu sterben. Was würde er ohne mich tun? Ich war sein einziger Halt.

Diese Gedanken hatten mich schon eine Weile beschäftigt. Während ich gelaufen war, ohne meinen wehen Fuß zu spüren, ohne das Bewußtsein eines Körpers zu haben, der unter Tausenden auf der Straße dahinstolperte.

Als ich wieder bei mir war, versuchte ich, etwas langsamer zu laufen. Es war jedoch unmöglich. Die Menschen drängten gleich einer Sturmflut hinter mir her und hätten mich wie eine Ameise zerquetscht.

Ich war nur noch ein Traumwandler. Es kam vor, daß ich die Lider schloß, so daß ich wie im Schlaf dahineilte. Von Zeit zu Zeit stieß mich einer heftig in den Rücken, dann wachte ich auf. Und einer schrie hinter mir: „Schneller. Wenn du nicht weiter willst, laß die anderen vorbei." Es genügte, die Augen eine Sekunde zu schließen, um eine ganze Welt vorbeiziehen zu sehen, um ein ganzes Leben zu träumen.

Straße ohne Ende. Sich von der wogenden Menge vorwärtsstoßen, sich vom blinden Schicksal treiben zu lassen. Als die SS-Männer müde waren, wurden sie abgelöst. Uns löste niemand ab. Trotz des Laufens durchgefroren, die Kehle ausgetrocknet, ausgehungert, außer Atem, liefen wir weiter.

Wir waren die Herren der Natur, die Herren der Welt. Wir hatten alles vergessen, den Tod, die Müdigkeit, die natürlichen Bedürfnisse. Stärker als Kälte und Hunger, stärker als die Schüsse und der Wunsch zu sterben, Todeskandidaten und Landstreicher, waren wir die einzigen Menschen auf der Erde.

Endlich erschien der Morgenstern am grauen Himmel. Fahles Licht zog am Horizont auf. Wir konnten nicht mehr, wir waren ohne Kraft und ohne Illusionen.

Der Kommandant verkündete, daß wir seit dem Abmarsch siebzig Kilometer zurückgelegt hatten. Längst hatten wir die Grenze der Müdigkeit überschritten. Mechanisch, gegen unseren Willen, taten unsere Beine ihren Dienst.

Wir marschierten durch ein verlassenes Dorf. Keine Menschenseele weit und breit. Kein Hundebellen. Häuser mit gähnenden Fenstern. Der eine oder andere schlüpfte aus Reih und Glied, um sich in einem verlassenen Haus zu verstecken.

Noch eine Stunde Marsch, dann endlich wurde der Rastbefehl gegeben.

Alle auf einmal ließen wir uns in den Schnee sinken. Mein Vater rüttelte mich hoch:

„Nicht hier . . . steh auf! Noch ein paar Schritte. Dort drüben ist ein Schuppen . . . Komm . . ."

Ich hatte weder Lust noch Kraft, aufzustehen. Trotzdem gehorchte ich. Es war kein Schuppen, sondern eine Ziegelei mit eingestürztem Dach und zerbrochenen Fensterscheiben, deren Mauern von Feuchtigkeit trieften. Es war gar nicht leicht, da hineinzukommen, denn Hunderte von Gefangenen drängten sich vor der Tür.

Schließlich gelang es uns doch. Auch drinnen lag tiefer Schnee. Ich ließ mich fallen. Erst jetzt spürte ich, wie müde ich war. Der Schnee nahm mich wie ein weicher, warmer Teppich auf. Ich schlummerte ein.

Ich weiß nicht, wie lange ich schlief, ob nur wenige Sekunden oder eine ganze Stunde. Als ich erwachte, klopfte mir eine eiskalte Hand auf die Wangen. Mühsam öffnete ich die Lider; es war mein Vater.

Wie alt er seit gestern abend geworden war! Sein Körper war völlig verkrümmt und verdreht. Seine Augen waren versteint, seine Lippen welk, tot. Alles an ihm war völlige Erschöpfung. Seine Stimme klang feucht von Tränen und Schnee:

„Du darfst nicht einschlafen, Elieser. Es ist gefährlich,

im Schnee einzuschlafen. Wer einschläft, wacht nicht mehr auf. Komm, mein Junge, komm. Steh auf!"

Aufstehen? Wie konnte ich? Wie sollte ich mich den weichen Daunen entwinden? Ich hörte wohl die Worte meines Vaters, aber sie schienen mir sinnlos, als fordere jemand von mir, daß ich den ganzen Schuppen fortschleppe ...

„Komm, mein Sohn, komm ..."

Mit zusammengebissenen Zähnen raffte ich mich hoch. Mich stützend, führte er mich nach draußen. Das war nicht einmal leicht. Ins Freie zu gelangen, war ebenso mühsam, wie sich hineinzuzwängen. Unter uns stöhnten halb zerquetschte, halb totgetretene Männer. Niemand nahm die geringste Rücksicht.

Endlich standen wir draußen. Der eisige Wind peitschte mein Gesicht. Pausenlos biß ich mir auf die Lippen, damit sie nicht erfroren. Ringsum schien alles einen Totentanz aufzuführen, so daß mir schwindelig wurde. Ich bewegte mich auf einem Friedhof, zwischen starren Leibern, zwischen Holzklötzen. Kein Verzweiflungsschrei, keine Klage, nichts als ein massenhafter stummer Todeskampf. Niemand flehte den anderen um Hilfe an. Man starb, weil man sterben mußte. Man machte keine Schwierigkeiten.

Ich sah mich in jedem erstarrten Leib. Bald würde ich keinen von ihnen mehr sehen können, bald würde ich einer von ihnen sein, es war nur eine Frage von Stunden.

„Komm, Vater, laß uns in den Schuppen zurückgehen."

Er antwortete nicht, er gönnte den Sterbenden keinen Blick.

„Komm, Vater. Dort ist's besser. Man kann sich ein wenig ausstrecken. Einer löst den anderen ab. Erst wache ich, dann du. Wir werden uns gegenseitig nicht einschlafen lassen, wir werden einander beobachten."

Er willigte ein. Nachdem wir über viele Leiber und Leichname gestolpert waren, gelang es uns, in den Schuppen hineinzukommen. Dort ließen wir uns nieder-sinken.

„Hab keine Angst, mein Junge. Schlaf, du kannst schlafen. Ich werde wachen."

„Zuerst du, Vater. Schlaf du."

Er weigerte sich. So legte ich mich denn hin und versuchte zu schlafen, ein wenig zu dämmern, aber umsonst. Gott weiß, was ich gegeben hätte, um ein paar Minuten einschlafen zu können. Aber in der Tiefe meines Herzens wußte ich, daß Schlafen Sterben bedeutete. Und etwas in mir sträubte sich gegen diesen Tod. Ringsum breitete er sich aus, lautlos, gewaltlos. Er beschlich einen Eingenickten, schlüpfte in ihn hinein und saugte ihn allmählich aus. Neben mir versuchte jemand seinen Nachbarn aufzuwecken, vielleicht seinen Bruder oder einen Kameraden. Vergebens. Entmutigt streckte er sich neben den Leichnam hin und schlief seinerseits ein. Wer würde ihn wecken? Ich streckte den Arm aus und berührte ihn:

„He, wach auf. Hier darf man nicht schlafen ..."

Er öffnete einen spaltbreit seine Lider.

„Keine Ratschläge", murmelte er mit erlöschender Stimme. „Ich bin erledigt. Laß mich in Ruhe. Hau ab."

Auch mein Vater schlummerte sanft. Ich konnte seine

Augen nicht sehen, seine Mütze bedeckte ihm das Gesicht.

„Wach auf", murmelte ich ihm ins Ohr.

Er fuhr zusammen, setzte sich auf und blickte umher, verloren, verstört, wie ein Waisenkind. Lange blickte er umher, als habe er in diesem Augenblick beschlossen, eine Bestandsaufnahme von seiner Umwelt zu machen, zu erfahren, wo er sich befand, an welchem Ort, wie und warum. Dann lächelte er.

Ich werde dieses Lächeln nie vergessen. Aus welcher Welt kam er zurück?

Unablässig fiel der Schnee in dicken Flocken auf die Leichname.

Die Schuppentür ging auf, und ein Greis mit bereiftem Bart und blaugefrorenen Lippen trat ein. Es war Rabbi Eliahu, der Rabbiner einer kleinen Gemeinde in Polen, ein herzensguter Mensch, den jedermann im Lager – selbst die Kapos und Blockältesten – schätzte. Trotz des Unglücks und all der Anfechtungen strahlte sein Gesicht nach wie vor von innerer Reinheit. Er war der einzige Rabbiner, den man in Buna nie „Rabbi" zu nennen versäumte. Er glich einem jener Propheten von einst, die stets bei ihrem Volk waren, um es zu trösten. Und seltsam: seine Worte des Trostes verbitterten niemanden. Sie richteten wahrhaft auf.

Er betrat den Schuppen und seine Augen, die stärker glänzten als sonst, schienen jemanden zu suchen:

„Haben Sie vielleicht meinen Sohn gesehen?"

Er hatte seinen Sohn in dem Menschengewirr verloren und ihn vergeblich unter den Sterbenden gesucht, dann hatte er den Schnee aufgescharrt, um wenigstens seinen Leichnam zu finden – vergebens.

Drei Jahre lang hatten sie zusammen ausgehalten. Stets waren sie beieinander, im Leiden, bei den Schlägen, bei der Brotration und beim Gebet. Drei Jahre lang von Lager zu Lager, von Auswahl zu Auswahl. Und nun, wo das Ende nahe schien, trennte sie das Schicksal. Schon in meiner Nähe flüsterte er:

„Es muß unterwegs passiert sein, wir müssen uns beim Marsch aus den Augen verloren haben. Ich war etwas zurückgeblieben, weil ich nicht mehr mitkam. Mein Sohn hat es vermutlich nicht bemerkt. Mehr weiß ich nicht. Wohin ist er nur verschwunden? Wo kann ich ihn finden? Vielleicht habt ihr ihn irgendwo gesehen?"

„Nein, Rabbi Eliahu, ich habe ihn nicht gesehen."

Und Rabbi Eliahu verschwand, wie er gekommen war: wie ein windgepeitschter Schatten.

Er hatte die Tür schon durchschritten, als mir einfiel, daß ich seinen Sohn gesehen hatte, wie er neben mir lief. Ich hatte es völlig vergessen und es Rabbi Eliahu nicht gesagt.

Dann fiel mir etwas anderes ein: sein Sohn hatte ihn zurückfallen und hinter der Kolonne dreinhinken sehen. Er war vorneweg weitergelaufen und hatte den Abstand zwischen ihnen größer werden lassen.

Ein schrecklicher Gedanke durchzuckte mich: er hatte sich seines Vaters entledigen wollen! Er hatte gefühlt, daß sein Vater erlahmte, er hatte geahnt, daß dies sein Ende sei und hatte diese Trennung gesucht, um eine Last abzuschütteln, die die Chance des eigenen Überlebens gefährden konnte.

Ich hatte recht daran getan, all das zu vergessen, und war glücklich, daß Rabbi Eliahu seinen geliebten Sohn weitersuchte.

Gegen meinen Willen erhob sich ein Gebet in meinem Herzen zu jenem Gott, an den ich nicht mehr glaubte.

„Mein Gott, Herr der Welt, gib mir die Kraft, nie zu tun, was Rabbi Eliahus Sohn getan hat."

Draußen im Hof, wo die Nacht eingefallen war, ertönten Rufe, Befehle der SS. Antreten zum Abmarsch!

Wir marschierten weiter. Die Toten blieben im Hof, unter dem Schnee, wie treue erschlagene Wächter ohne Grab. Kein Mensch hatte das Totengebet für sie gesprochen. Ohne eine Träne gaben die Söhne die sterblichen Reste ihrer Väter auf.

Unterwegs schneite es, es schneite ohne Unterlaß. Es ging langsamer vorwärts, selbst die Wärter schienen erschöpft. Mein verwundeter Fuß tat nicht mehr weh, er mußte völlig abgefroren sein, er war für mich verloren, dieser Fuß. Er hatte sich von meinem Körper wie ein Wagenrad von seinem Wagen gelöst. Um so besser. Ich mußte mich damit abfinden, daß ich mit einem Bein leben würde. Wichtig war nur, nicht daran zu denken, jedenfalls in diesem Augenblick, und diese Gedanken einer späteren Gelegenheit zu überlassen.

Unsere Marschkolonne hatte jeden Anschein von Disziplin verloren. Ein jeder schleppte sich dahin, wie er konnte und wollte. Man hörte keine Schüsse mehr. Auch unsere Beschützer mußten müde sein.

Aber der Tod brauchte keine Hilfe mehr. Gewissenhaft tat die Kälte ihren Dienst. Bei jedem Schritt brach einer zusammen und hörte auf zu leiden.

Von Zeit zu Zeit fuhren SS-Offiziere auf Motorrädern die Kolonne ab, um die wachsende Apathie aufzurütteln:

„Durchhalten! Wir sind gleich da."

„Mut, Mut! Es fehlen nur noch ein paar Stunden!"

„Wir sind bald in Gleiwitz!"

Obgleich diese Ermutigungen aus dem Munde unserer Schergen kamen, taten sie uns wohl. Jetzt, so kurz vor dem Ende, so nah am Ziel, wollte keiner mehr aufgeben. Unsere Augen suchten den Horizont nach dem Stacheldraht von Gleiwitz ab. Unser einziger Wunsch war, so rasch wie möglich anzukommen.

Die Nacht brach ein, der Schneefall ließ nach. Wir mußten noch einige Stunden Marsch zurücklegen, bevor wir ankamen. Wir gewahrten das Lager erst, als wir vor seinem Tor standen.

Kapos verteilten uns rasch auf die Baracken. Man drängte und stieß sich, als ob dies die ersehnteste Zuflucht und die Türe zur Freiheit sei. Man trat über schmerzverkrümmte Leiber, man zertrampelte zerrissene Gesichter. Keine Schreie, nur Seufzer waren zu vernehmen. Auch mein Vater und ich wurden von der hinter uns dreinstürmenden Flutwelle umgerannt. Unter unseren Füßen keuchte einer:

„Ihr tretet mich tot ... Erbarmen!"

Eine Stimme, die mir nicht unbekannt war.

„Ihr zertrampelt mich ... Erbarmen! Erbarmen!"

Es war dieselbe erloschene Stimme, dasselbe Röcheln, das ich schon irgendwo gehört hatte, eine Stimme, die eines Tages zu mir gesprochen hatte. Aber wo, und wann? War es Jahre her? Nein, es konnte nur im Lager gewesen sein.

„Erbarmen!"

Ich fühlte, daß ich ihn tottrat und ihm den Atem nahm. Ich wollte aufstehen, ich tat alles, um mich zu lösen, um ihm das Atmen zu ermöglichen. Ich stöhnte jedoch selbst unter dem Gewicht anderer und keuchte schwer. Ich grub daher meine Nägel in unbekannte Gesichter und biß um mich, um mir Luft zu machen. Aber kein Mensch schrie auf.

Plötzlich erinnerte ich mich. Juliek! Der Junge aus Warschau, der in der Musikkapelle von Buna mitspielte ...

„Bist du's, Juliek?"

„Elieser ... die fünfundzwanzig Peitschenhiebe ... Ja ... Ich erinnere mich."

Dann schwieg er. Eine Weile sagte er nichts.

„Juliek! Hörst du mich, Juliek?"

„Ja ...", sagte er mit schwacher Stimme. „Was willst du?"

Er war also nicht tot.

„Wie geht es dir, Juliek?" fragte ich, weniger um eine Antwort zu erhalten, als ihn sprechen, ihn leben zu hören.

„Gut, Elieser ... es geht ... mir fehlt Luft ... müde. Ich habe geschwollene Füße. Es tut gut, auszuruhen, aber meine Geige ..."

Ich dachte, er habe den Verstand verloren. Wozu wollte er seine Violine ausgerechnet hier?

„Was, deine Violine?"

Er hauchte:

„Ich habe ... ich habe Angst ... daß man ... sie zerbricht, ich habe ... meine Violine mit."

Ich konnte nicht antworten. Jemand hatte sich der Länge nach auf mich gelegt und verdeckte mir das Gesicht. Ich konnte nicht mehr atmen. Weder durch den Mund, noch durch die Nase. Der Schweiß rann mir von der Stirne und dem Rücken hinunter. Das war das Ende, das Ende des Weges. Der stille Tod, das Erwürgtwerden. Schreien, zu Hilfe rufen war unmöglich.

Ich versuchte mich meines unsichtbaren Mörders zu entledigen. All mein Lebenswille fuhr in meine Fingernägel. Ich kratzte und kämpfte um eine Kehle voll Luft. Ich verkrampfte mich in ein verfaultes Fleisch, das sich nicht mehr rührte. Ich vermochte mich nicht von der Masse zu befreien, die auf meiner Brust lastete. Wer weiß? Vielleicht war es ein Toter, mit dem ich kämpfte.

Ich werde es nie erfahren. Ich weiß nur, daß es mir gelang, ihn fortzuschieben und mir in die Mauer der Sterbenden ein Loch zu bohren, durch das ich ein wenig Luft trinken konnte.

„Wie fühlst du dich, Vater?" fragte ich, sobald ich ein Wort herausbrachte.

Ich wußte, daß er nicht weit von mir liegen konnte.

„Gut!" antwortete eine ferne Stimme, die aus einer anderen Welt herüberzutönen schien. „Ich versuche zu schlafen."

Er versuchte zu schlafen. Hatte er recht oder unrecht? Konnte man hier überhaupt schlafen? War es nicht gefährlich, seine Wachsamkeit auch nur einen Lidschlag einschläfern zu lassen, wo der Tod jede Sekunde zupacken konnte?

So dachte ich, als ich den Ton einer Violine hörte. Den Klang einer Geige in der stockfinsteren Baracke, wo die Toten auf den Lebenden lagen. Wer war der Narr, der hier, am Rande seines eigenen Grabes, Geige spielte? Oder war es eine Sinnestäuschung?

Es mußte Juliek sein.

Er spielte einen Satz aus einem Beethovenkonzert. Nie hatte ich so reine Töne vernommen. Und in solcher Stille!

Wie war es ihm gelungen, sich loszumachen? Sich unter meinem Körper freizuarbeiten, ohne daß ich es merkte?

Es herrschte vollkommene Dunkelheit. Ich hörte nur die Geige, und es war, als diene Julieks Seele als Bogen. Er spielte sein Leben. Sein ganzes Leben glitt über die Saiten. Seine begrabene Hoffnung. Seine veraschte Vergangenheit, seine erloschene Zukunft. Er spielte, was er nie mehr spielen würde.

Ich werde Juliek nie vergessen. Wie könnte ich ein Konzert vergessen, das vor Sterbenden und Toten gegeben wurde! Noch heute, wenn ich Beethoven höre, schließen sich meine Augen, und der Dunkelheit entsteigt das bleiche traurige Antlitz meines polnischen Kameraden, der von einer Hörerschaft Sterbender Abschied auf der Geige nahm.

Ich weiß nicht, wie lange er spielte. Der Schlaf übermannte mich. Als ich bei Tagesanbruch erwachte, erblickte ich Juliek, der mir gegenüber verkrümmt dalag, tot. Neben ihm lag seine Violine, zertreten, zertrampelt, eine kleine, wunderliche, erschütternde Leiche.

Drei Tage blieben wir in Gleiwitz. Drei Tage ohne zu essen und zu trinken. Wir durften die Baracke nicht verlassen. SS-Männer bewachten die Tore.

Ich hatte Hunger und Durst. Nach dem Anblick der anderen zu schließen, mußte ich reichlich schmutzig und zerschlissen aussehen. Das aus Buna mitgebrachte Brot war längst aufgezehrt, verschlungen. Und wer weiß, wann wir eine neue Ration bekommen würden?

Die Front verfolgte uns. Von neuem rollte der Kanonendonner in aller Nähe. Wir hatten jedoch nicht mehr die Kraft und den Mut, mit dem Gedanken zu spielen, daß den Nazis keine Zeit mehr verbleiben würde, uns zu evakuieren, und daß die Russen bald hier sein würden.

Hingegen erfuhren wir, daß wir weit ins Innere Deutschlands deportiert werden sollten.

Am dritten Tag, gegen Morgen, jagte man uns aus den Baracken. Ein jeder warf sich ein paar Decken wie Gebetsmäntel über die Schultern. Man führte uns vor ein Tor, das das Lager in zwei Teile teilte. Dort stand eine Gruppe SS-Offiziere. Ein Raunen durcheilte unsere Reihen: eine Auswahl!

Die SS-Offiziere nahmen die Teilung vor. Die Schwachen: links. Die gut marschieren konnten: rechts.

Mein Vater wurde nach links geschickt. Ich lief hinter ihm her. Ein SS-Offizier brüllte hinter meinem Rücken: „Komm zurück!"

Ich schlüpfte durch die Reihen der anderen. Mehrere SS-Männer stürzten hinter mir her und verursachten ein derartiges Durcheinander, daß viele Leute von links nach rechts hinüberlaufen konnten – darunter mein

Vater und ich. Freilich fielen ein paar Schüsse, und ein paar Leute fielen tot um.

Man führte uns aus dem Lager ins Freie. Nach einer halben Marschstunde gelangten wir in die Mitte eines durch Schienen aufgeteilten Lagers. Hier sollten wir auf den Zug warten.

Dicht fiel der Schnee. Es war verboten, sich zu setzen oder sich von der Stelle zu rühren.

Bald bildete der Schnee eine dicke Schicht auf unseren Decken. Die übliche Brotration wurde verteilt und gierig verschlungen. Jemand kam auf den Einfall, seinen Durst mit Schnee zu stillen, und fand bald zahlreiche Nachahmer. Da es nicht erlaubt war, sich zu bücken, zog jeder seinen Löffel aus der Tasche und löffelte den auf dem Rücken seines Nachbarn angesammelten Schnee, je einen Bissen Brot, je einen Löffel Schnee.

Das verursachte Gelächter unter den SS-Männern, die das Schauspiel betrachteten.

Die Stunden vergingen. Unsere Augen waren vom langen Absuchen des Horizonts nach dem Befreiungszug müde geworden. Erst spät am Abend traf der aus dachlosen Viehwagen bestehende überlange Zug ein. Die SS stieß uns hinein, je hundert Mann in einen Wagen. Wir waren ja so abgemagert! Endlich war die Verladung beendet, und der Zug setzte sich in Bewegung.

Aneinandergedrängt, um der Kälte besser widerstehen zu können, der Kopf leer und schwer zugleich, im Gehirn ein Wirbel verschimmelter Erinnerungen. Die Gleichgültigkeit betäubte die Sinne. Ob wir hier waren oder anderswo, heute oder morgen verreckten – was machte es schon aus? Die Nacht zog sich in die Länge, in eine Länge, die nicht enden wollte.

Als endlich am Horizont ein grauer Strich erschien, enthüllte er mir ein Wirrwarr von menschlichen Gestalten mit eingezogenen Köpfen, zusammengekauert, ineinander=, übereinandergedrängt, wie eine Fläche staubbedeckter Grabsteine im ersten Dämmerlicht. Ich versuchte zu unterscheiden, wer noch lebte und wer nicht. Es gab aber keinen Unterschied mehr. Mein Blick blieb lange an einem haften, der mit offenen Augen ins Leere starrte. Sein aschfahles Gesicht war dick mit Reif und Schnee bedeckt.

Mein Vater stand, in seine Decke gehüllt, verkrümmt neben mir, auf seinen Schultern lastete Schnee. Ob auch er tot war? Ich rief ihn an. Keine Antwort. Ich hätte geschrien, wenn ich dazu fähig gewesen wäre. Er rührte sich nicht.

Plötzlich durchzuckte mich die Erkenntnis: er hatte keinen Grund mehr zu leben, keinen Grund mehr zu kämpfen.

Der Zug hielt mitten in einem verlassenen Lager an, und der plötzliche Ruck weckte einige Schläfer, die sich aufrichteten und verwundert umherblickten.

Draußen rannten die SS=Männer brüllend vorbei:

„Werft die Toten raus! Alle Leichname rauswerfen!"

Die Lebenden freuten sich, auf diese Weise mehr Platz

zu bekommen. Freiwillige machten sich an die Arbeit und tasteten die ab, die noch immer zusammengekauert waren.

„Hier ist einer! Packt ihn!"

Man entkleidete ihn, und die Überlebenden teilten sich gierig in seine Kleider, dann packten ihn zwei „Toten=gräber" am Kopf und an den Füßen und warfen ihn wie einen Mehlsack aus dem Wagen.

Immer wieder ertönte da und dort der Ruf:

„Hier, wieder einer! Mein Nachbar! Er rührt sich nicht mehr."

Ich entriß mich erst meiner Apathie, als zwei Männer auf meinen Vater zugingen, und warf mich auf seinen Körper. Er war kalt. Ich gab ihm Ohrfeigen, ich rieb ihm die Hände und schrie dabei:

„Vater, Vater! Wach auf! Man will dich aus dem Wagen werfen."

Sein Leib war jedoch unbeweglich.

Die beiden Totengräber packten mich am Kragen:

„Laß ihn! Du siehst doch, daß er tot ist!"

„Nein!" schrie ich. „Er ist nicht tot! Noch nicht!"

Von neuem schlug ich mit verstärkter Kraft auf ihn ein. Nach einer kleinen Weile öffnete mein Vater über glasigen Augen die Lider und atmete schwach:

„Seht ihr!" rief ich.

Die beiden Männer entfernten sich.

Man lud etwa zwanzig Leichname aus unserem Wa=gen. Dann fuhr der Zug weiter und ließ einige hundert nackte Waisen ohne Grab in einem verschneiten polni=schen Lager zurück.

Wir erhielten keinen Proviant. Statt von Brot lebten wir von Schnee. Die Tage glichen den Nächten, und die Nächte ließen in unseren Seelen die Hefe ihrer Finsternis zurück. Der Zug fuhr langsam, hielt oft einige Stunden und fuhr dann weiter. Es schneite ununterbrochen. Tage und Nächte hindurch hockten wir wortlos aufeinander. Wir waren nur noch eisgekühlte Körper. Mit geschlossenen Lidern warteten wir nur auf den nächsten Halt, um unsere Toten ausladen zu können.

Zehn Tage, zehn Nächte Reise. Manchmal, meist morgens, fuhren wir durch deutsche Ortschaften. Arbeiter blieben auf dem Weg zur Arbeit stehen und blickten uns kaum verwundert nach.

Als wir einmal anhielten, zog ein Arbeiter ein Stück Brot aus seinem Brotbeutel und warf es in einen Wagen, was einen Aufruhr verursachte. Dutzende von Ausgehungerten brachten sich gegenseitig für ein paar Krumen um. Gebannt schauten die deutschen Arbeiter diesem Schauspiel zu.

Jahre später wohnte ich in Aden einem ähnlichen Schauspiel bei. Die Passagiere unseres Schiffes belustigten sich damit, den „Eingeborenen" Münzen ins Wasser zu werfen, nach denen diese tauchten. Eine aristokratisch aussehende Pariserin empfand besonderes Vergnügen bei diesem Spiel. Plötzlich sah ich zwei Kinder, die sich auf Leben und Tod balgten, wobei das eine das andere zu erdrosseln suchte.

„Ich flehe Sie an, gnädige Frau, werfen Sie keine Münze mehr hinunter!" bat ich die Dame.

„Warum denn nicht?" antwortete sie. „Ich tue gern Gutes."

In dem Viehwagen, in den das Stück Brot gefallen war, entstand eine wahre Schlacht. Man stürzte aufeinander los, trat, zerfleischte und zerbiß sich gegenseitig — entfesselte Raubtiere mit haßverzerrtem Blick, denen eine plötzliche, ungewöhnliche Lebenskraft Zähne und Klauen gewetzt hatte.

Eine Schar von Arbeitern und Gaffern lief am Zug zusammen. Vermutlich hatten sie noch nie einen derartigen Güterzug gesehen. Bald flogen an vielen Stellen Brotstücke in die Waggons, und die Zuschauer schauten den ausgemergelten Gestalten zu, die wegen eines Bissen Brotes einander den Garaus machten.

Ein Brocken fiel auch in unseren Wagen. Ich beschloß, mich nicht zu regen. Im übrigen wußte ich, daß ich nicht die Kraft haben würde, gegen Dutzende von wahnsinnig gewordenen Menschen zu kämpfen! Nicht weit von mir entdeckte ich einen Greis, der auf allen Vieren aus dem Handgemenge flüchtete und eine Hand zum Herzen führte. Zuerst glaubte ich, er habe einen Hieb gegen die Brust erhalten. Dann begriff ich: er hatte ein Stück Brot unter seiner Jacke. Mit unglaublicher Geschwindigkeit zog er es hervor und führte es zum Munde. Seine Augen leuchteten, ein grimassenhaftes Lächeln erhellte sein Totengesicht und erlosch alsbald. Ein Schatten hatte sich neben ihn gelegt und warf sich über ihn. Außer sich schrie der Greis unter einem Hagel von Schlägen:

„Meir, mein kleiner Meir! Erkennst du mich nicht? Ich bin dein Vater ... Du tust mir weh ... du mordest deinen Vater ... Ich habe Brot ... auch für dich ... auch für dich ..."

Er brach zusammen. Noch hielt seine Faust ein Stückchen Brot fest, das er an die Lippen führen wollte. Aber der andere stürzte sich auf ihn und entriß es ihm. Der Greis murmelte noch etwas, stieß ein Röcheln aus und starb in der allgemeinen Gleichgültigkeit. Sein Sohn durchsuchte ihn, nahm das Stück Brot und begann es zu verschlingen. Aber nur einen Augenblick. Zwei Männer, die ihn kauen sahen, überfielen ihn, andere sprangen herzu. Als sie sich voneinander lösten, lagen zwei Tote neben mir, Vater und Sohn. Ich war fünfzehn Jahre alt.

Im gleichen Wagen fuhr ein Freund meines Vaters, Meir Katz, der in Buna als Gärtner gearbeitet und uns von Zeit zu Zeit eine Handvoll Gemüse gebracht hatte. Weniger schlecht ernährt als wir alle, hatte er die Haft besser ertragen. In Anbetracht seiner verhältnismäßig guten körperlichen Verfassung hatte man ihn zum Wagenwart gewählt.

In der dritten Reisenacht wachte ich plötzlich auf, weil ich zwei Hände an meiner Gurgel fühlte. Ich hatte gerade noch Zeit, „Vater" zu rufen.

Nur dieses eine Wort. Ich drohte zu ersticken. Aber mein Vater fuhr auf und packte meinen Angreifer. Zu schwach, um ihn zu bezwingen, kam ihm der glückliche Gedanke, Meir Katz zu Hilfe zu rufen:

„Komm rasch! Man erdrosselt meinen Sohn!"

Wenige Sekunden danach war ich befreit. Ich habe nie erfahren, was jenen Menschen veranlaßt hatte, mich erwürgen zu wollen.

Aber einige Tage später wandte sich Meir Katz an meinen Vater:

„Chlomo, ich werde schwach. Mein Kräfte lassen nach. Ich werde kaum durchhalten ..."

„Reiß' dich zusammen", suchte mein Vater ihn zu ermutigen. „Du mußt durchhalten! Du darfst das Selbstvertrauen nicht verlieren!"

Aber Meir Katz stöhnte nur dumpf:

„Ich kann nicht mehr, Chlomo! Was soll ich machen? Ich kann nicht mehr ..."

Mein Vater packte ihn am Arm. Und Meir Katz, der Starke, der Widerstandsfähigste von uns allen, weinte. Gleich die erste Auswahl hatte ihm den Sohn entrissen, und erst jetzt kamen ihm die Tränen. Erst jetzt brach er zusammen. Er konnte nicht mehr, er war am Ende seiner Kraft.

Am letzten Reisetag kam ein furchtbarer Sturm auf, und noch immer fiel der Schnee. Man fühlte das Ende, das wahre Ende nahen. In diesem eisigen Wind, in diesem Orkan hielt man es nicht lange aus.

Einer stand auf und rief:

„Bleibt bei diesem Wetter nicht sitzen! Wir werden zu Eis erstarren. Steht auf, alle, und bewegt euch ..."

Wir standen auf. Jeder zog seine durchnäßte Decke enger um sich. Wir bemühten uns, ein paar Schritte zu machen und uns auf der Stelle zu bewegen.

Plötzlich ertönte im Waggon ein Schrei, der Schrei

eines waidwunden Tieres. Jemand hatte soeben seine Seele ausgehaucht.

Andere, die gleichfalls im Begriff waren zu sterben, ahmten seinen Schrei nach. Und ihre Schreie schienen aus dem Jenseits zu kommen. Bald schrien alle. Klagen, Seufzen, Verzweiflungsrufe in Sturm und Schnee.

Die Hysterie griff auf die anderen Wagen über. Bald erhoben sich Hunderte von Schreien zugleich, ohne zu wissen, gegen wen, ohne zu wissen, warum. Es war das Todesröcheln eines ganzen Eisenbahnzuges, der das Ende nahen fühlte. Ein jeder von uns würde hier zugrundegehen. Alle Grenzen waren überschritten. Niemand hatte noch Kraft. Und die Nacht wollte nicht enden.

Meir Katz stöhnte:

„Warum erschießt man uns nicht auf der Stelle?"

Am selben Abend kamen wir an unserem Bestimmungsort an. Es war tiefe Nacht. Bewachungspersonal lud uns aus. Die Toten wurden in den Waggons gelassen. Nur, wer sich noch auf den Beinen halten konnte, durfte aussteigen.

Meir Katz blieb im Zug. Der letzte Tag war der mörderischste gewesen. Hundert hatten den Wagen bestiegen, etwa zwölf stiegen aus, darunter mein Vater und ich.

Wir waren in Buchenwald angekommen.

Am Lagereingang erwartete uns die SS. Wir wurden abgezählt und zum Appellplatz geführt. Lautsprecher bellten die Befehle: „Antreten in Fünferreihen." „In Gruppen zu hundert." „Fünf Schritte vor."

Ich packte meinen Vater an der Hand. Es war die alte vertraute Angst: nur ihn nicht verlieren.

In nächster Nähe ragte der Schornstein der Gaskammer, aber er schreckte uns nicht mehr, sondern zog nur unsere Aufmerksamkeit auf sich.

Ein Veteran von Buchenwald sagte, wir würden eine Dusche bekommen und dann auf die Blocks verteilt werden. Der Gedanke an eine heiße Dusche war betörend. Mein Vater schwieg und atmete schwer neben mir.

„Vater", sagte ich, „nur noch einen Augenblick. Dann werden wir schlafen können, in einem richtigen Bett. Du wirst ausruhen können ..."

Er antwortete nicht. Ich war selbst so erschöpft, daß sein Schweigen mich gleichgültig ließ. Ich hegte den einzigen Wunsch, so rasch wie möglich eine Dusche zu nehmen und ins Bett zu sinken.

Es war jedoch nicht leicht, zu den Duschen zu gelangen. Hunderte von Gefangenen drängten sich dorthin, und den Wärtern gelang es nicht, Ordnung zu schaffen. Ohne sichtbares Ergebnis teilten sie nach allen Seiten Prügel aus. Andere, die weder die Kraft hatten, sich durchzudrücken noch sich auf den Füßen zu halten, hockten sich in den Schnee. Mein Vater wollte es ihnen gleichtun. Er stöhnte:

„Ich kann nicht mehr ... Es ist aus ... Ich sterbe ..."

Er zog mich zu einem Schneehügel, aus dem Menschenleiber und Fetzen von Decken herausragten.

„Laß mich", bat er. „Ich kann nicht mehr ... Hab' Mitleid mit mir ... Ich warte hier, bis man uns ins Bad läßt ... Du holst mich, wenn es so weit ist."

Ich hätte heulen können vor Wut. Sollte ich meinen Vater sterben, kläglich verenden lassen, jetzt, wo wir soviel durchlebt und durchlitten hatten? Jetzt, wo uns ein heißes Bad und ein Bett winkten?

„Vater!" brüllte ich. „Vater! Steh auf! Sofort! Du willst dich wohl umbringen ..."

Ich packte ihn am Arm. Er aber seufzte nur weiter:

„Schrei nicht, mein Sohn ... Habe Mitleid mit deinem alten Vater ... Laß mich hier ausruhen ... Nur ein wenig ... Ich fleh' dich an, ich bin so müde ... am Ende meiner Kräfte ..."

Er war wie ein Kind geworden: schwach, ängstlich, verletzlich.

„Vater", antwortete ich, „du kannst nicht hier bleiben." Ich deutete auf die Leichen ringsum: „Auch die haben nur ein bißchen ausruhen wollen ..."

„Ich sehe sie, mein Sohn, ich sehe sie gut. Laß sie schlafen. Sie haben die Augen so lange nicht mehr zugemacht. Sie sind erschöpft ... erschöpft ..."

Seine Stimme war zärtlich.

Ich schrie in den Wind hinein:

„Sie stehen nie mehr auf, nie mehr! Verstehst du?"

So stritten wir eine Weile. Ich fühlte, daß ich nicht mit ihm stritt, sondern mit dem Tod selbst, mit dem Tod, den er schon gewählt hatte.

Die Sirenen begannen zu heulen. Fliegeralarm. Im ganzen Lager gingen die Lampen aus. Die Wärter trie=ben uns in die Blocks. Im Handumdrehen war kein Mensch mehr auf dem Appellplatz zu sehen. Wir waren nur zu froh, nicht mehr in dem eisigen Wind stehen zu müssen. Wir ließen uns auf die Pritschen fal=len, von denen mehrere übereinanderstanden. Die gefüll=ten Suppenkessel am Eingang fanden keine Liebhaber. Nur schlafen wollte ein jeder, nichts anderes.

Es war hellichter Tag, als ich erwachte. Jetzt erinnerte ich mich daran, daß ich einen Vater hatte. Vom Alarm=zeichen an war ich der Menge nachgelaufen, ohne mich um ihn zu kümmern. Ich wußte, daß er am Ende seiner Kräfte, am Rand des Todeskampfes war, und trotzdem hatte ich ihn verlassen.

Ich machte mich auf die Suche nach ihm.

Aber im selben Augenblick erwachte der Gedanke in mir: „Wenn ich ihn nicht finde! Wenn ich dieses tote Gewicht loswürde, damit ich mit allen Kräften für mein eigenes Überleben kämpfen könnte und mich nur noch um mich zu kümmern brauchte!" Und schon emp=fand ich Scham, Scham für das Leben, Scham um meinet=willen.

Stundenlang wanderte ich umher, ohne ihn zu finden. Dann kam ich an einen Block, wo man schwarzen „Kaffee" ausschenkte. Man drängte sich in einer Schlange, man balgte sich.

Eine klagende, flehende Stimme tönte hinter mir:

„Elieser, mein Sohn ... bring' mir etwas Kaffee ..."

Ich lief zu ihm.

„Vater! Ich habe dich so lange gesucht ... Wo warst du? Hast du geschlafen? Wie fühlst du dich?"

Er war fieberheiß. Wie ein wildes Tier bahnte ich mir einen Weg zum Kaffeekessel und erkämpfte mir einen Becher. Ich trank einen Schluck und hob den Rest für ihn auf.

Ich werde nie die Dankbarkeit vergessen, die in seinen Augen aufleuchtete, als er das Gebräu hinunterstürzte. Es war die Dankbarkeit eines Tieres. Mit diesen wenigen Schlucken heißen Kaffees machte ich ihn sicherlich glücklicher als ich es in meiner ganzen Kindheit vermocht hatte.

Er lag auf der Pritsche, grau, mit bleichen, ausgetrockneten Lippen, und schüttelte sich. Ich konnte jedoch nicht bei ihm bleiben, weil Befehl erteilt worden war, die Säle für die Reinigung zu räumen. Nur die Kranken durften bleiben.

Wir blieben etwa fünf Stunden im Freien, wo man uns die Suppe ausschöpfte. Als man uns erlaubte, in die Blocks zurückzugehen, lief ich zu meinem Vater:

„Hast du gegessen?"

„Nein."

„Warum nicht?"

„Man hat uns nichts gegeben ... Man hat uns gesagt, daß wir krank seien, daß wir ohnehin bald sterben würden, und daß es schade sei, den Proviant zu vergeuden ... Ich kann nicht mehr ..."

Ich gab ihm, freilich schweren Herzens, was von meiner Suppe übrig geblieben war. Ich fühlte, daß ich die paar Löffel unwillig abgab. Ich hatte die Probe genau so wenig bestanden wie Rabbi Eliahus Sohn.

Mein Vater wurde von Tag zu Tag schwächer, sein Blick verschleierte sich zusehends, und das Gesicht nahm die Farbe von welkem Laub an. Am dritten Tag nach unserer Ankunft in Buchenwald mußten wir alle zur Dusche gehen, selbst die Kranken, die zuletzt an die Reihe kamen.

Nach der Rückkehr von der Dusche mußten wir lange draußen warten, weil die Reinigung der Säle noch nicht beendet war.

Als ich meinen Vater in der Ferne erblickte, lief ich ihm entgegen. Wie ein Schatten glitt er an mir vorüber, ohne stehen zu bleiben, ohne mich anzublicken. Ich rief ihn an, aber er drehte sich nicht um. Ich lief ihm nach:

„Vater, wohin rennst du?"

Er sah mich einen Augenblick an; sein Blick war entrückt, wie trunken, es war der Blick eines anderen. Einen Lidschlag lang blieb er stehen, dann lief er weiter.

Mein Vater lag mit Ruhr in seiner Box, und fünf andere mit ihm. Ich saß an seinem Bettrand, wachte bei ihm und wagte nicht mehr an sein Überleben zu glauben. Trotzdem tat ich alles, um ihm Hoffnung einzuflößen.

Plötzlich setzte er sich auf seiner Bettstatt auf und drückte seine fieberheißen Lippen an mein Ohr:

„Elieser . . . ich muß dir sagen, wo das Gold und das Silber ist, das ich vergraben habe . . . im Keller, weißt du, wo . . .?"

Er sprach immer rascher, als fürchtete er, nicht mehr genug Zeit zu haben. Ich versuchte ihm zu erklären, daß noch nicht alles verloren sei, daß wir zusammen nach Hause zurückkehren würden, aber er wollte nichts davon wissen. Ich konnte nicht mehr zuhören. Er war erschöpft. Blutiger Speichel lief ihm aus den Mundwinkeln. Er schloß die Lider, sein Atem ging keuchend.

Für eine Ration Brot gelang es mir, meine Bettstatt mit einem Häftling dieses Blocks zu tauschen. Nachmittags kam der Arzt. Ich wollte ihm sagen, daß mein Vater sehr krank sei.

„Führ' ihn her!"

Ich erklärte ihm, daß er sich nicht mehr auf den Beinen halten könne. Aber der Arzt wollte davon nichts wissen. Er musterte ihn und fragte darauf trocken:

„Was willst du?"

„Mein Vater ist krank", antwortete ich für ihn. „Er hat Ruhr..."

„Ruhr? Das geht mich nichts an. Ich bin Chirurg. Los! Macht Platz für die anderen!"

Mein Einspruch nützte nichts.

„Ich kann nicht mehr, mein Sohn... Führ' mich wieder in die Box."

Ich geleitete ihn hin und half ihm, sich hinzulegen. Er zitterte am ganzen Leib.

„Versuch' ein wenig zu schlafen, Vater. Versuch', einzuschlafen..."

Sein Atem ging schwer und sperrig. Er hielt die Lider geschlossen. Aber ich war überzeugt, daß er alles sah, daß er jetzt die Wahrheit aller Dinge sah.

Ein anderer Arzt betrat den Block. Aber mein Vater wollte nicht mehr aufstehen, er wußte, daß es nutzlos sein würde.

Im übrigen kam dieser Arzt nur, um die Kranken zu erledigen. Ich hörte ihn schreien, sie seien Faulpelze, die nur im Bett bleiben wollten. Einen Augenblick dachte ich daran, ihm an den Hals zu springen und ihn zu erwürgen. Aber ich hatte weder den Mut noch die Kraft dazu. Ich war an den Todeskampf meines Vaters gefesselt. Meine Hände waren so verkrampft, daß sie schmerzten. Den Arzt und die anderen erwürgen! Die Welt in Brand stecken! Mörder meines Vaters! Aber der Schrei blieb mir in der Kehle stecken.

Von der Brotausgabe zurückkehrend, fand ich meinen Vater in Tränen wie ein Kind.

„Mein Sohn, sie schlagen mich!"

„Wer?"

Ich glaubte, er sei im Delirium.

„Er, der Franzose ... Und der Pole ... Sie haben mich geschlagen."

Noch eine Wunde im Herzen, noch einen Haß mehr, noch einen Grund weniger, zu leben.

„Elieser ... Elieser ... sag' ihnen, sie sollen mich nicht schlagen ... Ich habe ihnen doch nichts getan ... Warum schlagen sie mich ...?"

Ich begann auf seine Nachbarn einzuschimpfen. Sie lachten mich nur aus. Ich versprach ihnen Brot und Suppe. Sie lachten nur. Dann wurden sie zornig und sagten, sie könnten meinen Vater nicht mehr ertragen, der nicht mehr aufstehen könne, um draußen seine Notdurft zu verrichten.

Am nächsten Morgen klagte er, man habe ihm seine Brotration gestohlen.

„Während du schliefst?"

„Nein, ich schlief nicht. Sie haben mich überfallen und mir mein Brot aus der Hand gerissen ... Sie haben mich noch einmal verprügelt ... Ich kann nicht mehr, mein Sohn ... Wasser, bitte etwas Wasser ..."

Ich wußte, daß er nicht trinken durfte. Aber er bettelte so lange, bis ich nachgab. Wasser war Gift für ihn, aber was konnte ich sonst für ihn tun? Mit oder ohne Wasser ging es ohnehin bald mit ihm zu Ende ...

„Hab du wenigstens Erbarmen mit mir ..."

Erbarmen mit ihm haben! Ich, sein einziger Sohn!

So verstrich eine Woche.

„Ist das dein Vater?" fragte mich der Blockälteste.

„Ja."

„Er ist schwerkrank."

„Der Arzt will nichts für ihn tun."

Er sah mir in die Augen:

„Der Arzt kann nichts mehr für ihn tun, und du auch nicht.“

Er legte seine schwere, behaarte Hand auf meine Schultern und fügte hinzu:

„Hör mich an, Kleiner. Vergiß nicht, daß du in einem Konzentrationslager bist. Hier muß jeder für sich kämpfen und darf nicht an die anderen denken. Nicht einmal an seinen eigenen Vater. Hier gibt es weder Vater noch Bruder noch Freund. Hier lebt und stirbt jeder für sich. Ich gebe dir einen guten Rat: gib deinem alten Vater keine Brot= oder Suppenration mehr. Für ihn kannst du nichts mehr tun. Und du mordest dich dabei nur selbst. Du müßtest im Gegenteil auch seine Ration essen...“

Ich hörte ihn an, ohne ihn zu unterbrechen. Er hatte recht, dachte ich insgeheim, ohne es mir eingestehen zu wollen. Zu spät, deinen alten Vater zu retten, sagte ich mir. Statt dessen könntest du zwei Rationen Brot, zwei Teller Suppe haben...

Ich dachte es nur den Bruchteil einer Sekunde, und doch fühlte ich mich schuldig. Ich lief und holte ein paar Löffel Suppe und gab sie meinem Vater. Aber er zeigte kein Verlangen danach, er wollte nur Wasser.

„Trink kein Wasser, iß die Suppe...“

„Ich verbrenne... Warum bist du so böse mit mir, mein Sohn...? Wasser...“

Ich brachte ihm Wasser. Dann verließ ich den Block, um anzutreten, machte jedoch auf halbem Wege kehrt und legte mich auf die Pritsche über ihm. Die Kranken durften ja im Block bleiben. Ich war also krank. Ich wollte meinen Vater unter keinen Umständen verlassen.

Bis auf das Stöhnen herrschte ringsum tiefe Stille. Draußen riefen die SS=Männer Befehle. Dann schritt ein Offizier die Betten ab. Mein Vater flehte:

„Mein Sohn, Wasser... Ich verbrenne... Mein Bauch..."

„Ruhe, dort!" brüllte ein Offizier.

„Elieser", rief mein Vater in einem fort, „Wasser..."

Der Offizier trat heran und schrie, er solle den Mund halten. Aber mein Vater hörte ihn nicht und rief in einem fort. Der Offizier schlug ihm mit seinem Knüp=pel auf den Kopf.

Ich rührte mich nicht. Ich fürchtete, mein Körper fürchtete, auch einen Schlag zu bekommen.

Nun röchelte mein Vater, und ich hörte meinen Namen:

„Elieser."

Ich sah ihn noch stoßweise atmen und rührte mich nicht.

Als ich nach dem Appell von meiner Pritsche stieg, konnte ich noch seine zitternden Lippen murmeln sehen. Über ihn gebeugt, betrachtete ich ihn eine gute Stunde lang, um sein blutüberströmtes Gesicht, seinen zer=schmetterten Schädel im Gedächtnis zu bewahren.

Dann war Nachtruhe, und ich kletterte auf meine Pritsche über meinem Vater, der noch immer lebte. Es war der 28. Januar 1945.

Am 29. Januar erwachte ich im Morgengrauen. An Stelle meines Vaters lag ein anderer Kranker auf der Pritsche unter mir. Vermutlich hatte man ihn vor Tagesanbruch in die Gaskammer gebracht. Vielleicht atmete er noch...

Es wurden keine Gebete über seinem Grab gesprochen, zu seinem Andenken wurde keine Kerze entzündet. Sein letztes Wort war mein Name gewesen. Ein Ruf, den ich nicht beantwortet hatte.

Ich weinte nicht, und es tat mir weh, nicht weinen zu können. Aber ich hatte keine Tränen mehr. Hätte ich mein schwaches Gewissen bis ins Tiefste erforscht, vielleicht hätte ich dort etwas wie das Wörtchen „endlich frei!" entdeckt...

Ich sollte bis zum 11. April in Buchenwald bleiben, eine Zeitspanne, die ich übergehen will, weil sie für mich nichts mehr bedeutete. Denn seit dem Tode meines Vaters berührte mich nichts mehr.

Ich wurde in den Block der Jugendlichen versetzt, wo wir etwa sechshundert waren.

Mittlerweile rückte die Front näher.

Ich verbrachte meine Tage in völliger Untätigkeit und dachte nur ans Essen, nicht mehr an meinen Vater, auch nicht an meine Mutter.

Von Zeit zu Zeit träumte ich. Von einem Löffel Suppe, von einem zweiten Teller Suppe.

Am 5. April drehte sich das Rad der Geschichte um einhundertachtzig Grad.

Es war später Nachmittag. Wir waren alle im Block angetreten und warteten darauf, daß ein SS=Mann zum Abzählen kam.

Er ließ jedoch auf sich warten. Kein Buchenwäldler hatte je eine derartige Verzögerung erlebt. Daher mußte etwas vorgefallen sein.

Zwei Stunden später gaben die Lautsprecher einen Befehl des Lagerchefs durch: alle Juden sollten auf den Appellplatz kommen.

Das war das Ende! Hitler hatte sein Versprechen gehalten.

Die Jugendlichen unseres Blocks gingen also zum Appellplatz. Etwas anderes kam nicht in Frage, denn Gustav, der Blockälteste, ließ seinen Prügel sprechen. Unterwegs trafen wir jedoch Häftlinge, die uns zuflüsterten:

„Los, geht in euren Block zurück. Die Deutschen wollen euch erschießen. Lauft zurück und rührt euch nicht."

So gingen wir zurück und erfuhren dabei, daß die Widerstandsgruppe des Lagers beschlossen hatte, die Juden nicht im Stich zu lassen und ihre Liquidierung zu verhindern.

Da es spät wurde und das Durcheinander überhand nahm – zahllose Juden hatten sich als Nichtjuden ausgegeben –, beschloß der Lagerchef, daß am kommenden Tag ein Generalappell stattfinden sollte, bei dem jeder Lagerinsasse erscheinen müsse.

Der Appell fand statt. Der Lagerchef verkündete, daß

das Lager Buchenwald aufgelöst werden würde. Zehn Blocks würden täglich evakuiert werden. Von diesem Augenblick an wurde weder Brot noch Suppe verteilt. Die Evakuierung begann. Jeden Tag durchschritten Tausende von Häftlingen das Lagertor und kehrten nicht zurück.

Am 10. April waren wir noch etwa zwanzigtausend Insassen, darunter einige hundert Kinder und Jugendliche. Man beschloß, uns auf einmal bis zum Abend zu evakuieren. Dann sollte das Lager in die Luft fliegen.

In Fünferreihen standen wir auf dem Appellplatz und warteten darauf, daß das Tor sich öffnen würde. Plötzlich heulten die Sirenen. Fliegeralarm. Man wurde in die Blocks zurückgeschickt. An diesem Abend war es zu spät, uns zu evakuieren, und die Evakuierung wurde auf den kommenden Tag verschoben.

Der Hunger spielte uns übel mit. Seit bald sechs Tagen hatten wir mit Ausnahme von etwas Gras und einigen Kartoffelschalen, die wir rings um die Küchen gefunden hatten, nichts gegessen.

Gegen zehn Uhr morgens schwärmten die SS-Männer durchs Lager und trieben die letzten Opfer auf dem Appellplatz zusammen.

Nun beschloß die Widerstandsbewegung in Aktion zu treten. Von allen Seiten tauchten Bewaffnete auf. Trommelfeuer prasselte, Handgranaten platzten. Wir Jugendlichen blieben im Block auf dem Bauch liegen.

Die Schlacht dauerte nicht lange. Gegen Mittag wurde

alles ruhig. Die SS floh, und die Widerstandskämpfer übernahmen die Lagerleitung.

Gegen sechs Uhr abends erschien der erste amerikanische Panzerwagen vor den Toren von Buchenwald.

Unsere erste Handlung in der Freiheit: wir stürzten uns auf den Proviant. Man dachte an nichts anderes. Weder an Rache noch an die Eltern. Man dachte nur an Brot.

Auch als der erste Hunger gestillt war, dachte keiner an Rache. Am nächsten Morgen liefen einige junge Leute nach Weimar, um Kartoffeln und Kleider zu erbetteln – und um mit Mädchen zu schlafen. Aber keine Spur von Rache.

Drei Tage nach der Befreiung von Buchenwald wurde ich sehr krank: eine Vergiftung. Ich wurde ins Lazarett gebracht und schwebte zwei Wochen lang zwischen Leben und Tod.

Eines Tages konnte ich mich unter Aufbietung aller Kräfte aufrichten. Ich wollte mich in einem Spiegel sehen, der an der gegenüberliegenden Wand hing. Ich hatte mich seit dem Ghetto nicht mehr gesehen.

Aus dem Spiegel blickte mich ein Leichnam an.

Sein Blick verläßt mich nicht mehr.

Morgengrauen

Für François Mauriac

Irgendwo begann ein Kind zu weinen. Im Hause gegenüber schloß eine alte Frau die Jalousien. Es war heiß. Die Herbstabende in Palästina sind heiß.

Ich stand am Fenster und betrachtete die durchsichtige Dämmerung, die, auf die Stadt niedersinkend, sie noch regloser, noch unwirklicher, noch entrückter und stiller machte, als sie schon war.

Morgen werde ich einen Menschen töten, dachte ich zum hundertstenmal und fragte mich dabei, ob das weinende Kind und die Frau gegenüber es wußten.

Ich kannte den Mann nicht. In meinen Augen hatte er bisher weder ein bestimmtes Antlitz noch ein bestimmtes Dasein besessen. Ich wußte nichts von ihm. Ich wußte nicht, ob er sich beim Essen an der Nase kratzte, oder ob er seine Frau betrog, seinen Gott oder seine Zukunft. Ich wußte nur, daß er Engländer, daß er mein Feind war. Wer wußte das nicht?

„Quäl dich nicht", sagte Gad leise, „wir sind im Krieg."

Er war kaum zu verstehen. Ich wollte ihm sagen, daß

er laut sprechen könne, daß niemand ihn verstehen würde. Das Kind weinte noch immer und übertönte jedes Geräusch. Ich brachte jedoch den Mund nicht auf. Ich dachte an den Mann, der morgen sterben würde. Morgen, sagte ich mir, werden wir in alle Ewigkeit aneinander gekettet sein, wie es nur der Henker und sein Opfer sein können.

„Es dunkelt schon“, sagte Gad, „soll ich Licht machen?“

Ich schüttelte den Kopf. Es war noch nicht ganz dunkel. Das Gesicht war noch nicht an jenem Fenster erschienen. Es war jenes Gesicht, das mir stets den genauen Augenblick ansagte, in dem die Nacht den Tag verscheuchte.

Ein Bettler hatte mich die Kunst gelehrt, den Tag von der Nacht zu unterscheiden. Ich war ihm eines Winterabends in der überheizten Synagoge begegnet, in der ich meine Andacht verrichtete. Er war groß, hager, düster. Er trug einen ärmlichen schwarzen Anzug und seine Augen schöpften ihren Blick aus einer Quelle, die nicht von dieser Welt war.

Das war zu Beginn des Krieges gewesen. Damals war ich zwölf Jahre alt. Meine Eltern waren noch am Leben und Gott wohnte noch in unserer Stadt.

„Sind Sie Fremder?“ fragte ich den Bettler.

„Ich bin nicht von hier“, antwortete er mit einer Stimme, die eher lauschte als sprach.

Die Bettler — ich fürchtete und liebte sie zugleich. Ich wußte, daß man gut gegen sie sein muß, weil man nie weiß, ob sie echte Bettler sind. Oft ist es der Prophet Elias — wie uns das chassidische Schrifttum überliefert —, der sich als Bettler verkleidet, um die Erde und die Herzen der Menschen heimzusuchen. Begegnet man ihm freundlich, so schenkt er einem die Ewigkeit. Aber der Prophet Elias ist nicht der einzige, der als Bettler verkleidet umherzuwandern pflegt. Auch dem Engel des Todes gefällt es, uns auf gleiche Weise zu erschrecken. Bei ihm ist Unvorsichtigkeit gefährlich, denn er ist imstande, uns das Leben oder die Seele zu nehmen.

Der Fremde in der Synagoge flößte mir Furcht ein. Ich fragte ihn, ob er Hunger habe. Nein, er habe keinen Hunger. Ob er irgend etwas brauche? Nein, er brauche nichts. Ich wollte ihm etwas Gutes antun, wußte aber nicht, was.

Die Synagoge war leer. Die Kerzen mußten jeden Augenblick verlöschen. Wir waren allein. Ich fühlte, wie lastende Angst mich nach und nach durchdrang. Ich wußte, daß ich zur Mitternacht nicht mit ihm in der Synagoge sein durfte. Denn um Mitternacht entsteigen die Toten ihren Gräbern und sprechen ihre Gebete. Und wenn sie dich dort antreffen, nehmen sie dich womöglich mit, damit ihr Geheimnis gewahrt bleibt.

„Kommen Sie mit nach Hause", sagte ich zu dem Bettler. „Dort bekommen Sie etwas zu essen und ein Bett zum Schlafen."

„Ich schlafe nie", antwortete der Bettler. Jetzt wußte ich es genau. Er war kein Bettler ...

Ich sagte ihm, ich müsse jetzt heim, und er bot mir an, mich ein Stück zu begleiten. Während wir durch die schneebedeckten Gassen gingen, fragte er mich, ob ich Angst vor der Nacht habe.

„Ja", sagte ich, „ich habe Angst vor der Nacht." Ich

hätte hinzufügen mögen, daß ich auch vor ihm Angst hatte, ich war indessen sicher, daß er es wußte.

„Man darf keine Angst vor der Nacht haben", vertraute er mir an und nahm mich beim Arm (was mich erbeben ließ). Die Nacht ist reiner als der Tag. In der Nacht denkt man besser, man liebt besser, man träumt besser. In der Nacht wird alles dichter, wahrer. Ein tags gesprochener Satz gewinnt einen anderen, tieferen, entrückteren Sinn, wenn sein Echo uns in der Nacht erreicht. Die Tragödie des Menschen besteht darin, daß er nicht weiß, wann es Nacht und wann es Tag ist. Nachts sagt er Dinge, die er am Tag sagen sollte.

Vor unserer Haustür machte er halt. Ich fragte ihn, ob er nicht hereinkommen wolle. Nein, er wollte es nicht. Er mußte weiter. Ich dachte: er geht wieder in die Synagoge, um zur Mitternacht die Toten zu empfangen.

„Hör zu", sagte er und legte die Finger seiner Hand um meinen Arm, „ich werde dich die Kunst lehren, den Tag von der Nacht zu unterscheiden. Schau immer das Fenster an — und wenn du keines findest, schau die Augen eines Menschen an. Wenn du darin ein Gesicht, gleichviel welches, siehst, weißt du, daß die Nacht den Tag abgelöst hat. Denn wisse: die Nacht besitzt ein Gesicht."

Dann, ohne mir die Zeit zu lassen, auch nur ein Wort zu erwidern, sagte er „Mit Gott" und verschwand in der Schneenacht.

Von diesem Tag ab liebte ich es, mich allabendlich bei Einfall der Dämmerung an ein Fenster zu stellen, um die Nacht nahen zu sehen. Immer war ein Gesicht auf der anderen Seite des Fensters. Es war nicht immer dasselbe, da auch die Nacht nicht immer dieselbe ist. Anfangs war es das Gesicht des Bettlers. Nach dem Tode meines Vaters war es das seine, das mich mit den riesigen Augen des Todes und der Erinnerung anblickte. Bisweilen waren es Unbekannte, die der Nacht ihr weinendes Antlitz oder ihr vergessenes Lächeln liehen. Ich wußte von ihnen nur, daß sie tot waren.

„Quäl dich nicht", sagte Gad. „Quäl dich nicht im Dunkeln. Wir sind im Krieg."

Ich dachte an den Mann, den ich bei Tagesanbruch töten würde, und ich dachte auch an den Bettler. Plötzlich überfiel mich ein Frösteln. Ein ungereimter Gedanke durchzuckte mein Gehirn: wenn es der Bettler wäre, den ich bei Tagesanbruch töten sollte?

Draußen verlor sich plötzlich die Dämmerung, wie es im Mittleren Osten häufig vorkommt. Noch immer weinte das Kind und es schien mir, als weine es trauriger als bisher. Nun glich die Stadt einem Gespensterschiff, das lautlos in der Nacht versank.

Ich betrachtete das Fenster: aus den Tiefen der Nacht stieg dort ein Gesicht auf aus Schattenfetzen. Ein stechender Schmerz schnürte mir die Kehle zu und zerriß mein ganzes Wesen. Betroffen vermochte ich nicht den Blick von dem Gesicht loszureißen.

Es war das meine.

Eine Stunde vorher hatte Gad mir die Entscheidung des Alten mitgeteilt: die Vollstreckung würde morgen bei Tagesanbruch stattfinden. Alle Verurteilten sterben im Morgengrauen.

Die Entscheidung des Alten hatte mich nicht überrascht. Ich hatte darauf gewartet. Jedermann hatte darauf gewartet. Die Bewohner Palästinas wußten: die Bewegung hält Wort. Immer. Auch die Engländer wußten es.

Einen Monat zuvor war einer unserer Mitkämpfer von der Polizei aufgegriffen worden, der bei einer Terroristenaktion verwundet worden war. Man hatte Waffen bei ihm gefunden. Ein Militärgericht, das die im Lande ausgerufenen Kriegsgesetze anwandte, hatte das allgemein erwartete Urteil ausgesprochen: Tod durch Hängen.

Es war das zehnte Todesurteil, mit dem die Mandatsregierung uns empfindlich traf. Der Alte beschloß, daß es nun genug sei: er konnte den Engländern nicht gestatten, das Heilige Land in ein Schafott zu verwandeln. Daher kündigte er die neue Politik der Bewegung an: die Gegenmaßnahme.

Durch nächtliche Plakatanschläge und Geheimsender schleuderte die Bewegung den Engländern die feierliche Warnung entgegen: Hängt nicht David ben Mosche! Hängt ihn nicht, denn sein Tod wird euch teuer zu stehen kommen. Von jetzt ab wird für jeden gehängten jüdischen Freiheitskämpfer eine englische Mutter den Tod ihres Sohnes beweinen.

Um unseren Worten Nachdruck zu verleihen, gab der Alte den Befehl, eine Geisel, vorzugsweise einen Offizier, festzunehmen. Das Schicksal wollte es, daß es ein Hauptmann namens John Dawson war. Er ging abends allein spazieren und unsere Männer lagen gerade englischen Offizieren auf der Lauer, die allein spazieren gingen.

Die Entführung John Dawsons versetzte das Land in heftigste Spannung. Die britische Armee proklamierte den Ausnahmezustand für die Dauer von achtundvierzig Stunden. Jedes Haus wurde vom Speicher bis zum Keller durchsucht. Hunderte von Verdächtigen wurden festgenommen. Panzer gingen an allen Wegkreuzungen in Stellung. Die Dächer wurden in Maschinengewehrnester verwandelt. Stacheldraht zeigte sich an allen Straßenecken. Palästina wurde zu einem riesigen Gefängnis.

Aber im Herzen dieses riesigen Gefängnisses befand sich ein zweites: dort hielt die Bewegung ihre Geisel fest, die in den Augen ihrer Waffenbrüder unauffindbar war.

Der Hochkommissar für Palästina warnte die Bevölkerung in einer kurzen einschüchternden Proklamation, daß sie für die etwaige Erschießung von John Dawson, Hauptmann im Dienste Seiner Majestät, durch die Terroristen zur Verantwortung gezogen würde.

Die Leute auf der Straße bekamen es mit der Angst. In den Unterhaltungen fiel das Wort *Pogrom*.

„Glaubst du, daß sie es fertigbringen?"

„Warum nicht?"

„Die Engländer? Die Engländer sollen imstande sein, ein *Pogrom* zu organisieren?"

„Warum nicht?"

„Sie werden's nicht wagen."

„Warum nicht?"

„Die Welt wird es nicht zulassen."

„Warum nicht? Denk' an Hitler. Die Welt hat ihn gewähren lassen."

Die Lage war ernst. Die zionistischen Führer, die Umsicht predigten und den Terrorismus verurteilten, setzten sich unverzüglich mit dem Alten in Verbindung und flehten ihn an, nicht zu weit zu gehen. „Es geht um das Leben des Landes. Töten Sie den britischen Offizier nicht. Man spricht von Pogromen, von Racheakten. Sie setzen das Leben unschuldiger Frauen und Männer aufs Spiel.“

Der Alte erwiderte: „Wenn David ben Mosche stirbt, stirbt John Dawson. Wenn die Bewegung zurückzuckt, wäre das der Sieg der Engländer, es wäre ein Zeichen von Schwäche auf unserer Seite, es wäre ein Eingeständnis der Ohnmacht. Es wäre, als wenn wir den Engländern sagten: Los, hängt die jungen Juden, die euch die Stirn bieten, nach Gutdünken auf. Nein, die Bewegung zuckt nicht zurück. Gewalt ist die Sprache, die die anderen verstehen. Mann um Mann. Tod um Tod.“

Der Kampf zog die Aufmerksamkeit der ganzen Welt auf sich. Die Weltpresse von Paris, London und New York verwandelte das Ereignis zu Schlagzeilen. Ein Dutzend Sonderberichterstatter flogen nach Lydda ab. David ben Mosche und John Dawson teilten sich die Titelseiten der Zeitungen und Zeitschriften. Jerusalem war wieder die Mitte der Welt geworden.

In London wurde eine Frau vom Kolonialminister empfangen, die sich für den jüdischen Terroristen verwendete. Sie war die Mutter John Dawsons. Sie bat um Gnade für David ben Mosche, dessen Leben an das ihres Sohnes gekettet war. Mit ernstem Lächeln antwortete der Minister: „Fürchten Sie nichts, Mrs. Dawson.

Die Juden werden es nicht wagen. Sie kennen sie doch: sie schreien, sie heulen, sie sprechen Worte, deren Sinn ihnen selbst Furcht einflößt. Nein, Mrs. Dawson, seien Sie beruhigt. Ihr Sohn wird nicht sterben."

Der Hochkommissar war seiner Sache nicht so sicher. Er schickte ein Telegramm ans *Colonial Office* und empfahl, den Terroristen zu begnadigen. Seine Begründung: diese Geste wird uns die Sympathie und die Unterstützung der öffentlichen Meinung sowohl in Palästina wie im Ausland eintragen.

London antwortete telefonisch. Der Minister war persönlich am Apparat. Die Empfehlung sei in der Kabinettsitzung geprüft und von drei Mitgliedern der Regierung unterstützt worden, während die anderen dagegen gestimmt hätten. Und zwar in erster Linie aus politischen Gründen, außerdem gehe es auch um das Ansehen der Krone, des Imperiums. Eine derartige Begnadigung würde als Zeichen von Schwäche ausgelegt werden und könne sogenannte Idealisten in anderen Kolonien auf ausgefallene Ideen bringen. Man wird sagen: in Palästina will eine Gruppe von Terroristen Großbritannien vorschreiben, was es zu tun und zu lassen hat. Wir werden uns in der ganzen Welt lächerlich machen, fügte er hinzu. Denken Sie auch an das Unterhaus. Die Opposition, die bereits Punkte gebucht hat, wird uns überrennen.

„Das heißt also: nein?" fragte der Hochkommissar für Palästina.

„Ja: nein."

„Und John Dawson, Euer Exzellenz?"

„Sie werden es nicht wagen."

„Ich fürchte, eine gegenteilige Meinung aussprechen zu müssen."

„Das ist Ihr Recht."

Einige Stunden später verkündete die offizielle Radio=station von Jerusalem: Die Erschießung von David ben Mosche wird morgen bei Tagesanbruch im Gefängnis von Akko erfolgen. Die Eltern des Verurteilten haben heute nachmittag die Erlaubnis erhalten, ihn zu besuchen und sich von ihm zu verabschieden. Der Hochkommissar appelliert an die Bevölkerung, ruhig zu bleiben.

Dann kamen die anderen Nachrichten: in den Ver=einten Nationen bereitet man sich auf die Debatten über Palästina vor; zwei Schiffe mit illegalen Einwande=rern, die Haifa ansteuern, sind gestoppt worden: die Passagiere werden auf Zypern interniert; Autounfall bei Natanja: ein Toter, zwei Verwundete; Wetteransage für morgen: heiß, klarer Himmel, unbeschränkte Sicht. Wir wiederholen unseren ersten Bericht: David ben Mosche, der wegen terroristischer Handlungen zum Tode verur=teilt ist, wird morgen erschossen werden ...

Der Sprecher hatte nichts über John Dawson gesagt. Aber alle diejenigen, die von Angst und Erwartung ge=beugt zuhörten, wußten: er wird sterben. Der englische Hauptmann wird David ben Mosche im Tode folgen. Die Bewegung wird Wort halten.

„Wer wird John Dawson erschießen?" fragte ich Gad.

„Du", erwiderte er.

„Ich?" fragte ich überrascht und traute meinen Ohren nicht.

„Du", wiederholte Gad und fügte nach einem Augen=blick hinzu: „Auf Befehl des Alten."

Ich glaubte einen Faustschlag ins Gesicht erhalten zu haben. Die Erde öffnete sich unter meinen Füßen, und ich fühlte, wie ich schwankte, wie ich ins Bodenlose fiel, wo jedes Dasein zum Alptraum wird.

„So ist der Krieg", sagte Gad.

Seine Stimme kam von fern, von so fern, daß ich ihn nur mühsam verstand.

„So ist der Krieg. Quäl dich nicht."

Morgen werde ich einen Menschen töten, dachte ich in meinem Sturz. Ich, ich werde einen Menschen töten.

Ich heiße Elischa.

Zu der Zeit, in der diese Geschichte spielt, war ich achtzehn Jahre alt. Gad hatte mich nach Palästina geholt, er hatte mich in die Bewegung gebracht, er hatte einen Terroristen aus mir gemacht.

Ich hatte ihn in Paris kennengelernt, wo ich seit Kriegsende, seit meiner Überführung aus Buchenwald, lebte.

Als das Lager von den amerikanischen Truppen befreit wurde, boten sie mir an, mich zu repatriieren, ein Angebot, das ich ablehnte. Ich wollte meine Kindheit nicht wiedersehen, ich wollte unser Haus, das sicherlich von Fremden bewohnt war, nicht wiedersehen. Ich wußte, daß meine Eltern nicht mehr lebten. Ich wußte auch, daß meine Geburtsstadt von sowjetischen Truppen besetzt war. Warum also dorthin zurückkehren? Nein, vielen Dank, antwortete ich. Ich möchte nicht nach Hause zurückkehren.

„Wohin willst du dann?" fragte man mich. Ich antwortete, daß ich das nicht wisse, daß es mir gleichgültig sei. Ich würde irgendwohin gehen.

Nachdem ich fünf Wochen in dem befreiten Buchenwald geblieben war, wurde ich in einen Zug in Richtung Paris gesetzt. Frankreich bot mir ein Obdach an. In Paris angekommen, schickte mich ein Hilfswerk einen Monat lang in ein Jugendlager in der Normandie zur Erholung.

Wieder in Paris, besorgte mir dasselbe Hilfswerk ein Zimmer in der Rue de Marois und gewährte mir ein kleines Stipendium, das meinen Lebensunterhalt und französische Stunden bestritt, die ein schnurrbärtiger Herr, dessen Namen ich vergessen habe, mir täglich außer Samstag und Sonntag erteilte. Ich wollte die französische Sprache genügend beherrschen, um damit Vorlesungen über Philosophie an der Sorbonne hören zu können.

Die Philosophie zog mich an: ich wollte den Sinn der Ereignisse begreifen, deren Opfer ich geworden war. Den Schrei des Schmerzes und des Zorns, den ich ausgestoßen hatte gegen Gott und den nur in seiner Grausamkeit gottähnlichen Menschen, wollte ich in der Sprache der Gegenwart hören und leidenschaftslos untersuchen.

Zahlreiche Fragen bedrängten mich. Wo findet der Mensch Gott? Im Leiden oder in der Verweigerung? Wann ist ein Mensch menschlich? Wenn er ja sagt oder nein ruft? Wohin führt das Leiden den Menschen? Zur Reinheit oder zur Roheit?

Die Philosophie wird mir diese Fragen beantworten,

hoffte ich. Sie wird meine Zweifel, meine Erinnerungen, meine Schuldgefühle zerstreuen. Sie wird sie zerstreuen oder wenigstens klarer und durchsichtiger machen.

Mein Plan war, mich bei der Sorbonne einzuschreiben und die Vorlesungen fleißig zu besuchen.

Aber daraus wurde nichts.

Denn Gad entriß mich meinem Studium. Wenn ich heute immer noch eine Frage bin, trifft ihn die Verantwortung.

Eines Abends klopfte es an meiner Tür. Ich öffnete und fragte mich, wer es sein könne. Ich besaß keine Freunde in Paris. Ich kannte niemanden und verbrachte die meiste Zeit lesend oder, die Hand über den Augen, in der Vergangenheit.

„Ich möchte Sie sprechen."

Der Mann, der auf der Schwelle stand, war jung, groß, schlank. In seinem Regenmantel sah er wie ein Polizist oder ein Abenteurer aus.

„Kommen Sie herein", sagte ich, als er bereits im Zimmer stand.

Er legte seinen Regenmantel nicht ab. Schweigend trat er an den Tisch, nahm einige Bücher auf, die darauf gestapelt lagen, blätterte mit abweisender Miene in ihnen und ließ sie wieder sinken. Dann hob er das Gesicht zu mir.

„Ich weiß, wer Sie sind", sagte er. „Ich weiß alles über Sie."

Sein Gesicht war gebräunt und energisch, sein Haar buschig. Eine Tolle fiel ihm unablässig in die Stirn. Sein Mund war hart, fast grausam, daher betonte er auch die Güte und kluge Eindringlichkeit seines Blickes.

„Sie haben mehr Glück als ich“, sagte ich. „Ich weiß wenig von mir.“

Ein Lächeln huschte über seine Lippen.

„Ich bin nicht gekommen, um mit Ihnen über Ihre Vergangenheit zu sprechen“, sagte er.

„Die Zukunft hat wenig Anziehungskraft für mich“, antwortete ich.

Wieder lächelte er.

„Die Zukunft?“ fragte er. „Fühlen Sie sich an die Zukunft gebunden?“

Mir war nicht wohl in seiner Gegenwart. Ich verstand ihn nicht. Der Sinn seiner Fragen entging mir. Etwas an ihm reizte mich. Vielleicht war es seine Überlegenheit dank der Tatsache, daß er wußte, wer ich war, während ich nicht einmal seinen Namen wußte. Er heftete einen Blick auf mich, der soviel Vertrautheit, soviel Aufmerksamkeit ausströmte, daß ich mir einen Augenblick sagte, er müsse sich in der Person geirrt haben, er suche nicht mich, sondern jemand anderes.

„Wer sind Sie?“ fragte ich. „Wer sind Sie? Was wollen Sie von meiner Zukunft?“

„Ich heiße Gad“, erwiderte er mit der tiefen, bedachten Stimme eines Menschen, der sich einen vieldeutigen kabbalistischen Spruch entlocken läßt. Er sagte: „Ich heiße Gad“, so wie Gott sagt: „Ich bin der, der Ich bin.“

„Schön“, sagte ich halb neugierig, halb unruhig. „Sie heißen Gad. Sehr erfreut. Da unsere gegenseitige Vorstellung nun erledigt ist, können Sie mir vielleicht den Zweck Ihres Besuches nennen. Was wünschen Sie?“

Ich fühlte, wie sein Blick mein Innerstes durchdrang.

Eine Weile ließ er ihn auf mir ruhen, dann antwortete er mit ruhiger, natürlicher, fast geschäftsmäßiger Stimme:

„Ich möchte, daß Sie mir Ihre Zukunft geben."

In einer chassidischen Umwelt aufgewachsen, hatte ich als Kind manch seltsame Geschichte von Meschulach, jenem geheimnisvollen Schicksalsboten, gehört, der alles fertigbringt, gleichviel, wann und wo. Dieser Bote, dessen Stimme den Hörer erschauern läßt, ist allmächtig, denn seine Sendung übersteigt ihn und den Angesprochenen. Jedes Wort, das er ausspricht, ist aufs Unbedingte, aufs Unendliche gerichtet, sein Sinn betört und beängstigt den Menschen. Zweifellos ist Gad ein Meschulach, sagte ich mir. Es war nicht seine Erscheinung, die diese Vermutung auslöste, es war seine Stimme, es war das, was seine Stimme sagte.

„Wer sind Sie?" fragte ich von neuem.

Mein Besucher flößte mir Furcht ein. Etwas in mir sagte mir, daß mich am Ende des Weges, den ich mit ihm gehen würde, ein Mensch erwartete, der mir ähneln und den ich hassen würde. Ich glaube, daß ich bereits wußte, daß ich eines Tages einen Menschen töten würde.

„Ich bin ein Bote."

Ich fühlte mich erblassen. Ich hatte also richtig geraten. Er war ein Bote. Der Schicksalsbote. Ihm durfte man nichts verweigern. Ihm muß man alles geben, sogar die Hoffnung, wenn er sie verlangte.

„Sie wollen meine Zukunft", sagte ich. „Was wollen Sie damit?"

Wieder lächelte er, aber sein Lächeln war kühl, entrückt, verschlossen. So lächelt einer, der Macht über die Menschen besitzt.

„Ich werde einen Schrei daraus machen", und ein seltsames Leuchten entstieg seinen dunklen Augen. „Zu=erst einen Verzweiflungs=, dann einen Hoffnungsschrei. Zum Schluß wird es ein Siegesschrei sein."

Ich setzte mich auf mein Bett und bot ihm den ein=zigen Stuhl an, den das Zimmer aufwies. Er blieb jedoch stehen. In den chassidischen Legenden bleibt der Bote immer stehen, als müsse sein Leib durch alle Zeiten hin=durch als Verbindung zwischen Himmel und Erde dienen.

In seinem Regenmantel, von dem er sich nie zu tren=nen schien, aufrecht vor mir stehend, den Kopf auf die rechte Schulter geneigt, Augen und Lippen feurig, be=gann er von der Bewegung zu sprechen.

Er rauchte viel. Aber selbst, wenn er eine Zigarette anzündete, blieb sein schräger Blick auf mir haften und der Fluß seiner Worte riß nicht ab.

Gad redete bis zum Morgen, und ich war Auge und Ohr. So hatte ich als Kind meinem alten Lehrer mit dem vergilbten Bart gelauscht, der mich in die geheimnisvolle Welt der Kabbala einführte, wo jede Idee eine Ge=schichte, wo jede Geschichte — selbst die, die das Leben eines Schatten erzählt — ein Funken Ewigkeit ist.

In jener Nacht sprach Gad von Palästina, vom tausendjährigen Traum der Juden, dort wieder ein unabhängiges, freies Vaterland zu errichten, ein Vater=land, in dem alle menschlichen Handlungen freie Hand=lungen sein würden.

Er schilderte den erbitterten Kampf, den die terro=ristische Bewegung gegen die Engländer führte.

„Die englische Regierung hat zur Aufrechterhaltung der von ihnen sogenannten Ordnung hunderttausend

Soldaten geschickt. Wir – ich meine die Bewegung – verfügen über kaum mehr als hundert Kameraden. Aber die Engländer zittern vor uns. Verstehen Sie? Wir machen die Engländer zittern", rief er aus, und ich sah im Schwarz seiner Augen hundert Funken, die hunderttausend Uniformen erzittern ließen.

Es war das erstemal in meinem Leben, daß ich eine jüdische Geschichte hörte, in der nicht die Juden zitterten. Bisher hatte ich geglaubt, daß die Sendung der Juden darin bestehe, das Zittern der Geschichte und nicht der Wind zu sein, der sie erzittern läßt.

„Die Fallschirmjäger, die Polizeihunde, die Panzer, die Flugzeuge, die Maschinengewehre, die Henker – sie alle zittern", wiederholte Gad. „Das Heilige Land ist für sie ein Land des Schreckens geworden. Sie wagen nicht, abends auszugehen; sie wagen nicht, einem Mädchen in die Augen zu blicken, aus Angst, sie könne ihnen eine Kugel in den Bauch jagen, sie wagen nicht, den Kopf eines Kindes zu streicheln, aus Angst, es könne ihnen eine Handgranate ins Gesicht schleudern. Sie wagen nicht zu sprechen. Sie wagen nicht zu schweigen. Sie haben Angst."

Stundenlang schilderte Gad die blauen Nächte Palästinas und ihre stille heitere Schönheit. Du gehst abends mit einem Mädchen spazieren, du sagst ihr, daß du sie liebst, daß sie schön sei – und alsbald erfahren es zwanzig Jahrhunderte. Für die Engländer sind die Nächte jedoch keine Quelle der Schönheit. In ihren Augen öffnen und schließen sie sich wie Gräber. Jeden Abend kehren ein, zwei, zehn Soldaten in der Nacht ein, kehren aber nicht aus ihr zurück.

Gad erklärte mir, was er von mir erwartete: ich solle ihn begleiten, solle alles stehen und liegen lassen und unverzüglich mit in den Kampf ziehen. Die Bewegung braucht neue Kräfte und Verstärkungen. Die Bewegung braucht junge Männer, die ihr ihre Zukunft schenken. Die Summe all dieser Zukunft ist die Freiheit Israels, die Zukunft Palästinas.

Von all dem hörte ich zum erstenmal. Meine Eltern daheim waren keine Zionisten gewesen. Zion war für mich eine heilige, göttliche Idee, eine messianische Hoffnung, ein Gebet, ein Herzschlag — und nicht ein geographischer Begriff, eine politische Wirklichkeit, eine Sache, in deren Namen man stirbt oder tötet.

Gads Erzählungen fesselten mich. Ich sah in ihm einen Fürsten der jüdischen Geschichte, einen Boten der Legende, den das Schicksal durch die Welt meiner Einbildungskraft mit der Sendung schickt, dem Volk, dessen Vergangenheit Religion geworden ist, zu sagen: Kommt, kommt, kommt. Die Zukunft erwartet euch mit offenen Armen. Von nun an sollt ihr nicht mehr verfolgt, erniedrigt, geschmäht, aber auch nicht mehr bedauert werden. Ihr werdet keine Fremden mehr sein in einer Zeit, die nicht die eure ist, in einem Raum, der euch nicht angehört. Kommt, Brüder, kommt.

Gad verstummte und trat ans Fenster, um den Tag anbrechen zu sehen. Die Nacht begann zu weichen. Ein fahler, schon ermatteter Lichtschein, der schimmeligem Wasser glich, drang in das Stübchen der Rue de Marois.

„Ich mache mit", sagte ich.

Ich muß es so leise gesagt haben, daß Gad mich nicht verstand. Aufrecht blieb er am Fenster stehen, um sich nach einem Augenblick des Schweigens umzudrehen:

„Das Morgengrauen. Bei uns ist es anders. Hier bricht der Tag grau an, bei uns in Palästina rötlich, wie Feuer."

„Ich mache mit, Gad", sagte ich nochmals.

„Ich habe verstanden", erwiderte er mit einem Lächeln, das die Farbe des Morgengrauens hatte. „Du reist in drei Wochen."

Eine leichte Brise ließ mich erschauern. Es war Herbst. In drei Wochen, dachte ich. Und dann: das Unbekannte. Vielleicht war es dieser Gedanke und nicht die Brise, die mich erschauern ließ.

Ich glaube, schon in diesem Augenblick wußte etwas in mir, daß am Ende des Weges, der mir an Gads Seite bevorstand, ein Mann mich erwartete, ein Mann, der mir glich, ein Mann, der dazu aufgerufen war, einen anderen zu töten, der vielleicht ihm glich.

„Hier ist die Stimme Jerusalems ... Unsere Nachrichten ... Die Erhängung David ben Mosches wird morgen bei Tagesanbruch stattfinden ... Der Hochkommissar appelliert an die ganze Bevölkerung, Ruhe zu bewahren ... Ausgangssperre von neun Uhr abends an ... Gehen Sie nicht mehr auf die Straße ... Ich wiederhole: Gehen Sie nicht mehr auf die Straße ... Die Armee hat Befehl, ohne Warnung zu schießen ..."

Die Stimme des Sprechers verriet Ergriffenheit. Als er den Namen David ben Mosches aussprach, hatte er vermutlich Tränen in den Augen.

Der junge jüdische Widerstandskämpfer war in der ganzen Welt der Held des Tages. Alle Widerstandsbewegungen Europas organisierten Kundgebungen vor den Botschaften Großbritanniens. Die Oberrabbiner aller Hauptstädte unterzeichneten ein an Seine gnädige Majestät gerichtetes Telegramm, das einen einzigen Satz enthielt: „Hängen Sie nicht einen jungen Träumer, dessen einziges Verbrechen der Idealismus ist."

Ein Satz, unter dem dreißig Namen standen. Eine jüdische Abordnung wurde im Weißen Hause empfangen, und der Präsident versprach, sich für den jungen Juden zu verwenden. An jenem Tag hatte die Menschheit ein Herz: das Herz David ben Mosches.

Es war acht Uhr abends. Draußen dunkelte es schon. Gad machte Licht. Das Kind weinte von neuem.

„Die Schweine", sagte Gad. „Sie werden ihn hängen."

Sein Gesicht, seine Hände glühten. Unruhig begann er im Zimmer auf und ab zu gehen, dann zündete er sich eine Zigarette an, warf sie aber gleich wieder fort, um sich eine neue anzustecken.

„Sie werden ihn hängen. Sie werden ihn hängen", sagte er immer wieder. „Die verfluchten Schweine."

Der Sprecher beendete den Nachrichtendienst, den ein Programm von Choralmusik ablöste. Ich wollte den Apparat abstellen, aber Gad warf ein:

„Es ist acht Uhr fünfzehn. Suche unseren Sender."

Nervös, wie ich war, fand ich ihn nicht.

„Laß mich machen", brummte er.

Die Sendung hatte soeben begonnen. Die Sprecherin hatte eine schöne ernste Stimme. Palästina kannte diese Stimme. Jeden Abend um acht Uhr fünfzehn Minuten unterbrachen Männer, Frauen und Kinder in allen Häusern Arbeit und Spiel, um die warme geheimnisvolle Stimme derjenigen zu hören, die ihre Sendung stets mit sechs vertrauten Worten begann:

„Hier ist die Stimme der Freiheit ..."

Die Juden Palästinas liebten das junge Mädchen oder die Frau, ohne zu wissen, wer sie war. Die Engländer hätten viel dafür gegeben, um ihr das Handwerk zu legen. Sie war in ihren Augen ebenso gefährlich wie der Alte. Auch sie war ein Teil der Legende. Aber wenige wußten, wem diese goldene Stimme gehörte, es waren nicht mehr als fünf Menschen. Gad wußte es, ich wußte es. Wir kannten die Sprecherin. Sie hieß Ilana. Gad liebte sie und sie liebte Gad. Und ich liebte ihre Liebe. Ich brauchte sie. Ich mußte wissen, daß die Liebe lebt und daß sie das Lächeln und die Freude zeugt.

„Hier ist die Stimme der Freiheit", wiederholte Ilana.

Ein Schauder huschte über Gads düsteres Gesicht. Er stand vor dem Apparat, über ihn gebeugt, erschöpft. Man hätte meinen können, er wolle ihre Hand, ihre Augen, ihre reine Stimme, die ergreifende Stimme Ilanas berühren, die an diesem Abend auch die meine und die Palästinas war.

„Zwei Männer bereiten sich auf die Begegnung mit dem Tod vor, morgen im Morgengrauen", sagte Ilana, als lese sie eine Stelle aus einer jeden Tag neu geschriebenen Bibel. „Der eine verdient unsere Bewunderung, der andere unser Mitleid. David ben Mosche, unser zum Führer gewordener Bruder, weiß, warum er stirbt. John Dawson weiß es nicht. Beide sind jung. Sie sind schön, klug, Glück und Leben zugewandt. Sie hätten Freunde sein können. Sie werden es nicht sein. Sie werden es nicht mehr sein. Morgen im Morgengrauen werden sie sterben. Sie werden zur selben Stunde, in derselben Minute sterben – nur nicht zusammen. Ein Abgrund trennt sie. Der Tod David ben Mosches hat einen Sinn. Der John Dawsons hat keinen. David ist ein Held, John ein Opfer ..."

Ilana sprach zwanzig Minuten. Der letzte Teil ihrer Sendung war ausschließlich John Dawson gewidmet, der mehr als David ben Mosche tröstlicher Worte bedurfte.

Ich kannte weder David noch John, fühlte mich jedoch beiden und dem, was ihnen widerfuhr, verbunden. Plötzlich durchzuckte eine Idee, ein Blitz mein Gehirn. Bei der Erwähnung des Todes, der John Dawson erwartete, sprach Ilana von mir. Ich würde ihn töten. Und wer wird David ben Mosche töten? Einen Augenblick lang hatte ich den Eindruck, daß ich beide töten würde, alle Davids, alle Johns der Erde, daß ich ihr Henker war. So steht es also, dachte ich. Achtzehn Jahre. Achtzehn Jahre der Suche, des Leidens, des Lernens, des Aufruhrs. Das war das Ergebnis. Ich wollte das Wesen der menschlichen Reinheit begreifen. Ich suchte den Weg, der zum Menschen führt. Ich mühte mich, wahr zu sein, und nun war ich auf dem Wege, ein Mörder zu werden, ein Verbündeter des Todes und Gottes. Ich trat auf den Spiegel zu, der an der Wand hing. Ich wollte mich sehen. Ich sah mich und unterdrückte einen dumpfen Schrei: ich hatte überall Augen.

Als Kind hatte ich Angst vor dem Tode. Wenn ich auch keine Angst vor dem Sterben hatte. Aber jedesmal, wenn ich an den Tod dachte, zitterte ich vor Angst.

„Der Tod", sagte mein alter kabbalistischer Lehrer namens Kalman mit seinem vergilbten Bart, „der Tod ist ein Wesen, das weder Hände noch Beine, weder Mund noch Kopf hat. Es besteht aus Augen. Wenn du eines Tages ein Wesen triffst, das überall Augen hat, so wisse, daß es der Tod ist."

Noch immer stand Gad reglos am Radio und lauschte gespannt Ilanas Worten.

„Sieh mich an", sagte ich zu ihm.

Er hörte mich nicht.

„Sie haben eine Mutter, John Dawson", sagte Ilana. „Sie schickt sich an, in der Stille zu weinen oder zu verzweifeln. Heute nacht wird sie sich nicht schlafen legen. Sie wird in ihrem Sessel am Fenster sitzen bleiben und, die Uhr in der Hand, das Morgengrauen erwarten. Dann wird ihr Herz zusammenzucken. In diesem Augenblick wird ihr Herz zu schlagen aufhören. ‚Man hat meinen Sohn getötet', wird sie ausrufen, bevor sie zusammenbricht. ‚Mörder ...!' Nein, Mrs. Dawson, wir sind keine Mörder."

„Sieh mich an, Gad", wiederholte ich.

Er hob die Augen, blickte mich an, zuckte die Achseln und wandte sich wieder Ilanas Stimme zu. Gad weiß nicht, daß ich der Tod bin, dachte ich. Aber sie wird es wissen, die Mutter, die still am Fenster sitzt, das auf einen weißen Garten irgendwo in der Umgebung Londons geht. Sie weiß es sicher. Sie ahnt es. Sie schaut in die Nacht, die vielleicht mein Gesicht hat, mein Gesicht, das überall Augen hat.

„Nein, Mrs. Dawson. Wir sind keine Mörder. Ihre Minister sind Mörder. Sie werden morgen Ihren Sohn töten. Wir, wir hätten ihn lieben, ihn als Bruder empfangen, ihm Brot und Milch geben und ihm von der Schönheit unseres Landes sprechen mögen. Aber Ihre Regierung, gnädige Frau, hat aus ihm unseren Feind gemacht und daher sein Todesurteil unterzeichnet. Mörder sind wir nicht ...“

Ich stützte das Gesicht in die Hände. Das Kind weinte nicht mehr.

Ich hatte schon einmal getötet, dessen war ich sicher. Es konnte nicht anders sein. Aber die Umstände waren andere gewesen. Die Tat hatte andere Ausmaße, andere Zeugen gehabt.

Seit meiner Ankunft in Palästina vor einigen Monaten hatte ich teilgenommen an zahlreichen Scharmützeln gegen die Polizei, an Dutzenden von Sabotageakten, an Überfällen auf Truppentransporte, die die grünen Pfade Galiläas oder die weißen Straßen der Wüste durchzogen. Häufig hatte es auf beiden Seiten Tote gegeben. Indessen war das Verhältnis immer zu unseren Gunsten ausgefallen, denn die Nacht war unsere Verbündete. Unsichtbar und ungreifbar konnten wir an den überraschendsten Stellen, in den unerwartetsten Augenblikken zuschlagen, ein Truppenlager vernichten, ein Dutzend Soldaten niedermachen und spurlos verschwinden. Zweck und Ziel der Bewegung war: die größtmögliche Anzahl Soldaten zu töten. So einfach war die Sache.

Von meinem ersten Tag, meinen ersten Schritten auf Palästinas Boden an, hatte man alles getan, mir diese Idee einzuhämmern. Zwei Kameraden hatten mich in

Haifa am Dampfer abgeholt und mich im Wagen zu einem zweistöckigen Haus irgendwo zwischen Ramat=Gan und Tel=Aviv gebracht. Auf den Namen eines Sprachlehrers gemietet – um in den Augen der Nachbarn das Kommen und Gehen so zahlreicher junger Männer und Mädchen zu rechtfertigen –, diente es der Bewegung, die dort Terroristen=Kurse für die Neulinge, zu denen ich gehörte, abhielt. Außerdem war das Haus – das wir Schule nannten – mit einem unterirdischen Gefängnis ausgestattet, in dem wir Gefangene, Geiseln und polizeilich gesuchte Genossen versteckten. In diesem Gefängnis erwartete John Dawson in jener Nacht seine Erschießung. Das Versteck war todsicher und lief keine Gefahr, entdeckt zu werden. Armee und Polizei hatten das Haus mehrmals von oben bis unten durchsucht; Polizeihunde hatten in nächster Nähe John Dawsons herumgeschnüffelt. Eine Mauer trennte sie von ihm, und die hatten sie nicht zu durchdringen vermocht.

Der Leiter des Kurses war Gad, aber auch andere stets maskierte Instrukteure lehrten uns den Umgang mit Pistole, Maschinengewehr und Handgranate. Auch lernten wir die Faust zu gebrauchen, einen Mann lautlos zu erwürgen und aus jedweder Zelle zu entweichen.

Der Kurs dauerte sechs Wochen. Zwei Stunden täglich sprach Gad über die Politik der Bewegung. Ihr Ziel: die Engländer aus dem Land zu vertreiben. Ihre Methode: Angst, Terror, Tod.

„An dem Tag, an dem London begreifen wird, daß, um in Palästina zu bleiben, England den Preis des Blutes zahlen muß, wird die britische Besetzung ein Ende finden", versicherte Gad. „Ich weiß, es ist ungerecht, es ist unmenschlich, es ist grausam. Aber wir haben keine andere Wahl. Generationen hindurch haben wir besser, reiner sein wollen als unsere Verfolger. Ihr kennt das Ergebnis: Hitler und Deutschlands Vernichtungslager. Nun, wir sind es leid, gerechter zu sein als diejenigen, die im Namen der Gerechtigkeit sprechen. Sie riefen nicht die Gerechtigkeit an, als der dritte Teil unseres Volkes von den Nazis ausgelöscht wurde. Wenn Juden ermordet werden, schweigt die ganze Welt. Zwanzig Jahrhunderte unserer Geschichte beweisen es. Wir können mit niemandem rechnen, nur mit uns selbst. Wenn es nottut, ungerecht und unmenschlich zu sein, um diejenigen zu verjagen, die ungerecht und unmenschlich gegen uns gewesen sind, werden wir es auch werden. Es macht uns keine Freude, den Tod zu säen. Bis zum heutigen Tage haben wir stets die Rolle des Opfers der des Henkers vorgezogen. *Du sollst nicht töten:* Dieses Gebot wurde der Menschheit auf dem Gipfel einer der Berge Palästinas erteilt. Wir sind die einzigen gewesen, die ihm gehorcht haben. Wir werden aufhören, diese zu sein. Wir werden wie die ganze Welt sein. Von jetzt ab wird der Tod zwar nicht unser Handwerk, aber unsere Pflicht sein. Während der kommenden Tage, Wochen und Monate werdet ihr nur an eines denken: die zu töten, die Mörder aus uns machen. Tötet sie, damit wir wieder Menschen werden können ..."

Am letzten Tag trat ein gleichfalls maskierter Unbekannter auf und sprach über das elfte Gebot der Bewegung: Hasse deinen Feind. Er hatte eine sanfte, schüchterne, romantische Stimme. Ich glaube, daß er der Alte war. Ich bin dessen nicht sicher, aber die wenigen Worte, die er sprach, ließen uns vor Erregung, vor brennender Begeisterung erbeben. Lange, nachdem er gegangen war, zitterten seine Worte in mir nach. Dank ihm drang ich in eine messianische Welt ein, in der das Schicksal das Antlitz eines maskierten Bettlers hatte, in der keine Tat verloren ging, in der kein Blick vergeudet war.

Ich erinnerte mich an das, was mein alter Lehrer mit seinem vergilbten Bart mir eines Tages bei der Erläuterung des sechsten Gebotes gesagt hatte: Warum hat der Mensch nicht das Recht zu töten? Wenn der Mensch tötet – erklärte er –, wird der Mensch Gott. Wir haben aber nicht das Recht, allzu leicht Gott zu werden.

Nun, dachte ich damals, wenn es notwendig ist, Gott zu werden, um den Lauf unserer Geschichte zu ändern, werden wir Gott werden, und wir werden sehen, ob es so leicht ist. Nein, es war nicht leicht.

Das erstemal, als ich an einer Aktion teilnahm, hatte ich mich unmenschlich anstrengen müssen, um meinen Widerwillen zu überwinden.

Ich empfand Entsetzen vor mir selbst.

Ich sah mich mit den Augen der Vergangenheit. Ich sah mich in Uniform, in dunkelgrauer Uniform, in SS-Uniform.

Das erstemal...

Sie liefen wie die Eichhörnchen, betrunkene Eichhörnchen, nach einem Baum oder einem Stück Schatten. Man hätte meinen können, sie hätten weder Kopf noch Hände, sie hatten nur Beine. Und sie liefen, diese Beine, sie liefen wie betrunkene Eichhörnchen, die man mit Wein und Schmerz getränkt hatte. Aber wir waren da. Wir deckten sie ein mit einem Feuer, dem sie unmöglich entkommen konnten. Wir waren zur Stelle mit unseren Maschinengewehren, unsere Kugeln waren eine Mauer, eine brennende Mauer, an der sich ihr Leben brach, begleitet von Todesschreien, die ich bis zum Ende meiner Tage hören werde.

Wir waren zu sechst. Ich weiß nicht mehr, wer die anderen fünf waren. Ich weiß nur, daß Gad nicht dabei war. An jenem Tag war er in der Schule geblieben, als wollte er uns damit sein Vertrauen beweisen, als wollte er sagen: Los! Von jetzt ab werdet ihr auch ohne mich fertig. Daher blieb er in der Schule. Meine fünf Kameraden und ich, wir waren ausgezogen, um zu töten oder uns töten zu lassen.

„Viel Glück", sagte Gad und drückte uns die Hand. „Ich warte hier auf euch."

Es war das erstemal, daß ich zur Teilnahme an einer Aktion hinzugezogen wurde. Ich wußte, daß ich nach meiner Rückkehr — sofern ich zurückkehren würde — nicht mehr derselbe sein würde. Ich würde die Feuertaufe, die Blutstaufe hinter mir haben. Ich wußte, daß ich mich anders fühlen würde, ich zweifelte jedoch nicht daran, daß dieses andere Gefühl mir Brechreiz verursachen würde.

Unsere Mission bestand darin, einen Truppentransport auf der Strecke von Haifa nach Tel-Aviv zu überfallen. Der genaue Tatort: die Kehre beim Dorf Hedera. Zeit: Spätnachmittag.

Als Arbeiter verkleidet, die von ihrem Tagwerk heimkehren, trafen wir eine halbe Stunde vor der Stunde X an Ort und Stelle ein. Zu früh durften wir nicht ankommen, sonst hätten wir unter Umständen Aufsehen erregt.

Wir gruben unsere Minen auf beiden Seiten der Straßenkurve ein und besetzten vereinbarungsgemäß die Überfallposten. In fünfzig Meter Entfernung erwartete uns ein Wagen, der uns nach Petasch Tikwa fahren sollte, wo drei weitere Wagen bereitstanden, um uns getrennt an den Ausgangspunkt, die Schule, zurückzubringen.

Der Transport traf pünktlich ein: drei offene Pkws mit etwa zwanzig Soldaten. Der Wind spielte mit ihrem Haar. Die Sonne beschien ihre Gesichter.

Als er in die Biegung einfuhr, flog der erste Wagen auf einer unserer Minen in die Luft. Mit kreischenden Reifen hielten die beiden anderen Wagen an.

Die Soldaten sprangen auf die Straße, während wir sie aus unseren sicheren Stellungen unter Kreuzfeuer nahmen.

Gebückt liefen sie in alle Richtungen auseinander, aber unsere Kugeln hackten ihnen die Beine ab wie eine riesige Sense, und sie purzelten wild schreiend durcheinander und blieben liegen.

Das Schauspiel dauerte nur sechzig Sekunden. Wir zogen uns ordnungsgemäß zurück. Alles lief ab wie am Schnürchen. Es war eine gelungene Unternehmung.

Gad erwartete uns an der Schule. Wir erstatteten Bericht. Er strahlte und war stolz auf uns.

„Fabelhaft", frohlockte er. „Der Alte wird kaum seinen Ohren trauen."

Plötzlich packte mich der Ekel. Ich sah vor meinen Augen die Beine, die wie betrunkene Eichhörnchen gelaufen waren, und mich befiel Entsetzen vor mir selber.

Ich sah wieder die SS-Soldaten in den polnischen Ghettos vor mir. So hatten sie die Juden Tag für Tag, Nacht für Nacht niedergeknallt. Da und dort ein Maschinengewehr, ein Offizier, der lachend oder kauend einen kurzen Befehl gab: Feuer. Und die Sichel des Feuers schickte sich an, Köpfe und Beine abzumähen. Einige Juden versuchten, den Kreis zu durchbrechen, aber sie stießen nur mit dem Kopf gegen die flammende, undurchdringliche Mauer. Auch sie liefen und liefen wie die wein- und schmerzgetränkten Eichhörnchen, auch ihnen schnitt der Tod die Beine ab, jählings ...

Nein, es war nicht leicht, Gott zu werden, besonders nicht, wenn es dazu notwendig war, ihn in eine dunkelgraue Uniform, in eine SS-Uniform zu zwängen.

Es war aber immer noch leichter, als eine Geisel zu erschießen.

Bei dem ersten Einsatz und den darauffolgenden Unternehmungen war ich nicht allein gewesen. Natürlich hatte ich getötet, aber in der Gruppe, nie allein. Bei John Dawson hingegen würde ich allein sein. Ich würde sein Gesicht betrachten, er würde das meine mustern und würde merken, daß ich überall Auge war.

„Quäl dich nicht, Elischa", sagte Gad, der mich seit einer guten Weile beobachtete, nachdem er das Radio abgestellt hatte. „Wir sind im Krieg."

Ich wollte ihn fragen, ob auch Gott, der Gott des Krieges, Uniform trüge. Ich zog jedoch vor, zu schweigen. Ich dachte: Gott trägt keine Uniform. Gott ist eher ein Widerstandskämpfer, Gott ist ein Terrorist.

Wenige Minuten nach der Ausgangssperre kam Ilana in Begleitung ihrer beiden Leibwächter, Joaw und Gidon, an.

Traurig und unruhig, war sie schöner denn je. In braunen Marmor geschnitten, war ihr feines zartes Gesicht von einer Sanftheit, von einer Wehmut, die einem fast das Herz brach. Sie trug eine weiße Bluse und einen grauen Rock. Ihre Lippen waren blasser als sonst.

„Deine Sendung war unvergeßlich", rief Gad ihr entgegen.

„Der Text stammt vom Alten", erwiderte Ilana.

„Ich spreche von deiner Stimme."

„Auch unsere Stimme hat der Alte geschrieben", antwortete das junge Mädchen.

Erschöpft ließ sie sich in einen Sessel sinken.

„Ich habe ihn heute weinen sehen", bemerkte sie nach einem Augenblick tiefen Schweigens. „Ich glaube, er weint oft."

Er hat Glück, dachte ich. Er ist glücklich, weinen zu können. Wer weint, weiß, daß er eines Tages nicht mehr weinen wird.

Joaw brachte uns die neuesten Nachrichten aus Tel-Aviv. Überall Beklemmung und Erwartung. Die Menschen hatten Angst. Sie fürchteten Gegenmaßnahmen gegen die Bevölkerung. Alle Zeitungen veröffentlichten Aufrufe, die den Alten anflehten, auf die Erschießung John Dawsons zu verzichten. Auf der Straße wurde mehr von ihm als von David ben Mosche gesprochen.

„Deshalb weint der Alte", sagte Gad und strich sich die Haartolle aus der Stirn, die immer wieder in sein Gesicht fiel. „Die Juden haben sich noch nicht von ihrem Verfolgungswahn befreit. Eine mutige Tat macht ihnen Angst."

Joaw fuhr fort:

„Das Kabinett tagt in London. Die Zionisten New Yorks organisieren in diesem Augenblick eine Massenkundgebung im Madison Square Garden. Die UNO nimmt sich die Sache zu Herzen."

„Ich hoffe, daß er Bescheid weiß", warf Ilana hin. Ihr aschfahles Gesicht war kupferrot geworden.

„Der Henker wird es ihm fraglos erzählen", bemerkte Gad.

Ich begriff seinen Schmerz, seinen Zorn. David war sein Freund aus der Kindheit. Sie waren am gleichen Tag der Bewegung beigetreten. Gad hatte es mir erst nach Davids Verhaftung anvertraut. Vorher wäre es nicht klug gewesen. Was ich nicht weiß, macht mich nicht heiß. Das ist der erste Grundsatz, auf dem jede Geheimbewegung fußt.

Gad war dabei, als David verwundet wurde. Gad hatte die Aktion befehligt. Sie hätte das werden sollen, was wir eine gemütliche Aktion nannten.

Aber der Wachposten hatte alles verdorben.

Ja, es war die mutige Torheit des Postens gewesen, die alles verdorben hatte. Seinetwegen würde David im

Morgengrauen gehängt werden. Wiewohl verwundet und krampfdurchzuckt hatte er mit einer Kugel im Bauch unbedingt auf der Erde weiterkriechen – und schießen müssen, der Wahnsinnige! Es gibt nichts Schlimmeres, nichts Gefährlicheres als einen mutigen Dummkopf!

... Es war abends. Ein Stabswagen hielt vor der Lagereinfahrt der Fallschirmjäger mit den roten Baskenmützen, in der Nähe von Gedera, im Süden. Ein Offizier in Majorsrang und drei Soldaten waren die Insassen.

„Wir kommen zum Waffenempfang", sagte der Major zum Wachposten. Alles schien seine Richtigkeit zu haben.

„Ja, die Terroristenschweine", murmelte der Posten unter seinem Schnauzbart und gab die Papiere dem Major zurück.

„Bitte einzutreten, Herr Major", sagte der Posten und hob die Schranke.

„Danke", sagte der Major. „Wo ist das Waffenlager?"

„Geradeaus, dann zweimal links!"

Der Wagen fuhr geradeaus, bog dann zweimal links ab und hielt vor einem Steingebäude.

„Hier sind wir", sagte der Major.

Sie sprangen ab. Ein Unteroffizier öffnete die Tür. Als er den Major erblickte, hob er die Hand an die Mütze. Der Major erwiderte den Gruß und reichte ihm ein Papier, einen von einem Oberst unterzeichneten Befehl: Dem Überbringer sind fünf Maschinengewehre, zwanzig Gewehre, zwanzig Revolver und die entsprechende Munition auszuhändigen.

„Wir erwarten heute nacht einen Überfall der Terroristen", erklärte der Major herablassend.

„Ja, die Terroristenschweine", brummte der Unteroffizier.

„Wir haben es eilig", drängte der Major. „Seien Sie so freundlich und geben Sie uns all das ..."

„Gewiß", meinte der Unteroffizier. „Ich verstehe, daß Sie eilig sind ..."

Dabei zeigte er den drei Soldaten die Stelle, wo die Maschinengewehre, die Gewehre, die Pistolen und die Munition gestapelt lagen. Das Einladen dauerte wenige Sekunden. Die schweigsamen Soldaten arbeiteten rasch und wirksam.

„Ich behalte den Auslieferungsbefehl", entschied der Unteroffizier, als alles fertig war.

„In Ordnung", antwortete der Major und stieg in den Wagen, der sich unverzüglich in Bewegung setzte.

Beim Ausgang grüßte der Posten und schickte sich an, die Schranken zu öffnen, als in seiner Baracke das Telefon läutete. Er entschuldigte sich bei dem Major und lief hinein, um den Hörer aufzunehmen. Mit angstvoller Ungeduld warteten Major und Soldaten auf seine Rückkehr.

„Tut mir leid, Herr Major", sagte der zurückkehrende Posten. „Der Unteroffizier möchte mit Ihnen sprechen. Er sagt, der Lieferungsbefehl, den Sie ihm übergeben haben, sei nicht klar."

Der Major stieg aus dem Wagen.

„Ich werde mit ihm am Telefon sprechen", sagte er zu dem Soldaten.

Der Soldat machte kehrt, um die Baracke zu betreten, als die Faust des Majors ihn ins Genick traf und ihn zu Boden streckte, ohne daß der Getroffene einen

Laut von sich gab. Gad trat auf die Schranke zu, hob sie auf und winkte dem Fahrer, anzufahren.

In diesem Augenblick gewann der Posten das Bewußtsein wieder und begann zu schießen. Dan jagte ihm eine Kugel in den Bauch. Gad sprang in den Wagen und schrie:

„Los, abhauen!"

Wiewohl verwundet, schoß der Wachposten weiter und traf einen Reifen. Gad verlor seine Kaltblütigkeit nicht und beschloß, den Reifen zu wechseln.

„David und Dan, ihr gebt Deckung", befahl er seelenruhig und selbstsicher.

David und Dan sprangen vom Wagen und entluden zwei der Maschinengewehre, die sie soeben empfangen hatten.

Das Lager erwachte. Von allen Seiten ertönten Befehle und gleich darauf Schüsse. Eile war geboten. Jede Sekunde war kostbar.

Von David und Dan gedeckt, wechselte Gad den Reifen. Freilich unter dem feindlichen Maschinengewehrfeuer. Gad beschloß: wir müssen die Waffen retten.

„David und Dan", murmelte Gad, „ihr bleibt. Wir fahren ab. Versucht sie genau drei Minuten in Schach zu halten. Das gibt uns Zeit, abzuhauen. Dann bringt ihr euch in Sicherheit. Schlagt euch nach Gedera durch. Dort haben wir sichere Freunde. Ihr kennt sie."

„Ich kenne sie", antwortete David, während er fieberhaft weiterarbeitete. „Macht, daß ihr fortkommt."

Die Waffen wurden gerettet, aber nicht David und Dan. Dan wurde getötet, David verwundet.

Ach, nichts ist gefährlicher als ein Wachposten mit einer Kugel im Bauch!

„Er war prachtvoll, der David“, bemerkte Ilana und sprach von ihm schon in der Vergangenheit.

„Ich hoffe, der Henker weiß es“, gab Gad zurück.

Ich begriff seinen Zorn und beneidete ihn darum. Man verliert einen Freund, das tut weh. Wenn man aber jeden Tag einen verliert, tut es weniger weh. Ich habe manchen Freund verloren. Mitunter scheint es mir, als sei meine Vergangenheit nur ein Friedhof. Das ist im Grunde der Anlaß, warum ich Gad gefolgt und ein Terrorist geworden bin: ich hatte keinen Freund mehr zu verlieren.

„Es heißt, der Henker trägt stets eine Maske“, bemerkte plötzlich Joaw, der schweigsam an der Küchentür stand. „Ich möchte wissen, ob das stimmt.“

„Ich glaube schon“, sagte ich. „Ja, der Henker trägt eine Maske. Man sieht nur seine Augen.“

Ilana erhob sich und trat auf Gad zu, fuhr ihm sanft und traurig übers Haar, und sagte leise:

„Quäl dich nicht, Gad. Wir sind im Krieg.“

Während der darauffolgenden Stunde wurde kein Wort gesprochen. Alle dachten an David ben Mosche. David war nicht allein in seiner weißen Todeszelle. Sie waren bei ihm. Alle waren bei ihm. Ich dachte nicht an David. Meine Gedanken wanderten nur zu ihm, wenn die anderen von ihm sprachen. Wenn sie Schweigen bewahrten, ging mein Denken zu einem anderen, zu einem, den ich genau so wenig kannte, den ich aber kennenlernen sollte. Ja, mein David ben Mosche hatte in dieser Nacht den Namen und das Gesicht eines englischen Hauptmanns: John Dawson.

Wir setzten uns um den Tisch, und Ilana schenkte

uns Tee ein. Lange tranken wir wortlos, den Blick auf die goldbraune Flüssigkeit geheftet, als bemühten wir uns, darin die Zukunft unseres Schweigens und den Sinn der Ereignisse, die es verursacht hatten, zu ergründen.

Dann, um die Zeit hinzubringen, begannen wir, Erinnerungen auszutauschen, deren Thema der Tod war.

„Der Tod hat mir das Leben gerettet", begann Joaw.

Er hatte ein junges, reines Gesicht, dunkle, verwirrt dreinblickende Augen und weißes Haar, das Haar eines Greises. Unablässig dahindämmernd, gähnte er pausenlos, zu jeder Tageszeit.

„Von einem Nachbarn angezeigt, der uns aus pazifistischen Gründen bekämpfte, fand ich in einer Irrenanstalt Zuflucht, deren Leiter ein Schulfreund von mir war", fuhr Joaw fort. „Dort blieb ich zwei Wochen, bis die Polizei mir auf die Spur kam. ‚Ist er bei Ihnen?' fragten die Polizisten den Anstaltsleiter. ‚Ja', gab er zu. ‚Wo soll er denn sonst sein? Er ist krank.' ‚Was hat er? Woran leidet er?' ‚Er glaubt, er sei tot', antwortete der Irrenarzt. Man bestand darauf, mich zu sehen. Ich wurde daher ins Büro des Anstaltsleiters gebracht. Zwei Polizeioffiziere, die den Kampf gegen den Terror anführten, erwarteten mich, um mich zu vernehmen. Ich antwortete nicht. Sie stellten Fragen. Ich überhörte sie. Trotz allem waren sie nicht überzeugt. Jeden Einspruch des Anstaltsleiters beiseiteschiebend, nahmen sie mich mit und verhörten mich zwei Tage und zwei Nächte lang. Ich spielte den Tod und spielte ihn gut. Ich verweigerte jede Nahrung, jede Flüssigkeit: die Toten essen und trinken nicht. Sie schlugen mich auf die Hände, gaben mir Ohrfeigen. Ich schrie nicht: die Toten leiden nicht und schreien nicht. Nach zwei Tagen und zwei Nächten wurde ich in das Irrenhaus zurückgebracht."

Als ich ihn so reden hörte, kamen mir Erinnerungen ins Gedächtnis zurück; tatsächlich hatte ich Kameraden mehrmals von Joaw sprechen hören, die ihn den Irren nannten.

„Komische Sache, was?" bemerkte er. „Daß der Tod mir das Leben gerettet hat!"

Einige Augenblicke verstummten wir, um den Tod zu grüßen, der einem jungen Menschen mit klarem und gequältem Gesicht das Leben gerettet und den Namen „der Irre" geschenkt hatte.

„Als ich einige Tage später die Anstalt verließ", fügte Joaw hinzu, „stellte ich fest, daß mein Haar weiß wurde."

„Das ist der Zeitvertreib des Todes", behauptete ich. „Er liebt es, die Haarfarbe zu ändern. Der Tod hat keine Haare, er hat nur Augen. Er hat überall Augen. Gott hat nirgends Augen."

„Gott hat mich vom Tode errettet", sagte Gidon. Wir nannten ihn den Heiligen. Zunächst, weil er ein Heiliger war, sodann, weil er wie ein Heiliger aussah. Er war ein großer Bursche von etwa zwanzig Jahren, der wenig sprach und sich stets abseits, unbemerkt hielt. Seine Lippen murmelten unablässig Gebete. Er trug Bart und Schläfenlocken und ging nie ohne ein heiliges Buch in der Tasche aus. Sein Vater war Rabbiner. Als dieser erfuhr, daß sein Sohn beschlossen hatte, Terrorist zu werden, stimmte er dessen Entschluß zu und gab ihm seinen Segen. Es gibt Zeiten, hatte der

Rabbiner gemurmelt, in denen es nicht genügt, das Böse mit Worten und Gebeten zu bekämpfen. Der Gott der Gnade ist auch der Gott des Krieges. Krieg führt man nicht mit Worten.

„Gott hat mich vom Tode errettet", wiederholte Gidon. „Seine Augen haben mich vom Tode errettet. Auch ich wurde von der Polizei verhaftet, auch ich habe namenlose Folterqualen erlitten. Man hat mich am Bart gezogen, mir die Nägel verbrannt, mir ins Gesicht gespuckt. Man wollte mein Geständnis erzwingen, daß ich am Attentat gegen den Hochkommissar beteiligt war. Ich habe nicht den Mund aufgetan. Sie taten mir weh. Mehr als einmal habe ich Lust gehabt, zu schreien, habe aber den Mund gehalten, denn ich sagte mir: Gott blickt mich an. Er hat die Augen auf mich geheftet. Ich darf ihn nicht enttäuschen. Die Polizisten sprachen und schrien ohne Unterlaß. Aber ich dachte an Gott und seine Augen, die auf jedes Leiden blicken, und schwieg. Schließlich mußte die Polizei, die keine Beweise gegen mich hatte, mich laufen lassen. Hätte ich gestanden, ich wäre zum Tode verurteilt worden."

„Dann hätte Gott die Augen geschlossen", fügte ich hinzu.

Ilana füllte die Tassen von neuem.

„Und Sie, Ilana?" fragte ich. „Was hat Ihnen das Leben gerettet?"

„Eine Erkältung."

Ich mußte lachen, aber niemand tat es mir nach. Mein Lachen klang heiser und falsch.

„Eine Erkältung", wiederholte ich.

„Eine Erkältung", bestätigte sie mit ernst gebliebenem

Tonfall. „Die Engländer besitzen keine Beschreibung von mir. Sie kennen nur meine Stimme. Eines Tages nahmen sie etwa hundert Frauen fest, darunter mich, und schleppten uns zur Polizei. Dort ließen sie uns sprechen, sonst nichts. Ein Klangtechniker verglich unsere Stimmen mit der der geheimnisvollen Sprecherin der ‚Stimme der Freiheit'. Dank eines glücklichen Zufalls war ich erkältet. Vier Frauen wurden zu einem eingehenderen Verhör festgehalten. Ich hingegen wurde freigelassen."

Von neuem verspürte ich Lust zu lachen, aber die anderen blieben ernst und schweigsam. Eine Erkältung, dachte ich, eine Erkältung ist mitunter nützlicher als Glaube oder Mut.

Nun blickten wir alle auf Gad, der seine Tasse so fest hielt, als wolle er sie zerbrechen.

„Ich", sagte Gad, „ich glaube, ich verdanke drei Engländern das Leben."

Den Kopf auf die rechte Schulter geneigt, die Augen auf die Tasse geheftet, schien er nur zu seinem heißen Tee zu sprechen, dessen Hitze von Sekunde zu Sekunde abnahm.

„Das geschah ganz zu Anfang. Der Alte hatte drei Geiseln festnehmen lassen. Die Gründe sind im Augenblick unwichtig. Alle drei waren Unteroffiziere. Ich hatte den Auftrag, einen, gleichgültig welchen, zu erschießen. Ich sollte das Opfer selbst bestimmen und auswählen. Ich war jung, etwa in Elischas Alter. Die mir aufgezwungene Rolle quälte mich, und ich wußte nicht, was ich tun sollte. Ich weigerte mich, Richter zu spielen. Nein: Henker, nicht Richter. In dieser Nacht verlor ich meine Verbindung zu dem Alten, ich vermochte ihm nicht einmal meine Weigerung zu überbringen, geschweige denn sie ihm zu erklären. Ich wußte nur, daß eine der Geiseln im Morgengrauen werde sterben müssen. Wer von den dreien? Schließlich fand ich die Lösung. Ich stieg in den Keller hinunter, hielt den drei Unteroffizieren eine kurze Ansprache und erteilte ihnen den Befehl, selbst das Opfer zu bestimmen. ‚Wenn Sie sich weigern', sagte ich, ‚werden Sie alle erschossen.' Sie weigerten sich nicht und zogen das Los. Im Morgengrauen ereilte meine Kugel den Nacken des Ausgelosten."

Unwillkürlich blickte ich seine Hände an, die Hände eines Menschen, der ein Menschenwesen ins Genick geschossen hatte, dann prüfte ich sein Gesicht, das Gesicht eines Freundes, der einen Menschen getötet hatte und kühl, fast gleichgültig davon sprach. Betrachtete er in seinem goldbraunen kalten Tee das Gesicht des Unteroffiziers, den er erschossen hatte?

„Wenn aber die Unteroffiziere sich geweigert hätten, das Los zu ziehen", fragte ich, „was wäre dann geschehen?"

Gad umspannte die Tasse noch heftiger. Man hätte meinen können, er wolle die Tasse eindrücken.

„Ich glaube, dann hätte ich mich erschossen", erwiderte er dumpf. Nach einem lastenden Schweigen fügte er hinzu: „Ich sagte es bereits, ich war jung. Ich war schwach."

Nun wandten sich aller Augen zu mir. Ich war an der Reihe. Ich trank einen Schluck gallebitteren Tees, wischte mir den Schweiß von der Stirn und sagte:

„Ich verdanke mein Leben dem Gelächter. Es war in

Buchenwald, im Winter. Wir trugen nur noch Fetzen. Hunderte von Menschen starben täglich an der Kälte. Jeden Morgen mußten wir vor dem Block im Schnee warten, bis er gereinigt war. Häufig dauerte die Reinigung über zwei Stunden. Eines Tages versteckte ich mich im Block, ich war krank und schwächlich. Ich wußte, daß, wenn ich in Wind und Schneetreiben hinausging, ich auf der Stelle sterben würde. Daher verbarg ich mich. Die Reinigung begann, natürlich wurde ich entdeckt. Die Reinigungsmannschaft schleppte mich vor einen der zahlreichen Helfer des Blockältesten. Ohne mich auch nur ein Wort zu fragen, packte er mich an der Gurgel und verkündete mit ruhiger, vielleicht sogar gleichgültiger Stimme: ‚Ich werde dich erwürgen.' Tatsächlich begannen seine beiden Eisenfäuste meine Kehle zu umspannen in der unmißverständlichen Absicht, mir den Garaus zu machen. Ich war zu schwach, um auch nur zu versuchen, mich seinem Griff zu entwinden und wehrte mich nicht. Ich sagte mir: Gut, das ist das Ende. Ich fühlte mein Blut zu Kopf steigen, der unmäßig anschwoll. Bald war er fünfmal, zehnmal, dann hundertmal so dick wie normal. Mein Kopf wurde so groß, so breit, so übermäßig geschwollen, daß ich einer grotesken Karikatur, einem jämmerlichen Clown glich. Ich war überzeugt, daß ich von einem Augenblick zum anderen platzen, daß der Ballon, der an die Stelle meines Kopfes getreten war, unversehens mit einem lächerlichen, laut vernehmbaren ‚Puff' in viele kleine Fetzen zerreißen würde, wie es die bunten Gummiballons der Kinder an einem Sommertag tun. In diesem Augenblick warf der stellvertretende Blockälteste einen Blick auf den Ballon, dessen Hals er in der Hand hielt, und was er sah, wirkte so komisch, so drollig auf ihn, daß er losließ und loslachte. Den ganzen Tag hörte er nicht auf zu lachen. Er lachte so hemmungslos, daß er seinen Wunsch vollständig vergaß, mich zu töten. Auf diese Weise wurde mein Leben gerettet. Amüsant, nicht wahr? Das Leben dem Humor eines Mörders zu verdanken!"

Ich erwartete, daß sie alle meinen Kopf zu mustern begännen, um zu sehen, ob er seinen normalen Umfang zurückgewonnen hatte, sie taten aber nichts dergleichen. Vielmehr starrten sie nach wie vor in ihren goldbraunen Tee, der inzwischen kalt geworden war.

Eine Weile sagte keiner ein Wort. Wir hatten keine Lust mehr, laut die Vergangenheit zu beschwören, auch nicht, fremde Lebensängste mitanhören zu müssen.

Unruhig, schweigsam blieben wir am Tisch sitzen. Jeder von uns stellte sich – glaube ich – dieselbe Frage: Was hat mir wirklich das Leben gerettet?

Als erster brach der Heilige das Schweigen.

„Wir sollten ihm etwas zu essen bringen", schlug er vor.

Auch er ist traurig, dachte ich. Er denkt an John Dawson. Man kann nicht traurig sein, ohne an John Dawson zu denken. Auch David denkt an ihn, davon bin ich überzeugt.

„Er hat keinen Hunger", gab ich zurück. „Ein Mensch, der sterben wird, hat keinen Hunger. Ebenso wenig wie ein Mensch, der töten wird", fügte ich für mich hinzu.

Mein Tonfall muß seltsam geklungen haben, denn plötzlich hoben alle den Kopf und ich fühlte ihre Blicke, ihre Verwunderung mich durchdringen.

„Nein“, beharrte ich, „ein Mensch, der sterben wird, hat keinen Hunger.“

Sie rührten sich nicht. Sie waren versteinert in dem Augenblick, der dauerte, der mehr als einen Augenblick dauerte.

„Die Henkersmahlzeit“, rief ich aus, „ist ein Witz, ein Hohn, eine Beleidigung gegen den Toten, der er binnen kurzem sein wird. Der Mensch macht sich einen Dreck draus, ob er mit vollem oder leerem Magen verreckt.“

Gad blickte mich verwundert, Ilana zärtlich, der Heilige freundschaftlich an. Nur der Irre beobachtete mich nicht, sondern schwieg gesenkten Blicks, vielleicht war es auch seine Art, mich mit gesenkten Augen zu beobachten.

„Er weiß nicht“, warf Gidon ein.

„Was weiß er nicht?“

Ich wußte nicht, warum ich schrie. Vielleicht, um mich schreien zu hören, um den Zorn in mir zu entfachen, um seinen Widerschein auf den auf Wand und Spiegel erstarrten Schatten zu sehen. Vielleicht auch aus Schwäche. Ich fühlte mich ohnmächtig, irgend etwas zu ändern, angefangen bei mir. Ich hätte eine Verwandlung im Zimmer vornehmen, die Schöpfung von neuem machen wollen. Aus dem Heiligen hätte ich einen Irren gemacht, John Dawsons Name Gad gegeben und dessen Schicksal David gegeben. Ich war jedoch unfähig dazu. Um das zu bewerkstelligen, hätte ich an die Stelle des Todes, nicht nur eines Todes treten müssen, ich hätte in den Tod des englischen Hauptmanns eintreten müssen, der keinen Hunger hatte, weil ich keinen Hunger hatte.

„Was weiß er nicht?“ rief ich nochmals laut, zu laut.

„Er weiß noch nicht“, erklärte Gidon mit unendlicher Sanftheit und einem schmerzlichen Traum in der Stimme, „er weiß noch nicht, daß er sterben muß.“

„Sein Magen weiß es“, versicherte ich ihm. „Ein Mensch, der sterben wird, hört nur auf seinen Magen. Darin gleicht er dem Bettler. Er achtet weder auf sein, noch auf euer Herz, weder auf seine, noch auf eure Vergangenheit. Er hört nicht einmal auf die Stimme des Himmels oder des Gewitters. Er hört nur seinen Magen und sein Magen bestätigt ihm, daß er sterben wird, und daß er keinen Hunger hat.“

Ich hatte zu rasch und zu heftig gesprochen, ich war außer Atem. Ich hätte aus dem Raum fliehen mögen, aber alle auf mich gehefteten Blicke hielten mich fest. Der Tod bewachte alle Ausgänge. Überall waren Augen.

„Ich gehe in den Keller hinunter“, sagte Gidon. „Ich werde ihn fragen, ob er Hunger hat.“

„Frage ihn nichts“, sagte ich. „Bereite ihn nur darauf vor, daß morgen, wenn der Tag am brennenden, blutigen Horizont anbricht, er, John Dawson, dem Leben, seinem Magen, Lebwohl sagen wird. Sag' ihm, daß er sterben wird.“

Der Heilige erhob sich langsam, ohne den Blick von mir abzuwenden, und schritt auf die Küche zu, von der eine Treppe in den Keller hinunterführte. Auf der Schwelle blieb er stehen.

„Ich werde es ihm sagen“, versicherte Gidon mit dem Anflug eines Lächelns, das alsbald auf seinem Gesicht erstarb. Dann machte er auf den Hacken kehrt und stieg die Stufen hinab.

Ich war ihm dankbar. Somit war er es und nicht ich, der John Dawson sein nahes Ende verkünden würde. Ich hätte es nicht fertiggebracht. Es ist leichter, einen Menschen zu töten als zu ihm zu sagen: du wirst sterben.

„Es ist Mitternacht", stellte Joaw fest.

Es ist Mitternacht, dachte ich. Es ist die Stunde, in der die Toten ihren Gräbern entsteigen, um ihr Gebet in der Synagoge zu sprechen. Es ist die Stunde, in der Gott selbst die Zerstörung des Tempels beweint. Es ist die Stunde, in der der Mensch imstande sein muß, in sein tiefstes Inneres hinabzusteigen und, wenn er rasch und weit genug hinabsteigt, dort den eingestürzten Tempel, Gott in Tränen und die Toten im Gebet zu entdecken.

„Armer Kleiner!" murmelte Ilana.

Sie blickte mich nicht an. Nicht sie blickte mich an, nicht ihre Augen betrachteten mich, sondern ihre Tränen. Ihre Tränen musterten mein Gesicht. Ich fühlte mich betrachtet, berührt, gestreichelt von ihren Tränen, von ihren Tränen und nicht von ihren Augen.

„Sagen Sie das nicht, ich bitte Sie darum, Ilana. Nennen Sie mich nicht ‚Armer Kleiner'."

Sie hatte Tränen in den Augen. Nein, sie hatte Tränen statt Augen, die in den Höhlen schwollen, wuchsen, die dichter, dunkler, schwerer wurden. Plötzlich hatte ich Angst, daß das Unglück von einem Augenblick zum anderen eintreten könne: in einem Augenblick würde Ilana nicht mehr sein. Das dunkelhäutige, traurige junge Mädchen würde in ihren eigenen Tränen ertrinken. Ich hätte ihren Arm berühren und ihr sagen mögen: Weinen Sie nicht. Sagen Sie, was Sie sagen wollen, aber weinen Sie nicht.

Aber sie weinte nicht. Man muß Augen zum Weinen haben. Sie hatte keine. Sie hatte Tränen an Stelle von Augen.

„Armer Kleiner!" sagte sie nochmals.

Dann kam es. Ilana verschwand und Katharina setzte sich an ihren Platz. Ich fragte mich, was Katharina hier zu suchen hatte, aber ihre Gegenwart verwunderte mich nicht sonderlich. Sie war eben gerne mit Männern zusammen, zumal mit kleinen Jungens, die an den Tod denken. Sie liebte es, mit kleinen Jungens von der Liebe zu sprechen, und da die Männer, die in den Tod gehen, kleine Jungens sind, liebte sie es, mit ihnen von der Liebe zu sprechen. Daher überraschte mich ihre Anwesenheit in dem magischen Raum nicht, magisch deshalb, weil er die Grenzen, die Unterschiede zwischen Opfer und Henker, zwischen Gegenwart und Vergangenheit, verwischte.

Ich war ihr im Jahre 1945 in Paris begegnet. Ich war soeben aus Buchenwald angekommen, jenem gleichfalls magischen Lager, in dem die Lebenden sich in Tote und die Zukunft in Wolken verwandelten.

Ich war erschöpft, geschwächt, ausgehungert. Eines der zahlreichen Hilfswerke schickte mich in ein Sommerlager, in dem etwa hundert Knaben und Mädchen ihre Ferien verbrachten. Das Lager lag in der Normandie, wo der Morgenwind das gleiche Geräusch verursacht wie in Palästina.

Da ich des Französischen nicht mächtig war, konnte ich mit den anderen Knaben und Mädchen nicht sprechen. Ich aß mit ihnen, badete mit ihnen in der Sonne, aber ich sprach nicht mit ihnen.

Katharina war der einzige Mensch, mit dem ich gelegentlich ein Wort wechselte. Wir hatten eine gemeinsame Sprache: das Deutsche.

Dann und wann trat sie an den Tisch, an dem ich im Speisesaal saß, um mich zu fragen, ob ich gut geschlafen habe, ob ich mich wohlfühlte, ob das Lagerleben mir gefiel.

Sie war viel älter als ich, etwa sechsundzwanzig oder siebenundzwanzig Jahre. Klein, schmächtig, fast durchsichtig, hatte sie blondes seidiges Haar. Sonnenstrahlen. Ihre Augen waren ein tiefes träumerisches Blau, Augen, die nicht weinten. Ihr ovales Gesicht schien mager, fast knochig, war dabei aber fein und zart.

Katharina war die erste Frau, die ich bisher aus der Nähe gesehen hatte. Vorher, damit will ich sagen: vor dem Kriege, hatte ich die Frauen nicht gesehen. Ich wußte, daß sie da waren, ich wußte sogar wozu, aber ich wußte nicht, daß sie einen Körper haben, Brüste, Beine, einen Mund und Hände, die, wenn sie den Mann berühren, sein Herz zum Beben bringen. All das entdeckte mir Katharina.

Das Lager lag am Rand eines Gehölzes, in dem ich nach dem Abendbrot gerne allein spazieren ging, in dem ich mit dem Wind plauderte, der mit den Bäumen plauderte, in dem ich den Himmel aus seinem Azur ins Dunkelblau sinken sah. Kurzum, ich liebte die Einsamkeit.

Eines Abends bat sie um die Erlaubnis, mich begleiten zu dürfen. Von Natur allzu schüchtern, willigte ich ein. Eine halbe Stunde wanderten wir schweigsam Seite an Seite. Anfangs machte mich das Schweigen befangen, dann stellte ich zu meiner Verwunderung fest, daß ich es liebte. Das Schweigen zu zweit ist dichter und mitunter tiefer als das Schweigen allein. Unwillkürlich begann ich zu sprechen.

„Sehen Sie den Himmel", sagte ich. „Er öffnet sich."

Sie warf den Kopf zurück und tat, worum ich sie bat. Und in der Tat, der Himmel öffnete sich halb. Die Sterne wichen, zunächst langsam, von einem unsichtbaren Wind verweht, aus der Mitte zurück. Die der rechten Seite glitten nach rechts, die der linken weiter nach links. Schließlich entstand in der Mitte ein Hohlraum. Ein Hohlraum aus betörendem Blau, das, während dieser sich vertiefte, tiefer, reiner, fester wurde.

„Schauen Sie nur", sagte ich zu Katharina. „Sehen Sie gut hin. Sie sehen, daß ganz unten nichts ist."

Den Kopf zurückgeworfen, schaute sie nur und sagte nichts.

„Das genügt", fügte ich hinzu. „Gehen wir weiter."

Wir wanderten weiter, und ich erzählte ihr die Legende vom offenen Himmel. Als ich ein Kind war, verriet mir mein alter Lehrmeister, daß es Nächte gibt, in denen die Himmel sich öffnen, um die Gebete unglücklicher Kinder einzulassen. Während einer dieser Nächte wandte sich ein kleiner Junge, dessen Vater im Sterben lag, mit folgenden Worten an Gott: „Ach, Vater, ich bin klein und kann noch nicht beten. Drum mache ich mich zum Gebet und bitte Dich, meinen kranken Vater, meinen sterbenden Vater, gesund zu machen." Und Gott tat, worum ihn der kleine Junge gebeten hatte. Der Vater genas, aber das zum Gebet gewordene Kind stieg zum Himmel auf und blieb dort in alle Ewigkeit. Seither, so erklärte mir mein alter Lehrer, seither zeigt sich uns Gott bisweilen im Gesicht eines Kindes.

„Daher sehe ich so gerne den Himmel aufgehen", sagte ich. „Ich will das Kind sehen. Aber Sie sind Zeuge. Am Ende des Himmels war nichts zu sehen. Es war kein Kind zu sehen."

In diesem Augenblick sprach sie die ersten Worte des ganzen Abends:

„Armer Kleiner! . . . Mein armer Kleiner!"

Sie denkt an das Kind, sagte ich mir. Im Gedanken an das Kind sagte sie: Armer Kleiner. Ich liebte sie dafür.

Seit diesem ersten Abend begleitete sie mich häufig in das Wäldchen. Sie stellte Fragen über mich, über meine Kindheit, über meine Vergangenheit, die ich nicht alle beantwortete.

Eines Abends fragte sie mich, warum ich mich von den anderen Buben und Mädchen fernhielt.

„Sie sprechen eine Sprache, die ich nicht verstehe", sagte ich.

„Es gibt Mädchen, die deutsch verstehen", bemerkte sie.

„Ich habe ihnen aber nichts zu sagen", erwiderte ich.

„Man braucht nicht mit ihnen zu sprechen", betonte sie lächelnd. „Man muß sie lieben."

Ich verstand nicht, was sie damit meinte. Ich sagte es ihr. Ihr Lächeln wurde deutlicher, und sie begann von der Liebe zu sprechen. Sie sprach viel und gut. Die Liebe ist dies, die Liebe ist das, der Mensch ist für die Liebe geboren. Der Mensch lebt nur, wenn er liebt, wenn er vor einer Frau steht, die er liebt oder lieben sollte.

Ich erwiderte, daß ich nicht wüßte, was die Liebe sei,

daß ich nicht glaubte, daß die Liebe existierte, daß sie nicht das Recht habe, zu existieren.

„Ich werde es dir beweisen", versicherte sie mir.

Als sie am nächsten Tag auf einem laubbedeckten Waldweg neben mir einherschlenderte, nahm sie meinen Arm. Zuerst dachte ich, sie wolle sich auf mich stützen. Das war es aber nicht. Vielmehr wollte sie mich ihren Körper, ihre Wärme fühlen lassen. Dann tat sie, als sei sie müde: es sei angenehm, sich dort unter jenen Baum ins Gras zu setzen. Als wir saßen, strich sie mir übers Haar, übers Gesicht, über den Mund. Dann küßte sie mich mehrmals, ihre Lippen berührten die meinen, ihre Zunge brannte in meinem Mund.

An den darauffolgenden Abenden kehrten wir an dieselbe Stelle zurück, wieder sprach sie zu mir von der Liebe, von der Begierde, von den Geheimnissen des Herzens. Sie nahm meine Hand und führte sie über ihren Körper, über ihre Schenkel, ihre Brüste, und jetzt merkte ich, daß die Frauen Schenkel, Brüste, einen Bauch und Hände haben, die das Herz zum Beben bringen, das Blut in flüssiges Feuer verwandeln können.

Dann kam der letzte Abend. Am nächsten Tag sollte ich nach Paris zurückkehren, da der Ferienmonat zu Ende war.

Gleich nach dem Abendessen wanderten wir zum letztenmal zu unserem Rasenplätzchen unter dem Baum. Ich fühlte mich traurig und schon allein. Katharina hielt meine Hand in der ihren und sagte nichts. Die Nacht war schön, still, friedlich. Dann und wann strich der Wind wie ein warmer Atem liebkosend über unsere Gesichter, unsere Haare, unsere Rücken.

Es mußte ein Uhr, vielleicht zwei Uhr morgens sein, als Katharina das Schweigen brach und, ihr mageres Gesicht, ihre Wehmut mir zukehrend, sagte:

„Jetzt werden wir uns lieben."

Diese Worte ließen mich erschauern. Es war das erstemal, daß ich sie umarmen würde. Vor ihr hatte es für mich keine Frauen auf der Erde gegeben. Ich wußte nicht, was ich sagen, was ich tun sollte. Ich hatte Angst, ein Wort zu sagen, das sich nicht schickte, eine Gebärde, eine Bewegung zu machen, die fehl am Platze war. Befangen, reglos erwartete ich von ihr den ersten Schritt.

Mit einemmal ernst geworden, begann sie sich zu entkleiden. Sie zog ihre Bluse aus, und ihre Brüste waren im Sternenlicht weiß wie Elfenbein. Dann streifte sie ihre anderen Kleider ab, und ich sah sie nackt.

„Zieh das Hemd aus", befahl sie.

Ich war wie gelähmt. In meiner Kehle stak ein schwerer Kloß, meine Adern waren bleiern. Meine Arme, meine Finger gehorchten nicht mehr. Ich konnte nur noch den nackten Körper betrachten, ihn von Kopf bis zu den Füßen mustern, der Bewegung ihrer Brüste folgen, die sich hoben und senkten, sich hoben und senkten. Ich war betört von dem Ruf, der von dem im Grase liegenden Körper ausging.

„Zieh dein Hemd aus", wiederholte sie.

Da sie sah, daß ich mich nicht rührte, schickte sie sich an, mich auszuziehen. Ganz ruhig streifte sie mir das Hemd über den Kopf und zog mir die Hosen aus. Dann legte sie sich von neuem ins Gras und sagte:

„Nimm mich!"

Ich kniete nieder. Ich betrachtete sie lange, dann bedeckte ich ihren Körper mit Küssen. Wie abwesend spielte sie mit meinem Haar und schwieg.

„Katharina", sagte ich, „bevor ich Sie nehme, muß ich Ihnen etwas sagen."

Ihr Gesicht wurde zu einer angstvollen Maske und der Wind in den Bäumen war ein Wind der Angst.

„Nein, nein", rief sie. „Sag nichts. Nimm mich und sag nichts."

Ihre Bemerkung überhörend, fuhr ich fort:

„Bevor ich Sie nehme, Katharina, muß ich Ihnen sagen ..."

Ihr Mund verzerrte sich vor Schmerz, und der Wind in den Bäumen war ein Wind des Schmerzes.

„Nein, nein, nein", flehte sie. „Sag nichts. Schweig, schweig. Nimm mich rasch, aber sag' nichts."

„Ich muß Ihnen sagen, Katharina", beharrte ich, „daß Sie gewonnen haben. Ich liebe Sie. Ich liebe Sie, Katharina."

Sie brach in Schluchzen aus und wiederholte zehnmal, hundertmal dieselben Worte:

„Armer Kleiner! ... Ach, mein armer Kleiner!"

Dann nahm ich mein Hemd und meine Hose und lief weg. Ich hatte begriffen. Wenn sie das sagte, dachte sie nicht an das kleine Kind des Himmels, sondern an mich.

Sie sprach zu mir von Liebe, weil sie wußte, daß ich ein Kind war, das ein Gebet aus sich gemacht hatte, daß ich zum Himmel aufgestiegen war. Sie wußte, daß ich tot war und tot auf die Erde zurückgekehrt war.

Deshalb sprach sie zu mir von Liebe. Deshalb wollte sie von mir umarmt sein. Ich hatte es verstanden: sie liebte es, sich von kleinen Jungens lieben zu lassen, die sterben mußten, sie liebte die Gesellschaft derer, die nur an den Tod dachten. Ihre Gegenwart in dieser Nacht, hier in Palästina, konnte mich nicht überraschen.

„Armer Kleiner“, murmelte Ilana leise ein letztes Mal. Dann entrang sich ihrer Brust ein Seufzer, der ihren Tränen freien Lauf ließ, zu rinnen, zu rinnen bis ans Ende der Zeiten.

Plötzlich wurde mir bewußt, daß es heiß war im Zimmer, viel heißer als vorher. Fast erstickte ich.

Das war ganz natürlich. Das Zimmer war zu klein und zu eng. Es war nicht für so viele Leute, für so viele gleichzeitige Besucher gemacht. Seit Mitternacht kamen immer mehr, darunter Leute, die ich gekannt hatte, andere, die ich gehaßt, bewundert, vergessen hatte. Als ich den Blick durch den Raum wandern ließ, stellte ich fest, daß alle diejenigen zugegen waren, die mich zu dem gemacht hatten, der ich war, die mein tiefstes Inneres geformt hatten. Einige darunter schienen mir vertraut, ich konnte mich jedoch nicht an sie erinnern; sie hatten Gesichter ohne Namen und Namen ohne Gesichter. Indessen wußte ich, daß sie mir in einem bestimmten Augenblick meines Lebens begegnet waren.

Natürlich war auch mein Vater, auch die Mutter da. Der Bettler war da. Die englischen Soldaten des Truppentransports von Hereda waren da. Auch mein alter Lehrmeister mit seinem vergilbten Bart war da. Und ringsum die Freunde, die Brüder, die Kameraden, die Gesichter, die ich in meiner Kindheit gekannt und andere, die ich in Buchenwald, in Auschwitz leben und leiden, hoffen und fluchen gesehen hatte.

Neben meinem Vater sah ich einen kleinen Jungen, der seltsam dem ähnelte, der ich vor dem Lager, vor dem Kriege, vor dem Vorher gewesen war. Mein Vater sandte ihm ein Lächeln zu, und er, der kleine Junge, nahm das Lächeln und sandte es mir über die vielen Köpfe, die mich von ihm trennten, entgegen.

Nun verstand ich, warum es so heiß war. Das Zimmer war zu klein, zu eng für all die Menschen auf einmal.

Ich bahnte mir den Weg durch die Menge, trat auf den kleinen Jungen zu und dankte ihm für das Lächeln. Ich hätte ihn fragen mögen, was alle die Besucher hier suchten, überlegte dann aber, daß es unhöflich gegen meinen Vater sein könnte. Außerdem war er ja da, so daß ich ihn zuerst ansprechen mußte.

„Vater", fragte ich ihn, „was tun die vielen Leute hier?"

Meine Mutter, die neben ihm stand, war bleich, und ihre Lippen murmelten unablässig: armer Kleiner, armer Kleiner, armer Kleiner ...

„Vater", bat ich von neuem, „antworte mir. Was sucht ihr alle hier?"

Er blickte mich mit seinen großen Augen an, in denen für mich oft der Himmel aufgegangen war, antwortete aber nicht.

Ich drehte mich um und stand plötzlich vor meinem Lehrmeister, dessen Bart noch vergilbter war als früher.

„Mein lieber Lehrmeister, wozu sind alle diese Leute heute abend hierher gekommen?"

Hinter mir hörte ich Mutter flüstern: „Armer Kleiner, armer Kleiner!"

„Nun, mein Lehrer", wiederholte ich, „so antwortet mir doch. Ich bitte euch, antwortet mir."

Auch er antwortete nicht. Er tat nicht einmal so, als habe er meine Frage verstanden. Sein Schweigen flößte mir Angst ein. So wie ich meinen Lehrmeister kannte, war er immer für mich dagewesen, wenn ich seiner be=durft hatte. Einst hatte mir sein Schweigen wohlgetan. Nun erschreckte es mich. Ich versuchte ihm gerade in die Augen zu blicken, aber an ihrer Stelle glühten zwei Feuerkugeln, zwei Sonnen, und verbrannten mir das Gesicht.

Daher wandte ich mich von ihm ab und ging auf der Suche nach einer Antwort von einem Besucher zum anderen, aber meine Gegenwart machte sie alle stumm.

Schließlich kam ich zu dem Bettler, dessen hohe Ge=stalt die merkwürdige Versammlung überragte. Er war der erste, der das Wort an mich richtete.

„Diese Nacht hat viele Gesichter, nicht wahr?"

Ich war müde, schmerzhaft müde.

„Ja", antwortete ich schwach. „Diese Nacht hat viele Gesichter. Ich möchte gerne den Grund dafür wissen. Lieber Herr Bettler, wenn Sie der sind, den ich mir erhoffe, klären Sie mich bitte auf, beruhigen Sie mich. Sagen Sie mir, was der Sinn dieses Schweigens, dieser Blicke, dieser Gegenwart ist. Sagen Sie es mir, lieber Herr Bettler, denn ich kann nicht mehr. Ich kann nicht mehr."

Er nahm mich am Arm, drückte ihn liebevoll, sachte und fragte:

„Siehst du den kleinen Jungen dort?"

Dabei deutete er auf den kleinen Jungen, der dem glich, der ich gewesen war.

„Ja, ich sehe ihn", antwortete ich.

„Er wird dir auf deine Fragen antworten", fügte der Bettler hinzu. „Geh und sprich mit ihm." (Jetzt war ich sicher: er war kein Bettler.)

Wieder mußte ich mir einen Weg durch das Gedränge der Schatten bahnen und trat endlich, am Ende meiner Kräfte und erschöpft, vor den kleinen Jungen.

„Sag mir, du!" bat ich ihn. „Sag mir: was tust du hier? Was tun die anderen? Alle anderen?"

Der kleine Junge öffnete ein erstauntes Augenpaar.

„Weißt du's nicht?"

Ich antwortete, ich wisse es nicht.

„Morgen wird ein Mensch sterben, nicht wahr?"

Ich bestätigte ihm, daß tatsächlich im Morgengrauen ein Mensch sterben würde.

„Und du wirst ihn erschießen, nicht wahr?" fuhr er fort.

„Ja. Ich bin mit der Erschießung beauftragt."

„Und du verstehst es nicht?" fragte der kleine Junge verwundert.

„Nein, ich versteh's nicht."

„Das ist doch so einfach", rief er aus. „Wir sind alle hier, um der Erschießung beizuwohnen. Wir wollen dich bei der Arbeit sehen. Wir wollen sehen, wie du dich in einen Mörder verwandelst. Das ist doch ganz natürlich, oder nicht?"

„Warum ist das natürlich? Was geht euch die Erschießung John Dawsons an?"

„Du bist die Summe dessen, was wir waren", erklärte der kleine Junge, der dem glich, der ich einst gewesen war. „Daher sind es bis zu einem gewissen Grade auch wir, die John Dawson morgen, im Morgen=

grauen, erschießen werden. Du kannst es ohne uns nicht tun. Verstehst du es jetzt?"

Ich begann zu verstehen. Eine absolute Tat wie die, einem Menschen den Tod zu geben, geht nicht nur den Täter, sondern auch diejenigen an, die zu seinem Werden beigetragen haben. Dadurch, daß ich einen Menschen ermordete, machte ich Mörder aus ihnen.

„Du verstehst also?" wiederholte der kleine Junge.

„Ich verstehe", antwortete ich.

„Armer Kleiner, armer Kleiner!" murmelte meine Mutter, deren Lippen verblichener waren als der Bart meines alten Lehrmeisters.

„Er hat Hunger", verkündete Gidon.

Ich hatte ihn nicht die Stufen heraufkommen hören. Die Heiligen haben die unangenehme Gewohnheit, alles geräuschlos zu tun; lautlos gehen, lachen, essen und beten sie.

„Das ist unmöglich", warf ich ein.

Ich dachte: er kann keinen Hunger haben. Er wird sterben. Ein Mensch, der sterben wird, kann keinen Hunger haben.

„Er hat es mir selbst gesagt", beharrte Gidon bestürzt.

Aller Augen waren auf mich geheftet. Ilana weinte nicht mehr. Joaw musterte seine Fingernägel nicht mehr. Gad sah erschöpft aus. Und die anderen, alle die anderen, schienen etwas von mir zu erwarten, ich wußte nicht was. Vielleicht ein Zeichen, einen Schrei.

„Weiß er es?" fragte ich Gidon.

„Ja, er weiß es." Nach einer Weile fügte er hinzu: „Ich habe es ihm gesagt."

„Wie hat er darauf reagiert?"

Es war mir wichtig zu wissen, wie er das aufgenommen hatte, ob er verblüfft, ob er ruhig geblieben war, ob er seine Unschuld beteuert hatte.

„Er hat gelächelt", erzählte Gidon. „Er hat gesagt, er habe es gewußt. Sein Magen habe es ihm verraten."

„Hat er dir auch gesagt, daß er Hunger hat?"

Gidon verbarg seine nervösen Hände hinter dem Rücken.

„Ja", wiederholte er. „Das hat er gesagt. Daß er Hunger hat. Und daß er Anrecht auf die Henkersmahlzeit hat."

Gad begann zu lachen, aber sein Lachen klang falsch.

„Da habt ihr die britische Kaltblütigkeit", rief er aus.

Seine Bemerkung blieb über unseren Köpfen in der Luft hängen. Niemand wollte sie zur Kenntnis nehmen.

Mein Vater betrachtete mich mit hartem Blick, und sein Blick erinnerte mich daran, daß ein Mensch sterben wird und Hunger hat.

„Man muß es zugeben", bemerkte Gad, „die Engländer haben Nerven."

Auch diese Bemerkung beachtete niemand. Plötzlich tat mir mein Magen weh. Ich hatte den ganzen Tag nichts gegessen.

Ilana stand auf und ging in die Küche.

„Ich werde ihm etwas zu essen machen", sagte sie.

Ich hörte, wie sie sich in der Küche zu schaffen machte. Sie schnitt Brot, öffnete den Kühlschrank, goß Kaffee auf. Nach wenigen Minuten kam sie mit einer Tasse dampfenden Kaffees in der einen Hand und einem Teller in der anderen wieder.

„Hier", meinte sie. „Das ist alles, was ich gefunden habe; ein Käsebrot und eine Tasse schwarzen Kaffee. Ohne Zucker." Sie schwieg einen Augenblick, dann sagte sie: „Ein frugales Mahl, aber mehr habe ich nicht auf-treiben können." Einige Sekunden blieb sie reglos stehen und fragte dann: „Wer bringt es ihm?"

Der kleine Junge, der neben meinem Vater stand, durchdrang mich mit seinem Blick, einem Blick, der eine Stimmte hatte und sagte:

„Geh du! Bring ihm das Essen. Er hat Hunger, weißt du."

„Nein", sagte ich zu dem kleinen Jungen, „nicht ich. Ich will ihn nicht sehen. Ich kann ihn nicht essen sehen. Ich möchte später an ihn denken können wie an einen Menschen, der nie aß."

Ich hätte hinzufügen mögen, daß ich Magenkrämpfe hatte, sah aber ein, daß das unwichtig war. Statt dessen gestand ich mir ein, daß ich nicht allein mit ihm sein wollte, jedenfalls nicht jetzt.

„Wir gehen mit dir hinunter", schlug die Stimme des kleinen Jungen vor. „Wir steigen zusammen hinunter. Es ist nicht richtig, einem Menschen, der Hunger hat, nichts zu essen zu geben, weißt du."

Das wußte ich. Natürlich wußte ich das. Ich habe immer denen Brot gegeben, die Hunger hatten. Nicht wahr, Herr Bettler? Habe ich nicht auch Ihnen Brot geschenkt? Aber in dieser Nacht ist es anders. Heute nacht kann ich es nicht.

„Das ist wahr", lenkte der kleine Junge ein. „Diese

Nacht ist anders, auch du bist heute nacht anders, viel=mehr wirst du es sein. Freilich hat das nichts zu tun mit einem Menschen, der Hunger hat und dem man Essen bringen muß.

„Er wird doch morgen sterben", rief ich aus. „Was tut es schon, ob er mit leerem oder vollem Magen stirbt?"

„Im Augenblick lebt er", sagte der kleine Junge ruhig. Mein Vater nickte zustimmend. Alle taten es ihm nach. „Er lebt. Er hat Hunger und du weigerst dich, ihm zu essen zu geben."

Alle die nickenden Köpfe, schwarze Bäume, die ein starker launischer Wind packt, ließen mich erschauern. Ich hätte die Augen schließen mögen, schämte mich aber. Man schließt nicht die Augen in Gegenwart seines Vaters.

„Gut", sagte ich mit entsagender Stimme. „Ich bin einverstanden. Ich werde ihm das Essen bringen." Das Nicken der Köpfe hörte mit einemmal auf, als gehorch=ten alle diese Köpfe dem Stab eines unsichtbaren Musik=meisters. „Gut", wiederholte ich. „Ich bringe ihm zu essen, aber vorher, kleiner Junge, sag mir eins. Haben die Toten auch Hunger?"

Wieder blickte der kleine Junge verwundert drein.

„Weißt du's nicht? Wirklich nicht? ... Natürlich haben sie Hunger."

„Muß man ihnen zu essen geben?"

„Was für eine Frage!" rief der kleine Junge aus. „Natürlich muß man ihnen zu essen geben. Nur ist es schwierig ..."

„Schwierig ... schwierig ... schwierig ...", wiederhol=ten die Schatten im Chor.

Der kleine Junge beobachtete mich eine Weile, dann lächelte er und sagte:

„Ich werde dir ein Geheimnis anvertrauen." Seine Stimme sank zu einem Flüstern. „Weißt du, daß die Toten die Gewohnheit haben, um Mitternacht aus ihren Gräbern aufzustehen?"

Ich versicherte ihm, ich wüßte es, man hatte es mir gesagt.

„Hat man dir auch gesagt, daß sie vom Friedhof in die Synagoge gehen?"

„Ja, man hat mich darauf aufmerksam gemacht."

„Nun gut, das ist wahr", bestätigte der kleine Junge. Dann, nach einem Schweigen, als wollte er den Nachdruck des nun Folgenden steigern, fuhr er fort mit einer noch tieferen Stimme, einer so tiefen Stimme, daß sie unhörbar gewesen wäre, hätte sie nicht in mir geklungen. „Ja, es ist wahr. Sie versammeln sich um Mitternacht in der Synagoge, aber nicht aus dem Grunde, den du annimmst. Du glaubst, sie kommen zum Gebet. Nein, sie kommen, um zu essen . . ."

Alles begann sich um mich zu drehen: die Wände, die Stühle, die Köpfe, alle schickten sich an, nach einem festgelegten Rhythmus zu tanzen, ohne die Luft zu verdrängen, ohne den Fuß auf die Erde zu setzen. Ich wurde der feste Mittelpunkt einer Reihe von Kreisen. Ich hätte die Augen schließen und mir die Ohren verstopfen sollen, aber mein Vater war da, und meine Mutter, und mein Lehrmeister, und der Bettler, und der kleine Junge. Man schließt nicht die Augen, man verstopft sich nicht die Ohren, wenn diejenigen, die aus dir das gemacht haben, was du geworden bist, dich umtanzen.

„Geben Sie mir das", befahl ich Ilana. „Ich will es ihm bringen."

Jäh hielten die Tänzer inne, als sei ich der Dirigent, als seien meine Worte ein Taktstock.

Ich machte einen Schritt auf Ilana zu, die reglos an der Küchentüre stand. Plötzlich sprang Gad auf und stand mit einem Satz neben dem jungen Mädchen.

„Laß es", sagte er zu mir. „Ich bring es ihm."

Brüsk, fast brutal entriß er Tasse und Teller den Händen des jungen Mädchens und lief die Stufen zum Keller hinunter.

Joaw sah auf seine Uhr.

„Es ist zwei vorbei", verkündete er.

„Erst?" fragte Ilana. „Welch lange Nacht, die längste Nacht, die ich je erlebt habe."

„Ja", stimmte Joaw zu. „Sie ist lang, diese Nacht."

Ilana biß sich auf die Lippen.

„In bestimmten Momenten habe ich den Eindruck, als solle sie nie zu Ende gehen und ewig dauern. Es ist wie mit dem Regen. Besonders bei uns deutet der Regen wie alles hierzulande auf Beständigkeit, Ewigkeit. Ich sage mir: heute regnet es, morgen wird es regnen, übermorgen, den Tag danach, die Woche danach, das Jahrhundert danach. Auch jetzt sage ich mir: es ist Nacht, morgen wird es Nacht sein, übermorgen, den Tag darauf, den Monat darauf, das Jahrhundert darauf."

Jäh brach sie ab, zog ein Taschentuch aus dem aufgekrempelten Blusenärmel und wischte sich den Schweiß von der Stirn.

„Ich möchte wissen, warum es hier so heiß ist", warf sie hin. „Zumal in dieser Stunde der Nacht."

„Im Morgengrauen wird es kühler", versprach Joaw.

„Ich will's hoffen", sagte Ilana. „Wann wird es Tag?"

„Gegen fünf Uhr."

„Und wieviel Uhr ist es jetzt?" fragte Ilana.

Von neuem sah Joaw auf die Uhr.

„Zwei Uhr zwanzig Minuten", antwortete er.

„Ist dir's nicht heiß, Elischa?" fragte sie und wandte mir den Kopf zu.

„Ja", sagte ich. „Mir ist es heiß."

Ilana setzte sich wieder auf ihren Platz am Tisch. Ich trat ans Fenster und blickte hinaus. Die Stadt schien fern, unwirklich. In tiefen Schlaf versunken, träumte sie Angstträume, Hoffnungsträume, Träume, die morgen andre Träume erzeugen würden. Diese Träume wiederum würden neue Helden erzeugen, die die Nacht durchleben und sich darauf vorbereiten würden, im Morgengrauen zu sterben, zu sterben und den Tod zu geben.

„Mir ist's heiß, Ilana", sagte ich vernehmlich. „Ich ersticke."

Ich weiß nicht, wie lange ich schweißgebadet am offenen Fenster gestanden hatte, als sich plötzlich eine heiße, zitternde, beruhigende Hand auf meine Schulter legte.

„Woran denkst du?" fragte Ilana.

„An die Nacht", erwiderte ich. „Die Nacht, ich denke immer an die Nacht."

„Und an John Dawson?"
„Und an John Dawson."

Irgendwo in der Stadt leuchtete ein Fenster auf und erlosch. Ein Mann, der auf die Uhr sehen wollte oder eine besorgte Mutter, die wissen wollte, ob ihr Kind im Schlaf lächelte.

„Soeben wolltest du ihn nicht sehen, nicht wahr?"

„Ich will ihn nicht sehen", gab ich zurück.

Ich dachte: Eines Tages wird mein Sohn mich fragen: Warum bist du plötzlich so traurig? Ich bin traurig, werde ich ihm antworten, weil meine Augen einen englischen Hauptmann sehen, der einmal John Dawson hieß. Eines Tages haben sich meine Augen auf sein Gesicht geheftet, im Augenblick seines Todes. Vielleicht sollte ich ihm eine Maske aufsetzen, dachte ich. Eine Maske kann ich leichter töten und vergessen.

„Hast du Angst?" wollte Ilana wissen.

„Ja", entgegnete ich. „Ich habe Angst."

Ich hätte hinzufügen mögen, daß die Angst nichts ist. Ich fürchte sie nicht. Die Angst ist nur eine Farbe, eine Verzierung, eine Landschaft. Das Problem liegt anderswo. Daß der Henker oder das Opfer, daß der eine oder der andere Angst haben, ist unwichtig. Wichtig ist, daß jeder von beiden in dem Stück eine ihm auferlegte Rolle spielt. Henker und Opfer sind die beiden Pole unserer Bestimmung. Tragisch ist dabei nur, daß man gegen seinen Willen in diese Lage geraten kann.

„Du, Elischa? Hast du etwa Angst?" fragte Ilana von neuem.

Ich verstand den Sinn ihrer Frage: Du, Elischa, hast Angst? Du, der du Auschwitz überstanden hast? Du, der du Buchenwald erlebt hast? Du, der du Gott auf mehr als einem Mund mehr als einmal hast sterben sehen? Du, du hast Angst?

„Ja, Ilana", wiederholte ich. „Ich habe Angst."

Sie ahnte nicht, daß die Angst nicht das Hauptthema dieser Erzählung ist. Wie der Tod ist sie nur Verzierung und Lokalkolorit.

„Wovor hast du Angst?" fragte sie weiter.

Ihre zitternde, heiße Hand lag noch immer auf meiner Schulter. Ihre Brüste berührten mich fast. Ich fühlte den Atem ihres Mundes in meinem Nacken. Ihre Bluse war durchnäßt, ihr Gesicht schlaff. Sie versteht nicht, dachte ich.

„Ich habe Angst, daß er mich zum Lachen bringt", gab ich zurück, in dem Versuch, ihr meinen Gedanken verständlich zu machen. „Sehen Sie, Ilana, er wäre vielleicht imstande, seinen Kopf aufzublasen und zerplatzen zu lassen, nur um mich zum Lachen zu bringen. Das macht mir Angst."

Aber sie verstand nicht. Sie nahm das Taschentuch, das sie in ihrem aufgekrempelten Ärmel bewahrte und wischte mir die schweißbedeckte Stirn und den feuchten Nacken ab. Dann küßte sie mich leicht auf die Stirn und riet mir:

„Du quälst dich zu sehr, Elischa. Die Geiseln sind keine Hanswurste. Sie bringen uns nicht zum Lachen."

Arme Ilana! Ihre Stimme war ebenso rein und traurig wie die Wahrheit und ebenso traurig wie die Reinheit. Aber sie begriff nicht. Ihr Blick blieb am Schein haften und sah nicht das Wesentliche.

„Vielleicht haben Sie recht", sagte ich resigniert.

„Vielleicht bringen wir sie zum Lachen, und sie lachen dann nach dem Tod."

Wieder strich sie mir über die Haare, den Nacken, das Gesicht. Ich fühlte noch immer den Druck ihrer Brüste gegen meinen Körper. Dann sprach sie mit ihrer sanften, traurigen und reinen Stimme zu mir, wie man mit einem kranken Kind spricht, das niemanden hat, der es tröstet oder seinen Durst stillt.

„Du quälst dich zu sehr, mein Kleiner. Du quälst dich viel zu sehr", sagte sie mehrmals. (Sie sagte nicht mehr „mein armer Kleiner", wofür ich ihr Dank wußte.) „Das darfst du nicht, mein Kleiner. Du bist jung. Du bist intelligent. Du hast schon genug gelitten. Bald ist alles vorüber. Die Engländer werden das Land räumen und wir werden aus dem Untergrund auftauchen können, um ein natürliches, einfaches und gesundes Leben zu führen. Du wirst heiraten. Du wirst Kinder haben. Du wirst ihnen Geschichten erzählen. Du wirst sie zum Lachen bringen. Du wirst glücklich sein, weil sie glücklich sein werden, und sie werden es sein, ich versprech es dir. Sie werden nicht anders sein können ... Längst wirst du diese Nacht, dieses Zimmer, mich und alles übrige vergessen haben ..."

Bei dem Wort „alles übrige" beschrieb sie einen Halbkreis mit der Hand. Ich dachte an meine Mutter. Genau so, in diesem ergriffenen, ergreifenden Tonfall hatte sie immer gesprochen, und die gleichen Worte fast an den gleichen Stellen gebraucht. Ich liebte meine Mutter. Jeden Abend – bis zum Alter von neun oder zehn Jahren – brachte sie mich zu Bett, sang mir ein Schlaflied oder erzählte mir eine Geschichte. Eine Ziege steht neben deinem Bett, versicherte sie mir. Eine goldene Ziege. Sie wird dich dein ganzes Leben begleiten. Immer. Manchmal wird sie vorauseilen und dich lenken, manchmal wird sie hinterhergehen und dich schützen. Selbst wenn du groß, selbst wenn du reich sein wirst, selbst wenn du alles wissen wirst, was ein Mensch wissen kann und du alles besitzen wirst, was ein Mann besitzen soll, selbst dann wird die Ziege bei dir sein.

„Sie sprechen zu mir, Ilana, als seien Sie meine Mutter."

Auch meine Mutter hatte eine schöne Stimme. Sie war schöner als Ilanas Stimme. Gleich der Stimme Gottes war sie imstande, das Chaos zu verscheuchen und mir eine Zukunft zu zeigen, die die meine hätte sein können. Die Ziege sollte mich dahin führen. Ich hatte sie jedoch unterwegs, genau genommen in Buchenwald, verloren.

„Du leidest", sagte das junge Mädchen. „Wenn ein Mann von seiner Mutter spricht, so bedeutet das, daß er leidet."

„Nein, Ilana", versicherte ich. „In diesem Augenblick leidet am meisten sie."

Plötzlich wurden ihre Liebkosungen leichter, entrückter, sie begann zu begreifen. Ein neuer Schatten legte sich auf ihr Gesicht. Eine Weile schwieg sie, dann verband sie ihren Blick dem meinen, um dieselbe Nacht zu sehen, die uns ihre dunkle Hand durchs Fenster entgegenstreckte.

„Der Krieg", bemerkte Ilana, „ist wie die Nacht. Er deckt alles zu."

Ja, sie begann zu begreifen. Kaum fühlte ich noch den Druck ihres Fingers im Nacken.

„Wir reden uns ein, daß wir einen heiligen Krieg führen", fuhr sie fort, „daß wir gegen etwas, für etwas kämpfen. Wir schlagen uns gegen die Engländer, wir schlagen uns für ein freies unabhängiges Palästina. Das reden wir uns ein. Aber ich weiß, Elischa, die Worte, die Worte sind nur dazu da, unseren Handlungen einen Sinn zu geben, während unsere Handlungen, sobald sie auf ihr wirkliches, und das heißt: ursprüngliches Maß zurückgeführt sind, Geruch und Farbe des Blutes haben. Wir sind im Krieg, sagen wir. Man muß töten. Und wir töten. Es gibt diejenigen, die wie du mit den eigenen und fremden Händen töten, es gibt die, die wie ich mit ihrer Stimme töten. Jeder tötet auf seine Weise. Aber was können wir anderes tun? Der Krieg hat seine Gesetze. Wenn du sie leugnest, leugnest du seinen Wert und schenkst dem Feind den Sieg. Das können wir uns nicht leisten. Diesmal bedürfen wir eines Sieges, eines durch Krieg gewonnenen Sieges, wir brauchen ihn, um zu überleben, um weiterhin auf der Höhe der Zeit zu bleiben ..."

Sie hatte nicht einmal die Stimme erhoben. Man hätte meinen können, sie erzähle sich eine Geschichte oder singe sich ein Wiegenlied.

Sie hatte mit ruhiger, fast eintöniger Stimme gesprochen, die weder Leidenschaft noch Teilnahme, auch keine Verzweiflung verriet.

Im Grunde hatte sie recht. Wir waren im Krieg. Wir hatten ein Ziel, ein Ideal. Wir hatten einen Feind, der sich zwischen uns und das Unendliche stellte. Daher galt es, ihn zu vernichten. Aber wie? Gleichgültig wie. Die Methoden waren unwichtig. Da die Mittel mannigfach sind, vergißt man sie rasch. Nur der Zweck, da er einmalig ist, zählt und bleibt. Vermutlich hatte Ilana richtig gesehen: Eines Tages würde ich das alles vergessen. Aber die Toten erinnern sich. Sie vergessen nicht. In ihren Augen werde ich in alle Ewigkeit ein Henker sein. Es gibt keine Tausende von Arten, ein Henker zu sein: man ist einer oder ist es nicht. Man kann sagen: ich werde der Henker eines Menschen, der Henker von zehn, von sechsundzwanzig Menschen sein, ich werde diese Rolle einen Tag oder fünf Minuten lang spielen. Wer Henker eines einzigen Menschenwesens ist, bleibt es sein ganzes Leben lang. Er mag ein anderes Handwerk wählen, mag sich hinter einem neuen Namen verbergen, aber der Henker – zum mindesten die Maske des Henkers – wird für immer an ihm haften bleiben. Das ist das Problem, nämlich der dauerhafte Einfluß der Staffage auf den Menschen. Der Krieg ist imstande, einen Henker aus mir zu machen, eine Rolle, die ich behalten werde, selbst wenn die Szenerie wechselt, selbst wenn ich in anderen Stücken, auf anderen Bühnen spielen werde.

„Ich will kein Henker sein", sagte ich zu Ilana. Ich sprach das Wort „Henker" sehr rasch aus. Ich wollte es los werden, es brannte mir auf den Lippen.

„Wer will so etwas sein?" stellte das junge Mädchen fest. Noch immer streichelte sie mir den Nacken, ich weiß jedoch nicht, warum ich den Eindruck gewann, daß es nicht mein Nacken war, den sie streichelte, daß es nicht mein Haar war, das sie mit feuchten Fingern kämmte. Die gütigste Frau von der Welt würde Angst gehabt haben, die Haut eines Henkers zu berühren, die Stirn eines Menschen zu streicheln, an dem die Bezeichnung „Henker“ das ganze Leben haften bleiben wird.

Ich warf einen Blick über die Schulter zurück, um zu sehen, ob die anderen noch da waren. Gidon und Joaw waren am Tisch eingenickt, den Kopf auf die Arme gebettet. Gidon schien selbst im Schlaf zu beten. Gad war noch immer unten im Keller. Ich fragte mich, was er da unten so lange machte. Die anderen, körperhafte Schatten, folgten der Unterhaltung, nahmen aber nicht an ihr teil. Das verwunderte mich. Ilana schwieg.

„Woran denken Sie?“ fragte ich sie.

Sie antwortete nicht. Etwas später stellte ich ihr die gleiche Frage noch einmal. Auch diesmal antwortete sie nicht.

Ich schwieg, Ilana schwieg. Und die Menge hinter mir, diese aus mannigfachem Schweigen bestehende Menge, deren Schatten das Licht schluckten und daraus ein schwarzes, trauriges, trauervolles, feindseliges Licht machten, diese zu versteinter Reglosigkeit gebannte Menge schwieg ebenfalls.

Dies ganze Schweigen erfüllte mich mit Schrecken. Dies Schweigen war anders als das meine. Es war kalt, hart, ohne Leben, ohne Zukunft, ohne Werden. Es rührte sich nicht.

Als Kind hatte ich Angst vor den Toten. Ich hatte Angst vor dem Friedhof, jenem geheimnisvollen Totenreich. Das Schweigen, mit dem die Toten sich umgaben, löste Schrecken in mir aus.

Ich wußte, daß sie hinter mir aufrecht aneinander

gedrängt, wie um sich gegen die Kälte zu schützen, das Urteil sprachen. Die Toten, die eine begrenzte Welt bewohnen, haben nichts anderes zu tun als zu richten, und da ihnen der Sinn für das Vor= und das Nachher fehlt, sind sie unbarmherzige Richter. Sie richten nicht mit dem Verständnis ihres Seins, sondern mit ihrem Sein selbst.

Sie richteten mich hinter meinem Rücken. Ich ahnte, daß ihr Schweigen das meine richtete. Ich hätte mich umdrehen mögen und ihr Schweigen betrachten, aber bei dem bloßen Gedanken packte mich Angst.

Bald wird Gad wieder heraufkommen, sagte ich mir. Bald werde ich in den Keller hinuntersteigen müssen. Bald wird der Morgen grauen, es wird Tag werden und diese Menge wird in der Morgenbrise zerfließen. Ich werde mich nicht rühren. Ihnen den Rücken zugewandt, werde ich neben Ilana bis zum Morgengrauen am Fenster ausharren.

Nach einer Minute besann ich mich eines besseren. Vater war da, und die Mutter, und der Bettler und der Lehrmeister. Ihnen konnte ich nicht den Rücken zu= kehren. Das wäre beleidigend gewesen. Ich mußte ihnen ins Gesicht sehen.

Vorsichtig drehte ich mich um. Es gab zweierlei Art von Licht im Raum: das eine weiß, das andere dunkel. Das erste lag auf Gidon und Joaw, den beiden Einge= schlummerten, während das zweite der Menge entströmte.

Ich ließ Ilana mit ihren Überlegungen, vielleicht auch mit ihrem Kummer, am Fenster stehen und begann im Zimmer auf und ab zu gehen, wobei ich da und dort vor einem bekannten Gesicht, vor einer vertrauten Trauer innehielt. Ich wußte, daß sie mich richteten, daß diese Gesichter, daß diese Traurigkeiten mich aburteilten. Sie sind tot und sie haben Hunger. Wenn die Toten Hunger haben, richten sie die Lebenden. Und gehen dabei unbarmherzig zu Werk; sie warten nicht darauf, bis die Tat vollendet, daß das Verbrechen vollbracht sei. Sie richten vorher.

So nahm ich das Schweigen des kleinen Jungen aufs Korn – sein Schweigen, das zum Blick wurde – und beschloß, sie anzusprechen. Unruhe spiegelte sich darin wider, eine Unruhe, die ihn reifer, älter machte. Ich werde mit ihnen sprechen, sagte ich mir. Sie haben nicht das Recht, den kleinen Jungen zu verurteilen.

Ich trat auf meinen Vater zu und sah den Schmerz, der in sein Gesicht gemeißelt war. Mein Vater war eine Minute vor der Ankunft des Todesengels fortgegangen, so daß es ihm gelungen war, seinen menschlichen Schmerz, seinen lebendigen Schmerz mitzunehmen.

„Vater", sagte ich, „richte mich nicht. Richte Gott. Er hat die Welt geschaffen und so eingerichtet, daß Gerechtigkeit von den Ungerechten erlangt, daß das Glück eines Volkes zum Preis der Tränen erworben wird, daß die Freiheit einer Nation – wie die der Menschen – ein auf den Leibern der zum Tode Verurteilten errichtetes Standbild ist ..."

Ich stand vor ihm und wußte nicht, was ich mit meinen Händen, meinen Augen, meinem Kopf anstellen sollte. Ich hätte das ganze Leben meines Körpers, alles Blut meines Leibes in meine Stimme legen mögen. Während Augenblicken glaubte ich, daß es mir gelungen sei.

Ich sprach lange. Ich sagte ihm Dinge, die er fraglos wußte, denn er hatte sie mich gelehrt. Ich wiederholte sie, nur um ihm damit zu beweisen, daß ich sie nicht vergessen hatte.

„Richte mich nicht, Vater", flehte ich ihn zitternd, verzweifelt an. „Vater, nicht mich mußt du richten, sondern Gott. Richte Gott, Vater. Er ist die erste Ursache. Er hat die Dinge und die Menschen so geschaffen, wie sie sind. Du bist tot, und nur die Toten dürfen sich erlauben, Gott zu richten."

Aber er rührte sich nicht. Der menschliche Schmerz wurde menschlicher auf seinem ausgezehrten, unrasierten, gedunkelten Gesicht. Ich verließ ihn, um mit meiner Mutter zu sprechen, die ihm zur Rechten stand.

Ich konnte nicht sprechen, ich fühlte mich zu elend. Ich glaubte sie murmeln zu hören: „Mein armer Kleiner, mein armer Kleiner" — mir traten die Tränen in die Augen. Ich sagte ihr nur, daß ich kein Mörder sei, daß sie das Leben nicht einem Töter, sondern einem Soldaten geschenkt habe, einem Freiheitskämpfer, einem Idealisten, der seinen inneren Frieden für das Recht seines Volkes an der Sonne, an der Freude, am Kinderlachen opfert. Mehr konnte ich ihr mit keuchender, fiebriger, tränenerstickter Stimme nicht sagen.

Da auch sie nichts erwiderte, verließ ich auch sie und trat zu meinem alten Lehrer. Von allen hatte der Tod ihn am wenigsten verändert. Im Leben war er nicht viel anders gewesen. Zu seinen Lebzeiten sagten wir von ihm, daß er nicht von dieser Welt sei. Noch jetzt war er nicht von dieser Welt.

„Ich habe dich nicht verraten", beteuerte ich ihm, als

liege die Tat schon hinter mir. Wenn ich mich weigerte, den Befehlen zu gehorchen, würde ich meine lebenden Freunde verraten. „Die Lebenden haben mehr Recht auf uns als die Toten. Du, mein Lehrmeister, hast mir das gesagt. In der Bibel steht: *Und du wirst das Leben wählen.* Ich habe die Lebenden gewählt. Das ist kein Verrat, mein Lehrmeister."

Jeraschmiel stand neben ihm. Jeraschmiel war mein Freund, mein Kamerad, mein Bruder. Sohn eines Kutschers, hatte er die Hände eines Arbeiters und die Seele eines Heiligen. Wir waren die Lieblingsschüler des Meisters gewesen, der uns abends in die Geheimnisse der Kabbala eingeweiht hatte. Ich wußte nicht, daß auch Jeraschmiel tot war. Ich erfuhr es in dem Augenblick, als ich ihn hier, in der Menge, neben meinem Lehrer stehen sah — nein, nicht genau neben ihm, sondern halb hinter ihm, damit er es nicht an Achtung fehlen lasse.

„Jeraschmiel", sagte ich. „Jeraschmiel, mein Bruder, weißt du noch?"

Gemeinsam hatten wir Träume gewoben, die über uns hinausreichten. Nach der Kabbala ist der Mensch, dessen Seele rein genug, dessen Liebe tief genug ist, imstande, das Kommen des Messias zu bewirken. Eines Abends beschlossen Jeraschmiel und ich nach der Heimkehr aus der Schule, den Versuch zu unternehmen. Wir waren uns der Gefahr, die dieses Unternehmen mit sich brachte, wohl bewußt. Niemand kann die Hand Gottes zwingen, ohne dabei sein Leben aufs Spiel zu setzen. Größere, Reifere, Klügere als wir hatten bei dem Unterfangen, den Messias den Ketten der Zukunft zu entreißen, ihr Leben lassen müssen. Bei ihrem Scheitern hatten einige den Glauben, andere den Verstand, dritte das Leben eingebüßt. Jeraschmiel und ich wußten das, wir waren jedoch entschlossen, trotz der Fallen und Hinterhalte, die uns unterwegs auflauerten, bis zum bitteren Ende zu gehen. Wir sagten, daß wir gemeinsam marschieren würden, koste es, was es wolle. Wenn der eine stürbe, würde der andere weiterschreiten. Tatsächlich bereiteten wir uns auf die Reise in die Tiefe vor. Wir begannen damit, Leib, Denken und Seele zu läutern. Wir fasteten tags und beteten nachts. Um den Mund und das Wort zu läutern, sprachen wir so wenig wie möglich und beobachteten am Schabbath unbedingtes Stillschweigen.

Vielleicht hätten wir unser Ziel erreicht. Aber der Krieg brach aus. Wir wurden aus unseren Häusern, aus unserer Stadt verjagt. Das letzte Mal, als ich ihn sah, marschierte Jeraschmiel mitten in einer Gruppe von Juden, die nach Deutschland verschleppt werden sollte. Eine Woche später kam auch ich in Deutschland an. Jeraschmiel befand sich in einem, ich in einem anderen Lager. Oft fragte ich mich, ob er auch im Lager seine Bemühungen fortsetzte. Jetzt wußte ich es: er hatte sie fortgesetzt und war dabei gestorben.

„Jeraschmiel", sagte ich. „Jeraschmiel, mein Bruder, weißt du noch ...?"

Etwas an ihm war anders geworden: seine Hände. Jetzt waren sie die Hände eines Heiligen.

„Auch wir", fuhr ich fort und betrachtete seine Hände, „auch wir, meine Kameraden der Bewegung und ich, versuchen, die Hand Gottes herbeizuzwingen... Tote wie du müßten uns helfen statt uns zu richten."

Jeraschmiel schwieg. Auch seine Hände schwiegen. Irgendwo im Weltall der Zeit schwieg auch der Messias.

Ich verließ Jeraschmiel und ging wieder zu dem kleinen Jungen, der dem ähnelte, der ich gewesen war.

„Richtest auch du mich?" fragte ich ihn. „Du dürftest mich nicht richten. Du hast Glück, du bist früh gestorben. Wärst du am Leben geblieben, du wärst ich geworden."

Nun sprach der kleine Junge. Seine Stimme war erfüllt von bangem Echo, von ferner Sehnsucht.

„Ich richte dich nicht", vertraute er mir. „Wir sind nicht hier, um dich zu richten. Wir sind hier, weil du hier bist. Wir sind überall da, wohin du gehst, wir sind das, was du tust. Wenn du die Augen zum Himmel hebst, zeigst du ihn uns; wenn du das Haar eines kleinen Jungen streichelst, der Hunger hat, legen sich tausend Hände auf sein Haupt; wenn du einem Armen ein Stück Brot gibst, schenken wir ihm den köstlichen Geschmack des Paradieses, den nur die Armen kosten. Warum sind wir schweigsam? Weil das Schweigen unser Wesen und nicht nur unsere Heimat ist. Wir sind das Schweigen. Dein Schweigen, Elischa, ist ein Teil von uns. Sieh, du trägst uns in dir. Manchmal siehst du uns, meistens siehst du uns nicht. Wenn du uns siehst, glaubst du, wir seien da, um dich zu richten. Du irrst. Nicht wir richten dich: das Schweigen, das in dir ist."

Plötzlich streifte eine Hand meinen Arm: die Hand des Bettlers. Ich drehte mich um und sah ihn hinter mir stehen. Ich wußte, daß er nicht der Todesengel, sondern der Prophet Elias war.

„Ich höre den Schritt Gads", sagte er. „Er kommt herauf."

„Ich höre den Schritt Gads", bemerkte Ilana und berührte mich am Arm. „Er kommt herauf."

Langsam betrat Gad mit verschlossenem Gesicht den Raum. Ilana lief auf ihn zu und küßte ihn auf den Mund. Sanft schob er sie von sich.

„Du bist lange unten geblieben", sagte Ilana. „Was hast du dort so lange getan?"

Ein grausam-schmerzliches Lächeln huschte über sein Gesicht.

„Nichts", sagte er. „Ich habe ihm beim Essen zugesehen."

„Hat er gegessen?" fragte ich überrascht. „Er hat also essen können?"

„Ja", erwiderte Gad. „Er hat gegessen, und zwar mit großem Appetit. Ich konnte es nicht fassen."

„Was!" rief ich aus. „Du willst mir weismachen, daß er Hunger hatte?"

„Das habe ich nicht gesagt", gab Gad zurück. „Ich habe nicht gesagt, daß er Hunger hatte. Ich habe gesagt, daß er mit Appetit aß."

„Er hatte also keinen Hunger", fuhr ich fort.

Gads Gesicht verdüsterte sich.

„Nein, er hatte keinen Hunger."

„Warum aß er dann?"

„Ich weiß es nicht", erwiderte Gad nervös. „Fraglos,

um mir zu beweisen, daß er essen kann, selbst wenn er keinen Hunger hat."

Ilana musterte das Gesicht des Mannes, den sie liebte, und versuchte, Gads Blick zu fangen, der aber auf einen unsichtbaren Punkt im Raum geheftet war.

„Was habt ihr nachher gemacht?" fragte sie, plötzlich unruhig geworden.

„Wie nachher?" fragte Gad brüsk.

„Nachdem er sein Mahl beendet hatte."

Gad zuckte mit den Achseln.

„Nichts", versicherte er.

„Wie, nichts?" fragte Ilana verwundert.

„Nichts. Er hat mir Geschichten erzählt."

Ilana schüttelte ihn am Arm.

„Geschichten? Was für Geschichten?"

Gad entfuhr ein resignierter Seufzer.

„Er hat mir Geschichten erzählt", wiederholte er, sichtlich müde, Fragen zu beantworten, die in seinen Augen grotesk erschienen.

Ich hätte ihn fragen mögen, ob er gelacht hatte, ob es der Geisel gelungen war, ihn zum Lachen zu bringen. Ich verzichtete jedoch auf diese Frage: die Antwort würde jedenfalls ungereimt ausfallen.

Gads Eintritt hatte Gidon und Joaw ihrem Schlummer entrissen. Verstört blickten sie umher, wie um sich zu versichern, daß sie nicht mehr träumten. Ein Gähnen unterdrückend, fragte Joaw, wie spät es sei.

„Vier Uhr", antwortete Gad, nachdem er seine Armbanduhr befragt hatte.

„Schon so spät?" Ich hatte nicht gedacht, daß es schon so spät war.

Gad gab mir ein Zeichen, näherzukommen.

„Bald wird es Tag", mahnte er.

„Ich weiß. Es wird Tag."

„Weißt du, was du zu tun hast?"

„Ich weiß es."

Er steckte die Hand in die Tasche und zog einen Revolver hervor, den er mir reichte. Ich zögerte, ihn in Empfang zu nehmen.

„Nimm ihn", befahl er ungeduldig.

Es war ein schwarzer, fast neuer Revolver. Ich hatte Angst, ihn zu berühren, ihn anzunehmen. Der Unterschied zwischen dem, der ich war, und dem, der ich sein würde, war dieser Revolver.

„Nun?" Gad wurde ungeduldig. „Nimm ihn!"

Ich streckte die Hand aus, ergriff ihn und musterte ihn lange, als wüßte ich nicht, wozu dieser merkwürdige Gegenstand dienen könne. Schließlich steckte ich ihn in die Hosentasche.

„Ich möchte dich etwas fragen", sagte ich zu Gad.

„Ich höre."

„Hat er dich zum Lachen gebracht?"

Gad blickte mich mit seinem kalten Blick an, als habe er meine Frage oder mein Bedürfnis, sie zu stellen, nicht begriffen. Er dachte an etwas, und das Runzeln seiner Stirn brachte mich auf den Gedanken, daß er intensiv daran dachte.

„Hat die Geisel dich zum Lachen gebracht?" fragte ich nochmals.

Sein Blick durchbohrte mich, ich fühlte ihn durch die Augen dringen und zum Nacken hinausfahren. Gad mußte sich fragen, was in meinem Kopf vorging, warum ich ihm diese belanglosen Fragen stellte, warum ich nicht litt und warum ich dieses Leiden oder diesen Mangel an Leiden hinter einer Maske verbarg.

„Nein", entgegnete er schließlich. „Er hat mich nicht zum Lachen gebracht."

Die Maske knackte unmerklich. Er merkte es nicht. Alle seine Anstrengungen dienten dazu, seine Augen in Schach zu halten, dabei vergaß er, seinen Mund zu beherrschen. Und dort, in der Gegend des Mundes knackte es. Sein Mund – besonders seine Oberlippe – verriet jetzt eine Bitterkeit, einen schrecklichen Zorn.

„Nicht möglich!" rief ich aus, Verwunderung heuchelnd. „Wie hast du das angestellt? Waren die Geschichten nicht drollig?"

Gad entließ einen seltsamen Ton, der vermutlich einem Lachen gleichen sollte. Das darauffolgende Schweigen betonte die Trauer, die eine unsichtbare Hand in seine Lippen geprägt hatte.

„Ja, sie waren drollig! Sehr drollig. Sie haben mich aber trotzdem nicht zum Lachen gebracht."

Er zog eine Zigarette aus seiner Blusentasche, zündete sie an, zog ein paarmal daran und, ohne meine nächste Frage abzuwarten, fuhr er fort:

„Das war ganz einfach: ich dachte an David..."

Auch ich werde an David denken, sagte ich zu mir. Er wird mich verteidigen. Die Geisel mag mich noch so sehr zum Lachen verführen wollen, ich werde nicht darauf eingehen. David wird mir zu Hilfe kommen.

„Es wird spät", sagte Joaw, ein neues Gähnen unterdrückend.

Gidon echote:

„Es wird spät.“

Von draußen blickte uns noch immer die Nacht an. An der Art, wie sie uns anblickte, war jedoch leicht zu erkennen, daß sie sich zum Scheiden anschickte.

Ich faßte einen plötzlichen Entschluß:

„Ich gehe hinunter“, kündigte ich Gad an.

„Schon so früh?“ fragte er verwundert oder betroffen. „Du hast Zeit. Vielleicht noch eine Stunde ...“

Ich antwortete, daß ich es vorzöge, vorher hinunterzugehen. Ich wollte ihn sehen, mit ihm sprechen, ihn kennenlernen. Ich fügte hinzu, daß es feige sei, einen Unbekannten zu töten, daß es fast zu leicht sei. Etwa wie im Kriege: man tötet keine Menschen. Man schießt auf die Nacht, die, verwundet, Schmerzensschreie ausstößt, die an die herzzerreißenden Klagen der Menschen erinnern. So ist es: man zielt auf die Nacht, man zielt auf die Menge und ist nie sicher, ob ein Mensch getötet und von wem er getötet worden ist. Einen Unbekannten zu erschießen, liefe auf dasselbe hinaus. Wenn ich ihn nur im Augenblick seines Todes sähe, würde ich den Eindruck gewinnen, auf einen Toten zu schießen. Und das wäre feige.

Das war der Grund, den ich zur Erklärung meines Entschlusses gab. Ich weiß nicht, ob er richtig war. Wenn ich jetzt daran denke, muß ich mir sagen, daß, wenn ich Wert darauf legte, vorher hinunterzusteigen, es vielleicht aus Neugierde geschah: ich wollte eine Geisel sehen. Ich hatte noch nie eine Geisel gesehen. Ich wollte eine Geisel ansehen, die zum Sterben verurteilt war, einen Menschen, der wußte, daß er sterben müsse. Ich wollte eine Geisel betrachten, die ster=

ben sollte und drollige Geschichten erzählte. Neugierde? Oder der Wunsch, Mut zu beweisen? Vielleicht beides ...

„Soll ich dich begleiten?“ fragte Gad. Eine Haartolle bedeckte einen Teil seiner Stirn, er vergaß jedoch, sie zurückzustreichen.

„Nein, Gad“, entgegnete ich. „Ich will allein mit ihm sein.“

Er lächelte mich an. Stolz auf seinen Untergebenen, lächelte der Vorgesetzte mich stolz an, legte seine Hand auf meine Schulter und drückte sie freundschaftlich.

„Soll ich dich begleiten?“ fragte der Bettler, seine Hand auf meiner Schulter.

„Nein“, versicherte ich ihm. „Ich will allein mit ihm sein.“

Unendliche Güte glänzte in seinen Augen:

„Du kannst es nicht ohne sie tun“, meinte er, mit dem Kopf auf die Menschenmenge deutend, die sich hinter uns in einiger Entfernung hielt.

„Dann sollen sie später kommen“, räumte ich ein.

Der Bettler nahm meinen Kopf in seine Hände und blickte mir in die Augen. Sein Blick war so mächtig, daß ich einen Augenblick an meinem eigenen Sein zweifelte. Ich sagte mir: ich bin dieser Blick, mehr bin ich nicht. Er hat viele Blicke, der Bettler, und ich bin einer von ihnen. Aber sein Blick strahlte vor Güte und ich wußte, daß der Bettler seinen eigenen Blick nicht mit Güte ansehen konnte. So wurde ich meines eigenen Seins bewußt.

„Einverstanden“, sagte er. „Sie werden später kommen.“

Er drehte sich um und nahm wieder seinen Platz in der Menge ein.

Jetzt war es der kleine Junge, der mir von weitem über die Köpfe und Schatten hinweg anbot, mich hinunter zu begleiten. Ich antwortete: Später. Meine Antwort machte ihn traurig. Ich wiederholte, was ich den anderen soeben gesagt hatte: später. Zuerst will ich allein mit ihm sein.

„Schön", sprach der kleine Junge. „Wir kommen später."

Ich ließ den Blick durchs Zimmer gleiten und wollte ihn hier lassen, in der Hoffnung, ihn nach meiner Rückkehr wiederzufinden.

Ilana sprach mit Gad, der nicht zuhörte. Joaw gähnte. Gidon rieb sich die Stirn, als habe er Kopfschmerzen.

In einer Stunde wird alles anders sein, dachte ich. Ich werde sie nicht mehr wie jetzt sehen. Den Tisch, die Stühle, die Küchentür, die Wände, auch das Fenster, alles werde ich anders sehen. Nur die Toten, Vater, Mutter, Lehrmeister, Jeraschmiel werden sich nicht verändert haben, denn wir verändern uns zusammen. Im gleichen Sinn, zur gleichen Zeit, indem wir die gleichen Dinge tun.

Ich betastete meine Tasche, um zu sehen, ob der Revolver noch da war: er war noch da. Ich hatte denselben seltsamen Eindruck, daß er bebte, daß er lebte, daß seine Existenz ein Teil der meinen sei, daß er eine Gegenwart, eine Zukunft, ein Schicksal habe, wie auch ich eine Gegenwart, eine Zukunft, ein Schicksal hatte. Aber während sein Schicksal ich war, war das meinige er. In einer Stunde wird auch er verwandelt sein, dachte ich.

„Es ist spät", stellte Joaw fest und streckte sich.

Mit dem Blick sagte ich dem Zimmer Lebewohl, sagte Ilana, Gad, Gidon und seinen Gebeten Lebewohl, sagte Joaw und seinem wirren Blick, dem Tisch, dem Fenster, den Wänden, der Nacht Lebewohl und ging hastig in die Küche, wobei ich den Eindruck hatte, als schritte ich zu meiner eigenen Erschießung.

Ich stieg die Treppenstufen hinunter, unwillkürlich wurde mein Schritt langsamer, schwerfälliger.

John Dawson war ein schöner Mann. Selbst jetzt, mit einem Bart von mehreren Tagen, mit seinem struppigen Haar, mit seinem zerdrückten Hemd, hatte er etwas Elegantes.

Er mochte ein Vierziger sein, wahrscheinlich ein Berufsoffizier: ein energisches Kinn, der Blick durchdringend, scharf, die hohe Stirn eines geistigen Menschen, der Mund schmal, die Hände feingliedrig.

Als ich die Zellentür aufstieß, lag er auf dem Feldbett und musterte die Decke.

Das Bett war das einzige Möbelstück der weißen, engen Zelle. Dank einer findigen Lüftung war es in der fensterlosen Zelle kühler als oben in dem Wind und Luft geöffneten Raum.

Als John Dawson meine Gegenwart bemerkte, bekundete er weder Überraschung noch Erschrecken. Er stand nicht einmal auf, sondern begnügte sich damit, sich aufzusetzen. Dann musterte er mich lange, wortlos, als wolle er die Stärke und Dichte meines Schwei=

gens messen. Sein Blick umfing mein ganzes Sein und ich fragte mich, ob er sah, daß ich nur aus Augen bestand.

„Wieviel Uhr ist es?“ fragte er brüsk. Mit schwacher, unsicherer Stimme antwortete ich, es sei vier Uhr vorbei. Er runzelte die Stirn, als wolle er den tiefen Sinn, den versteckten Sinn meiner Worte ergründen.

„Um wieviel Uhr wird es Tag?“ wollte er wissen.

„In einer Stunde“, sagte ich. Ohne zu wissen, warum, fügte ich hinzu: „Etwa.“

Wir betrachteten uns gegenseitig eine Weile und plötzlich wurde mir bewußt, daß die Zeit nicht mehr nach ihrem regelmäßigen, normalen Rhythmus ablief. Ich dachte: in einer Stunde werde ich ihn töten. Und doch glaubte ich nicht daran. Die Stunde, die mich von dem Mord trennt, wird länger als mein Leben dauern, sagte ich mir. Sie wird auf immer der entwichenen Zukunft angehören und sich nie der Vergangenheit angliedern.

Ich studierte uns beide. Die Situation hatte etwas Antikes. Wir waren allein, nicht nur allein in der Zelle, sondern auch in der Welt. Er saß, ich stand. Das Opfer und der Richter. Wir waren die ersten Menschen der Schöpfung. Oder die letzten. Jedenfalls die einzigen. Und Gott? Sicherlich war er da, irgendwo. Vielleicht war er die Sympathie, die John Dawson mir einflößte! Vielleicht ist Gott dort, wo der Henker keinen Haß gegen sein Opfer und das Opfer keinen Haß gegen seinen Henker empfand.

Wir waren allein in der weißen, engen Zelle, er auf dem Bett sitzend, ich vor ihm stehend. Wir musterten einander. Ich hätte mich mit seinen Augen sehen mögen. Vielleicht hätte er sich mit den meinen sehen mögen.

Ich empfand weder Haß noch Zorn, auch kein Mitleid. Ich fand ihn nur sympathisch. Ich liebte die Art und Weise, wie er die Stirn runzelte und dabei an etwas Bestimmtes dachte; ich liebte auch die Art, wie er seine Fingernägel betrachtete und dabei einen unvollständigen Gedanken aussprach. Unter anderen Umständen hätte er mein Freund sein können, dachte ich.

„Sind Sie es, der ...?" fragte er plötzlich.

Wie hatte er es erraten? Vielleicht hatte er es gefühlt. Der Tod hat einen Geruch, den ich beim Eintreten mitgebracht hatte. Vielleicht hatte er auch mit einemmal gesehen, daß ich weder Hände noch Beine, auch keine Schultern hatte, sondern nur aus Augen bestand.

„Ja, ich", sagte ich.

Ich war gelassen. Stets entnervt der vorletzte Schritt und quält, aber der letzte macht hellsichtig, überlegt, selbstsicher.

„Wie heißen Sie?" fragte er.

Diese Frage beunruhigte mich ein wenig. Stellen alle zum Tode Verurteilten diese Frage? Warum wollen sie den Namen ihres Henkers wissen? Um ihn mit ins Jenseits zu nehmen? Um damit was zu machen? Vielleicht hätte ich ihn ihm nicht sagen sollen, aber einem Menschen, der sterben wird, verweigert man keinen Wunsch.

„Elischa", antwortete ich.

„Ein sehr musikalischer Name", bemerkte er.

„Der Name eines Propheten", erklärte ich. „Elischa war der Schüler des Elias. Er ist es, der einem kleinen toten Jungen des Leben wiedergeschenkt hat, indem er sich auf ihn legte und ihm seinen Atem und sein Leben einhauchte."

„Sie tun das Gegenteil", meinte er lächelnd. Er war nicht zornig gegen mich, nichts an ihm bekundete Zorn. Vermutlich war auch er gelassen, hellsichtig und selbstsicher.

„Wie alt sind Sie?" fragte er interessiert.

Ich sagte es ihm: Achtzehn. Ich weiß nicht, warum ich hinzufügte: Vorbei.

Nun wandte er mir den Kopf zu, und ich sah, daß unendliches Mitleid sich auf seinem Gesicht widerspiegelte, dessen Linien mit einemmal hagerer, schärfer wurden. Eine ganze Weile blieb sein Blick auf mir ruhen, dann nickte er traurig und sagte:

„Ich bedauere Sie."

Ich fühlte sein Mitleid in mich übergehen. Ich wußte, daß es mich ganz durchdringen, und daß ich morgen Mitleid mit mir haben würde.

„Erzählen Sie mir eine Geschichte", sagte ich. „Wenn möglich eine drollige Geschichte."

Ich fühlte, wie mein Körper schwer wurde. Morgen wird er noch schwerer sein, viel schwerer, dachte ich. Morgen wird er mein Leben und seinen Tod tragen.

„Ich bin der letzte Mensch, den Sie vor dem Sterben sehen", fuhr ich fort. „Bringen Sie ihn zum Lachen."

Von neuem umfing mich sein Blick und sein Mitleid. Ich fragte mich, ob alle Todeskandidaten den letzten Menschen, den sie sehen, so anblicken, ob alle Opfer Mitleid mit ihrem Henker empfinden.

„Ich bedauere Sie", wiederholte John Dawson.

Ich bemühte mich zu lächeln. Ich lächelte:

„Das ist keine drollige Geschichte, die Sie mir da erzählen", warf ich hin.

Er antwortete mir gleichfalls mit einem Lächeln. Ich hätte wissen mögen, welches unserer beiden Lächeln trauriger war.

„Sind Sie dessen so sicher?"

Ich war dessen nicht so sicher, ich war dessen überhaupt nicht sicher. Schließlich mag die Geschichte drollig gewesen sein. Das Opfer sitzend, der Richter stehend, sie lächeln einander an, sie verstehen sich sogar. So verstehen sie sich besser, als wenn sie Kindergespielen gewesen wären. Das ist das Wunder, das die Zeit vollbringt. Alle Tünche konventioneller Haltung schwindet. Jedes Wort, jede Geste, jeder Blick wird Wahrheit und nicht nur eine ihrer Spiegelungen. Harmonie stellt sich ein. Mein Schweigen versteht das seine. Mein Lächeln nimmt das seine auf, sein Mitleid wird zum meinen. Nie mehr würde mich ein menschliches Wesen verstehen wie er in dieser Stunde. Ich wußte es. Ich wußte auch, daß dies einzig und allein dank der uns auferlegten Rollen geschah. Das machte die Geschichte zu einer drolligen Geschichte.

„Setzen Sie sich", sagte John Dawson und machte mir auf dem linken Bettrand Platz.

Ich setzte mich. Erst jetzt wurde mir bewußt, daß er größer war als ich: Er überragte mich um Haupteslänge. Auch seine Beine waren länger als die meinen. Meine Füße reichten nicht bis auf den Boden.

„Ich habe einen Sohn Ihres Alters", begann er. „Er ist so alt wie Sie, gleicht Ihnen aber kaum. Er ist blond. Er ist gesund. Er ist stark. Er ißt gerne, trinkt gerne, geht gerne ins Kino, geht gerne mit Mädchen aus, lacht und tanzt gerne. Er ist nicht so unruhig, so verängstigt wie Sie ... auch nicht so unglücklich."

Und er sprach von seinem Sohn, „der augenblicklich in Cambridge studiert". Jeder Satz war eine Feuerzunge, die mir den Körper versengte. Mit meiner rechten Hand tastete ich nach dem Revolver in meiner Tasche. Auch er wurde weißglühend und verbrannte mir die Hand.

Ich darf seine Geschichte nicht hören, sagte ich mir. Er ist mein Feind, der Feind hat keine Geschichte. Ich muß an etwas anderes denken. Schließlich wollte ich ihn deshalb sehen: um an etwas anderes zu denken, während er mir eine Geschichte erzählen würde. An etwas anderes ... aber an was? An Ilana, an Gad? Ja, ich will an Gad denken, der an David denkt. Wir wollen an David denken, an David ben Mosche, den Helden der Bewegung, der ... der ... der ...

Ich schloß die Augen, um ihn, dem ich nie begegnet war, besser sehen zu können, vermochte ihn mir aber nicht richtig vorzustellen. Ein Name genügt nicht, dachte ich. Dazu braucht man ein Gesicht, einen Körper, eine Stimme, und muß dies alles auf den Namen David ben Mosche kleben. David ben Mosche. Ein Gesicht, ein Körper, den ich kenne, eine Stimme, die mir vertraut ist – Gad? Nein. Nicht Gad. Es ist schwierig, ihn sich als Todeskandidaten vorzustellen. Zum Tode verurteilt. Warum habe ich nicht früher daran gedacht? John Dawson ist ein zum Tode Verurteilter. Taufen wir ihn David. David ben Mosche. Von jetzt ab – für die nächsten fünf Minuten – sind Sie David ben Mosche... und Sie sind im Gefängnis von Akko. In der weißen, von kaltem harten Licht durchfluteten Zelle derjenigen, die im Morgengrauen sterben müssen. In diesem Augenblick klopft man an die Tür und läßt den Rabbi eintreten. Er kommt, um dich zu trösten, um einige Psalmen mit dir aufzusagen, dich Widui, das Bußgebet, sprechen zu lassen, jenes schreckliche Bekenntnis, mit dem du dich nicht nur begangener Verbrechen und Vergehen, sondern auch derer zeihst, die du hättest begehen können, auch derer, die andere begangen haben. Der Rabbi erteilt dir den überlieferten Segen: „Gott segne und behüte dich..." und ermahnt dich, keine Angst zu haben. Du antwortest ihm, daß du keine Angst hast, daß, hättest du es nochmal zu tun, du es wieder tun würdest. Der Rabbi lächelt dich an und sagt dir, daß die draußen stolz auf dich sind. Der Rabbi kämpft gegen die Tränen an. Er ist tief ergriffen. Er will weinen. Er weint. Du, David ben Mosche, weinst nicht. Zärtlich blickst du den Rabbi an, weil er der letzte Mensch (denn der Henker und die anderen zählen nicht), ja der letzte Mensch ist, den du siehst, bevor du stirbst. Du empfindest große Zärtlichkeit für diesen Rabbiner, der dich zum erstenmal sieht. Er weint und du willst, daß er aufhört zu weinen. Und nun willst du ihn trösten. Du sagst zu ihm: „Weinen Sie nicht. Beweinen Sie mich nicht. Ich habe keine Angst. Ich bin nicht bedauernswert..."

„Ich bedauere Sie", sagte John Dawson zu mir. „Nicht meinen Sohn. Sie bedauere ich."

Er sprang auf. Er war so groß, daß sein Kopf die

Decke berührte, so daß er sich etwas bücken mußte. Er steckte die Hände in die Taschen seiner zerknitterten Khakihose und begann in der Zelle auf- und abzugehen ... fünf Schritte hin, fünf Schritte her.

„Tatsächlich", erwiderte ich, „was Sie da sagen, ist drollig."

Er hatte meine Bemerkung nicht gehört. Die Hände noch immer in den Taschen, wanderte er unablässig in der Zelle auf und ab, schritt von einer Wand zur anderen, fünf Schritte vor, fünf Schritte zurück. Ich sah auf die Uhr: vier Uhr zwanzig Minuten.

Plötzlich blieb er vor mir stehen und bat mich um eine Zigarette. Ich hatte ein Päckchen „Players" in der Tasche, die ich ihm schenken wollte. Er lehnte dankend ab. Er könnte sie ohnehin nicht alle rauchen, erklärte er. Seine Stimme klang ruhig und beherrscht.

„Hätten Sie Papier und Bleistift bei sich?" fragte er plötzlich mit hastiger, ungeduldiger Stimme.

Ich zog mein Notizbuch hervor, riß einige Seiten heraus und reichte sie ihm mit meinem Bleistift.

„Ein paar Worte, die ich Sie bitten möchte, meinem Sohn zukommen zu lassen", erklärte er. „Ich schreibe die Adresse darauf."

Ich reichte ihm mein Büchlein als Unterlage. Er blieb stehen und benützte die Pritsche als Tisch. Einige Minuten lang währte in der Zelle eine fast vollkommene Stille, eine nur vom Geräusch des Bleistifts auf dem Papier unterbrochene Stille.

Ich betrachtete seine Hände, mit der einen hielt er das Notizbuch, mit der anderen schrieb er. Es waren die Hände eines Aristokraten: lang, feingliedrig, zart.

Sie hatten eine durchsichtige, glatte Haut. Sie fesselten, betörten mich. Mit solchen Händen, dachte ich, ist es leicht, Erfolg im Leben zu haben. Man braucht nicht zu sprechen, nicht zu streiten, zu lächeln, sich die Beine abzulaufen, Komplimente zu machen und Blumen zu überreichen; diese Hände bewerkstelligen all das. Rodin, dachte ich noch, hätte diese Hände gerne modelliert.

Der Name Rodin brachte mich auf Stefan, den ich im Lager kennengelernt hatte. Vor dem Krieg war er Bildhauer gewesen. Als ich ihn im Lager kennenlernte, hatte er nur noch eine Hand, die linke.

Stefan war Deutscher und diejenigen, die ihm die rechte Hand abgehackt hatten, waren auch Deutsche: Nazis.

In Berlin, in den ersten Jahren, die auf die Machtergreifung Hitlers folgten, versuchten Stefan und einige Freunde einen Widerstandskern zu gründen, eine kleine Schar von Antinazis, die nicht an die heilige Sendung glaubte, die das Volk dem Führer zusprach. Diese Gruppe hatte nur ein kurzes Dasein, denn die Gestapo hob sie wenige Monate nach ihrer Gründung aus.

Der junge Bildhauer wure festgenommen, verhört und gefoltert. Namen wollte man von ihm wissen. Nenne uns Namen, und du bist frei. Stefan schwieg. Man schlug ihn: er hielt dicht. Man hungerte ihn aus: er tat den Mund nicht auf. Tagelang, nächtelang hinderte man ihn daran, ein Auge zuzutun: er schwieg noch immer. Schließlich wurde er vor den Berliner Gestapochef, einen zarten, schmächtigen, schüchternen Mann geführt. Mit wohlwollender väterlicher Stimme riet er Stefan, mit den „Dummheiten" aufzuhören und seinen Dickkopf abzulegen. Der Bildhauer hörte höflich zu, sagte jedoch nichts. „Nun?" fragte der sanfte Mann. „Fangen Sie an. Nennen Sie einen Namen, einen einzigen. Ich will darin einen Beweis Ihres guten Willens sehen." Stefan blieb stumm. „Schade", sagte der sanfte Mann, „Sie zwingen mich, Ihnen weh zu tun."

Auf ein Zeichen ihres Chefs führten zwei SS-Männer ihren Gefangenen in einen anschließenden Raum, der einem Operationssaal glich. Am Fenster stand ein zahnärztlicher Stuhl. Neben dem Stuhl ein weißgedeckter Tisch mit Dutzenden von Operationsmessern, Scheren und Zangen.

Die beiden SS-Männer schlossen das Fenster, banden Stefan an den Stuhl und zündeten Zigaretten an. Kurz darauf betrat der schmächtige Offizier das Zimmer, jetzt trug er einen weißen Mantel.

„Fürchten Sie nichts", sagte er zu Stefan, „bevor ich die SS-Uniform anzog, war ich Arzt."

Der Arzt mit dem sanften Gesichtsausdruck und der schüchternen Redeweise machte sich am Operationstisch zu schaffen. Er wählte einige Instrumente aus und setzte sich vor den jungen Mann.

„Geben Sie mir die rechte Hand", sagte er, und Stefan gehorchte.

Die Hand in der Nähe studierend, sprach der Arzt weiter.

„Man sagt mir, Sie seien Bildhauer. Sie antworten nicht? Gut. Ich weiß, daß Sie es sind. Man sieht es Ihren Händen an. Die Hände eines Menschen sind beredt, wissen Sie. Sehr ausdrucksvoll. Sehen Sie die meinen an, man würde nicht sagen, daß sie einem

Arzt gehören. Ich wollte nämlich nicht Arzt werden. Ich wollte Künstler werden: Musiker oder Maler. Ich bin weder das eine noch das andere geworden, habe jedoch die Hände des Künstlers behalten. Schauen Sie sie gut an ..."

„Ich sah sie an, und sie faszinierten mich", erzählte Stefan mir später. „Er hatte die feinsten, reinsten, engelhaftesten Hände, die ich je in meinem Leben gesehen habe. Man hätte meinen können, sie seien von einer seltsamen, ungewöhnlich zarten, verbannten Seele bewohnt."

„Da Sie Bildhauer sind", fuhr der Arzt mit den reinen Händen fort, „brauchen Sie Ihre Hände. Leider haben wir keine Verwendung für sie."

Während er das sagte, schnitt er ihm den ersten Finger ab.

Am nächsten Tag kam der zweite an die Reihe.

Am darauffolgenden Tag fiel der dritte.

Fünf Tage: fünf Finger, die fünf Finger der rechten Hand.

„Seien Sie beruhigt", sagte der Offizier mit der väterlichen Stimme. „Ärztlich gesehen ist die Amputation einwandfrei. Es sind keinerlei Komplikationen zu befürchten."

„Ich bin ihm fünfmal begegnet", vertraute mir Stefan an. (Durch ein Wunder, dessen Zusammenhang ihm unbekannt war, wurde Stefan nicht ins Konzentrationslager verschickt.) „Fünfmal habe ich ihn aus der Nähe gesehen. Und jedesmal habe ich meinen Blick nicht von seinen Händen losreißen können, die die schönsten Männerhände waren, die ich jemals zu Gesicht bekommen habe ..."

John Dawson beendete seinen Brief und reichte ihn mir, aber ich sah das Blatt Papier nicht. Meine Aufmerksamkeit war auf seine zerbrechlichen, stolzen Hände, auf seine durchsichtige und glatte Haut gerichtet.

„Sie haben schöne Hände", bemerkte ich. Wortlos und verblüfft musterte er mich einen Augenblick.

„Sind Sie etwa Künstler?" fragte ich ihn.

Er schüttelte den Kopf.

„Ich bin kein Künstler", sagte er.

„Sie haben nie ein Musikinstrument gespielt? Sie haben nie gemalt? Sie haben nie die Lust gehabt, dergleichen zu tun?"

Er fuhr fort, mich schweigend anzublicken, dann warf er kurz hin:

„Nein."

„Dann haben Sie sicher Medizin studiert", fuhr ich fort.

Er warf mir einen verwunderten Blick zu, als zweifle er plötzlich an meinem Verstand.

„Ich habe nicht Medizin studiert", sagte er leicht verstimmt.

„Schade!"

„Schade? Warum soll es schade sein?"

„Sehen Sie Ihre Hände an. Es sind die Hände eines Arztes. Um Finger abzuschneiden, muß man solche Hände haben."

Langsam, gemessen legte er die wenigen Zettel, die er bisher in der Hand gehalten hatte, aufs Bett.

„Soll das eine drollige Geschichte sein?" fragte er.

„Gewiß! Sehr drollig! Der Junge, der sie mir er=

zählt hat – ein gewisser Stefan – fand sie schrecklich drollig. Er lachte Tränen darüber."

Er schüttelte mehrmals den Kopf, von rechts nach links, und sagte mit unendlich trauriger Stimme:

„Sie hassen mich, nicht wahr?"

Ich haßte ihn nicht. Ich hätte ihn hassen wollen, es hätte alles vereinfacht. Der Haß – wie der Krieg und die Liebe und der Glaube – rechtfertigt alles, erklärt alles.

„Elischa, warum haben Sie John Dawson getötet?"

„Er war mein Feind."

„Er, Ihr Feind? Er, John Dawson? Erklären Sie, was Sie meinen."

„Schön, ich erkläre es. John Dawson war Engländer. Und die Engländer waren damals die Feinde der Juden in Palästina. Ich bin Jude. Daher war er mein Feind."

„Aber Elischa, ich verstehe Sie nicht: warum haben Sie ihn getötet? Waren Sie sein einziger Feind?"

„Nein, aber die Befehle... Sie wissen doch, was Befehle sind?"

„Und diese Befehle haben aus ihm Ihren einzigen Feind gemacht? Los, Elischa, antworten Sie. Warum haben Sie John Dawson getötet?"

Hätte ich den Haß für mich in Anspruch nehmen können, alle diese Fragen wären mir erspart geblieben. Warum habe ich John Dawson getötet? Das ist doch ganz einfach:

Ich haßte ihn. Es ist dieser eine Punkt, mehr nicht. Der auf das Unbedingte bezogene Haß erläutert jede menschliche Tat, selbst wenn er sie mit Unmenschlichkeit umkleidet.

Ich hätte ihn glühend hassen wollen. Im Grunde hatte ich mich deswegen entschlossen, hinabzusteigen, um mit ihm zu sprechen, bevor ich ihn tötete. Das war ein widersinniger Vorsatz, ich weiß, trotzdem hatte ich gehofft, in ihm – oder in mir ihm gegenüber – Gründe zu finden, die meinen Haß entflammt hätten.

Der Mensch haßt seinen Feind, weil er seinen eigenen Haß haßt. Er sagt sich: er, der Feind, macht ein des Hasses fähiges Wesen aus mir. Ich hasse ihn, nicht weil er mein Feind ist, nicht weil er mich haßt, sondern weil er meinen Haß erzeugt.

Ich sagte mir: John Dawson macht einen Mörder aus mir. Er macht den Mörder John Dawsons aus mir. Daher verdient er meinen Haß. Ohne ihn wäre ich vielleicht auch ein Mörder, aber nicht der Mörder John Dawsons.

Ich bin also in den Keller hinuntergestiegen, um ihn besser hassen zu können. Ich dachte: das wird nicht schwierig sein. Es gibt eine bewährte Technik, deren sich alle Heere der Welt, alle Regierungen der Geschichte bedient haben, um den Haß zu entfachen. Diese Technik lautet folgendermaßen: Mittels Propaganda, Reden und Filmen entwirft man ein Bild vom Feind, in dem man eine Verkörperung des Bösen, Sinnbild und Anlaß alles menschlichen Leidens, Ursache und Ursprung aller Ungerechtigkeit, aller Grausamkeit seit dem ersten Schöpfungstag der Welt sieht. Diese Technik ist unfehlbar, sagte ich mir. Ich werde mich ihrer gegen mein Opfer bedienen.

Ich versuchte sie anzuwenden und sagte mir: alle Feinde sind gleich. Sie sind einander wert. Der eine ist für die vom anderen begangenen Verbrechen verantwortlich. Sie haben verschiedene Köpfe, besitzen jedoch gemeinsam die Hände, jene Hände, die die Zungen, die Finger meiner Freunde abschneiden.

Als ich die Kellerstufen hinunterstieg, war ich sicher, dem Mann gegenüberzustehen, der David ben Mosche zum Tode verurteilt, dem Mann, der meine Eltern getötet, dem Mann, der sich zwischen mich und den geschoben hatte, der ich werden wollte, dem Mann, der sich anschickte, den Menschen in mir zu töten.

Ich war sicher, ihn hassen zu können.

Dann sah ich seine Uniform und sagte mir: Fabelhaft! Nichts schürt den Haß so stark wie eine Uniform.

Ich sah seine schönen, feinen und zarten Hände und sagte mir: Welches Glück! Stefan wird meinen Haß gegen sie formen.

Als er den Kopf neigte, um seinen letzten Brief an seinen Sohn zu schreiben – „der in Cambridge studiert, die Liebe liebt und das Leben" –, fiel mein Blick auf seinen Nacken, und ich sagte mir: Auch David ist gerade dabei, seinen – vermutlich an den Alten gerichteten – letzten Brief zu schreiben, bevor er dem Henker seinen Nacken hinhält.

Als er mit mir sprach, gingen meine Gedanken noch zu David ben Mosche. Zu David, der niemanden hatte, mit dem er sprechen konnte. Mit dem Rabbiner? Man spricht nicht mit einem Rabbiner. Er hat es zu eilig, deine Worte Gott zu übermitteln. Man beichtet ihm, man spricht Psalmen, Todesgebete mit ihm, man tröstet ihn oder läßt sich von ihm trösten, man spricht aber nicht mit ihm, nicht wirklich mit ihm.

Ich dachte an David, den ich nicht kannte, den ich nicht mehr kennenlernen würde. Da er nicht der erste jüdische Widerstandskämpfer war, der gehängt wurde, wußten wir in allen Einzelheiten genau, wie und wann er sterben würde. Gegen fünf Uhr morgens würde seine Zellentür aufgehen und der Gefängnisdirektor würde zu ihm sagen: Mach dich fertig, David ben Mosche. Die Stunde ist gekommen. Man sagt immer: die Stunde ist gekommen. Als sei diese Stunde die einzige, die zählt. David blickt sich rasch in der Zelle um. Komm, mein Sohn, sagt der Rabbiner. Sie treten hinaus. Die Zellentür bleibt offen; man vergißt — immer — sie hinter sich zu schließen. Die kleine Gruppe betritt den langen grauen Gang, der zum Hinrichtungszimmer führt. Als wichtige Persönlichkeit marschiert David in der Mitte und ist sich der Tatsache bewußt, daß die anderen nur seinetwegen da sind. Er marschiert erhobenen Hauptes — alle unsere Kameraden gingen erhobenen Hauptes in den Tod — ein seltsames Lächeln im Blick. Von beiden Seiten des Ganges belauern hundert Augen, hundert Ohren seinen letzten Weg. Der erste Gefangene, der den Laut seiner Schritte hört, stimmt die Hatikwa, das Lied der Hoffnung, an. Je weiter die Gruppe vorwärts schreitet, desto stärker, desto menschlicher und mächtiger wird der Gesang, so daß ein Kampf zwischen Singen und Schreiten entsteht, in dem jenes dieses übertönt.

Als John Dawson mir von seinem Sohn sprach, hörte ich die Schritte Davids, die Schritte, die er machen, den Gesang, der ertönen würde.

Ich vernahm somit die Schritte des zum Tode Ver=

urteilten, die die Worte John Dawsons zu übertönen suchten und ich sagte mir: er spricht, damit ich nicht David in seiner Gruppe den Gang durchschreiten sehe, damit ich nicht das Lächeln sehe, damit ich nicht das verzweifelt hoffnungslose Singen der Hatikwa, des Liedes der Hoffnung, höre.

Ich hätte ihn hassen wollen. Der Haß hätte die Dinge vereinfacht. Warum haben Sie nur John Dawson getötet?

Ich habe ihn getötet, weil ich ihn haßte. Ich haßte ihn, weil David ben Mosche ihn haßte, und David ben Mosche haßte ihn, denn er sprach, als er, David, den grauen, düsteren Gang durchschritt, an dessen Ende der Tod ihn erwartete.

„Sie hassen mich, Elischa, nicht wahr?" fragte John Dawson.

Seine Augen waren voller Zärtlichkeit, die sein Gesicht durchflutete. „Ich hasse Sie nicht", antwortete ich. „Ich versuche, Sie zu hassen."

„Warum versuchen Sie, mich zu hassen, Elischa?" entgegnete er.

Seine Stimme war sanft, etwas traurig, frei von aller Neugierde.

Warum? dachte ich. Was für eine Frage, John Dawson?! Ohne Haß hätte all das, was meine Kameraden und ich taten, keinen Sinn. Ohne Haß hätte unser Kampf kaum Aussicht, den Sieg zu erringen. Warum versuche ich, Sie zu hassen, John Dawson? Weil mein Volk nie zu hassen verstanden hat. Seine jahrhundertelange Tragödie erklärt sich dadurch, daß es nicht diejenigen haßte, die es auszulöschen suchten, nicht diejenigen haßte, denen es oft gelang, es zu demütigen. Unsere einzige augenblickliche Möglichkeit, John Dawson, ist die: Sie hassen zu lernen, die Kunst und die Notwendigkeit des Hassens zu erlernen. Sonst, John Dawson, wird unsere Zukunft nur die Verlängerung der Vergangenheit sein und der Messias wird ewig auf seine Erlösung warten.

„Warum versuchen Sie, mich zu hassen?" fragte er von neuem.

„Um meiner bevorstehenden Tat einen Sinn zu verleihen, der sie überragt", erwiderte ich.

Wieder schüttelte er den Kopf von rechts nach links.

„Ich bedauere Sie", sagte er wieder.

Ich schaute auf die Uhr: zehn Minuten vor fünf Uhr. Noch zehn Minuten. In zehn Minuten werde ich die wichtigste, die vollkommenste Tat meines Daseins vollbringen.

Ich sprang von der Pritsche.

„Machen Sie sich fertig, John Dawson", sagte ich zu ihm.

„Ist es schon Zeit?" fragte er.

„Fast", antwortete ich.

Er stand auf, lehnte den Kopf an die Wand, um sich zu sammeln oder ein Gebet zu sprechen.

Noch acht Minuten. Acht Minuten vor fünf.

Ich zog den Revolver aus der Tasche. Ich dachte: was tue ich, wenn es ihm gelingt, ihn mir zu entreißen? Er hätte keine Möglichkeit zu fliehen. Das Haus ist bewacht. Der Keller hat keinen anderen Ausgang als den durch die Küche. Gad, Gidon, Joaw und Ilana sind oben. John Dawson weiß es.

Noch sechs Minuten.

Mit einemmal war ich hellwach. Eine überraschende Helligkeit durchflutete die Zelle. Plötzlich zeichneten sich die Rollen und die Grenzen scharf ab. Die Zeit der Gedanken, der Zweifel, der Fragen, des Tastens war vorbei. Ich wurde die Hand, die den Revolver hielt. Ich wurde der Revolver, den meine Hand hielt.

Fünf Minuten bis fünf. Noch fünf Minuten.

„Fürchte nichts, mein Sohn", sagte der Rabbi zu David. „Gott ist bei dir."

„Fürchten Sie nichts. Ich bin Arzt", sagte der Offizier mit dem sanften Gesicht zu Stefan.

„Der Brief", sagte John Dawson und drehte sich um. „Senden Sie ihn bitte meinem Sohn zu."

Er lehnte jetzt an der Wand, er war jetzt eine Wand. Drei Minuten bis fünf. Noch drei Minuten.

„Gott ist bei dir", sagte der Rabbi zu David. Er weint, der Rabbiner, aber David sieht ihn nicht, sieht ihn nicht mehr.

„Sie schicken ihn ab, nicht wahr?" wiederholte John Dawson inständig.

„Ich werde ihn abschicken", versprach ich und fügte, warum weiß ich nicht, hinzu: „Ich werde ihn noch heute abschicken."

„Danke", sagte John Dawson.

David betritt den Raum, den er lebend nicht mehr verlassen wird. Der Henker erwartet ihn. Er besteht nur aus Augen. David besteigt das Podium. Der Henker fragt leise, ob man ihm die Augen verbinden solle. David antwortet mit klarer Stimme: Nein. Ein jüdischer Freiheitskämpfer stirbt mit offenen Augen. Er will dem Tod ins Auge schauen.

Zwei Minuten vor fünf Uhr.

Ich zog ein Taschentuch aus der Tasche. John Dawson befahl mir, es an seinen Platz zurückzustecken. Er hat keine Angst vor dem Tod, sagt er. Ein britischer Offizier weiß mit offenen Augen zu sterben, weiß dem Tod ins Auge zu schauen.

Noch eine Minute: sechzig Sekunden bis fünf Uhr.

Lautlos ging die Zellentür auf, und die Toten erfüllten uns mit ihrem Schweigen. Nun war es in der engen Zelle fast unerträglich heiß.

Der Bettler berührte mich an der Schulter und sagte: „Der Tag bricht an."

Der kleine Junge, der demjenigen glich, der ich gewesen war, sagte mit beklommenem Gesichtsausdruck: „Es ist das erstemal..." Dann fiel ihm ein, daß er seinen Satz nicht beendet hatte, und fügte hinzu: „Es ist das erstemal, daß ich einer Erschießung beiwohne."

Vater war da. Mutter war da. Auch der alte Lehrmeister mit seinem vergilbten Bart war da. Und Jeraschmiel. Alle blickten mich an. Ihr Schweigen betrachtete mich.

David reckte sich. Er begann die Hatikwa zu singen.

John Dawson begann zu lächeln. An die Wand gelehnt, den Körper gestrafft, als grüße er einen General, lächelte John Dawson.

„Warum lächeln Sie?" fragte ich.

„Man darf einen Menschen, der dich anblickt, nie fragen, warum er lächelt", sagte der Bettler.

„Ich lächle", antwortete John Dawson, „ich lächle, weil ich mir plötzlich bewußt werde, daß ich nicht einmal weiß, warum ich sterbe." Er verstummte eine

Weile und fügte dann hinzu: „Wissen Sie es vielleicht?"

„Siehst du", bemerkte der Bettler. „Ich hatte es dir doch gesagt. Man darf einem Menschen in seiner Todesstunde nie eine derartige Frage stellen."

Zwanzig Sekunden. Diese Minute hatte mehr als sechzig Sekunden.

„Lächeln Sie nicht", sagte ich zu John Dawson. Ich hätte sagen wollen: Lächeln Sie nicht, weil ich nicht auf einen Menschen schießen kann, der lächelt.

Zehn Sekunden.

„Ich hätte Lust, Ihnen eine Geschichte zu erzählen", sagte er. „Eine drollige Geschichte."

Ich hob den rechten Arm.

Fünf Sekunden.

„Elischa . . ."

Zwei Sekunden. Er lächelte noch immer.

„Schade", sagte der kleine Junge. „Ich hätte seine Geschichte hören mögen. Ich höre Geschichten so gerne."

Noch eine Sekunde.

„Elischa . . .", sagte die Geisel.

Ich drückte ab. Als er meinen Namen aussprach, war er schon tot. Die Kugel hatte ihn ins Herz getroffen. Ein Toter mit noch warmen Lippen hatte meinen Namen gesprochen: Elischa . . .

Sanft, sehr sanft sank er um. Man hätte meinen können, er sei an der Wand herabgesunken. Dann blieb er am Fuß der Mauer in Hockstellung sitzen, den Kopf auf den Knien, als erwarte er so die bevorstehende Erschießung.

Ich blieb einige Augenblicke bei ihm. Mein Kopf begann zu schmerzen. Schwere überfiel mich. Der Schuß hatte mich taubstumm gemacht. Nun ist es getan, dachte ich. Ich habe getötet. Ich habe Elischa getötet.

Die Toten begannen die Zelle zu verlassen und nahmen John Dawson mit, neben ihm der kleine Junge, der ihn zu führen schien. Ich glaubte meine Mutter flüstern zu hören: „Armer Kleiner, armer Kleiner!"

Langsam, schwerfällig erstieg ich die Stufen zur Küche.

Ich betrat den Raum. Es war nicht mehr derselbe. Die Toten hatten ihn geräumt. Joaw gähnte nicht mehr. Gidon betrachtete seine Fingernägel und betete für den Frieden der Seelen. Ilana wandte mir ihr schmerzvolles Antlitz zu. Gad zündete sich eine Zigarette an.

Alle schwiegen, aber ihr Schweigen unterschied sich von dem, das die ganze Nacht auf dem meinen gelastet hatte.

Am Horizont graute der Morgen.

Ich trat ans Fenster. Noch schlief die Stadt. Irgendwo erwachte ein Kind und begann zu weinen. Ich hätte gewünscht, ein Hund begänne zu bellen, es war jedoch kein Hund in der Nähe.

Die Nacht löste sich auf und hinterließ ein graues, schmutziges Licht von der Farbe fauligen Wassers. Bald blieb von der Nacht nur noch ein Stück, ein ganz kleines Stück übrig. Es schwebte auf der anderen Seite des Fensters.

Ich betrachtete dieses Stück Nacht, und die Angst packte mich an der Kehle. Das aus Schattenfetzen bestehende schwarze Stück hatte ein Gesicht. Ich sah es an und begriff meine Angst. Es war mein Gesicht.

Tag

„Wieder einmal kam mir die Richtigkeit
der alten Sage zum Bewußtsein:
Das Herz des Menschen ist ein
blutgefüllter Graben.
Am Rande dieses Grabens werfen sich
die geliebten Toten nieder, um sich
an dem Blut zu laben. Je teurer sie
euch sind, desto mehr Blut trinken sie."
Niko Kazantzakis, *Alexis Sorbas*

Der Unfall überraschte uns an einem Juliabend mitten im Herzen von New York, als Kathleen und ich die Straße überquerten, um den Film „Die Brüder Karamasoff" anzusehen.

Die Hitze war bleiern, drückend und drang in die Knochen, die Adern, die Lungen. Das Sprechen bereitete Schwierigkeiten und der Atem ging mühsam. Die Atmosphäre lastete auf allem wie ein riesiges feuchtes Laken. Die Hitze klebte an der Haut wie ein Fluch.

Die Fußgänger schleppten sich schwerfällig dahin, mit ausgehöhltem Blick, mit trockenem Mund von Greisen, die der eigenen Auflösung beiwohnen und, um nicht den Verstand zu verlieren, nur hoffen können, bald ihren Hüllen zu entweichen. Ihr Leib bereitete ihnen Ekel.

Ich war müde und hatte soeben meine Arbeit beendet: ein Telegramm von fünfhundert Worten. Fünfhundert Worte, um nichts zu sagen, um die Leere des abgelaufenen Tages zu tarnen. Es war einer jener stillen, eintönigen Sonntage, die keine Spur in der Zeit hin=

terlassen. Washington: nichts. Vereinte Nationen: nichts. New York: nichts. Selbst Hollywood meldete: nichts. Die Stars hatten die Aktualität im Stich gelassen.

In fünfhundert Worten zu sagen, daß es nichts zu sagen gab, war nicht leicht. Nach zwei Stunden Arbeit war ich erschöpft.

„Was machen wir jetzt?" fragte Kathleen.

„Was du willst", antwortete ich.

Wir standen an der Ecke der fünfundvierzigsten Straße, vor dem Eingang des Hotels Sheraton Astor. Ich war wie betäubt, beschwert, dicker Nebel schwelte in meinem Gehirn. Die geringste Bewegung kam dem Versuch gleich, den Planeten in die Höhe stemmen zu wollen. Ich hatte Blei in Armen und Beinen.

Zu meiner Rechten sah ich das Getriebe auf dem Times Square. Man besuchte ihn, wie man ans Meer geht: nicht um die Langeweile zu vertreiben, nicht um die Angst vor einer mit schalen Träumen vollgestopften Junggesellenbude zu verscheuchen, sondern um mehr oder weniger allein zu sein.

Unter der lastenden Hitze kreiste die Menge im Zeitlupentempo. Das Bild schien unwirklich: Im Karneval der bunten Neonlichter kamen und gingen, lachten und sangen, begrüßten und beschimpften sich die Müßiggänger mit aufreizender Langsamkeit.

Drei Seeleute traten aus dem Hotel. Als sie Kathleen erblickten, blieben sie jäh stehen und gaben gemeinsam einen langen Pfiff der Bewunderung von sich.

„Laß uns gehen", sagte Kathleen, und zog mich am Arm.

Sie war sichtlich am Ende ihrer Kraft.

„Was hast du gegen sie?" fragte ich. „Sie finden dich eben schön."

„Ich mag das Gepfeife nicht."

„Das ist eben ihre Art, eine Frau zu bewundern", sagte ich in belehrendem Tonfall. „Sie betrachten sie mit dem Mund und nicht mit den Augen. Die Seeleute haben nur Augen für das Meer: wenn sie ihm den Rücken kehren, lassen sie sie als Pfand zurück."

Die drei Bewunderer waren schon eine gute Weile gegangen.

„Und du?" wollte Kathleen wissen. „Womit betrachtest du mich?"

Sie liebte es, jedes Ereignis auf uns zu beziehen. Wir waren stets der Mittelpunkt ihrer Welt. In ihren Augen lebten die anderen Sterblichen nur, um als Vergleich zu dienen.

„Ich? Ich sehe dich nicht an", erwiderte ich leicht verstimmt.

Ein Stillschweigen entstand, und ich biß mir auf die Zunge.

„Aber ich liebe dich", fuhr ich fort. „Und du weißt es."

„Du liebst mich und schaust mich nicht an?" fragte sie und machte ein finsteres Gesicht. „Schönen Dank für das Kompliment."

„Du verstehst mich nicht", gab ich einlenkend zurück. „Das eine schließt nicht zwangsläufig das andere aus. Man liebt Gott und sieht ihn auch nicht an."

Dieser Vergleich schien sie zu befriedigen. Ich muß mich im Lügen üben, beschloß ich.

„Wen sieht man an, wenn man Gott liebt?" fragte sie nach einem Augenblick des Zögerns.

„Sich selbst. Wenn der Mensch das Antlitz Gottes betrachten könnte, würde er aufhören, ihn zu lieben. Gott braucht Liebe und nicht Verständnis."

„Und du?"

Der allmächtige Gott war für Kathleen sichtlich weniger ein Selbstzweck als ein Übergangsthema.

„Ich auch", log ich. „Auch ich brauche deine Liebe."

Noch immer standen wir auf dem gleichen Fleck. Warum hatten wir uns nicht von der Stelle bewegt? Ich weiß es nicht. Vielleicht warteten wir auf den Unfall.

Ich muß lügen lernen, dachte ich wieder. Selbst für die geringe Zeit, die mir noch verbleibt. Gut zu lügen, ohne zu erröten. Bisher hatte ich erbärmlich schlecht gelogen. Ich war ungeschickt, mein Gesicht verriet mich und verfärbte sich unwillkürlich.

„Worauf warten wir hier?" warf Kathleen ungeduldig hin.

„Auf nichts", gab ich zurück.

Ich log, ohne es zu wissen: Wir warteten auf den Unfall.

„Hast du immer noch keinen Hunger?"

„Nein", antwortete ich.

„Du hast doch den ganzen Tag nichts gegessen", sagte sie vorwurfsvoll.

„Nein."

Kathleen gab einen Seufzer von sich.

„Wie lange glaubst du so weitermachen zu können? Du ruinierst dich langsam, aber sicher ..."

In der Nähe lag ein kleines Restaurant. Wir traten ein. Schön, sagte ich mir. Man muß auch essen lernen. Und lieben lernen. Man lernt alles.

Etwa zwölf Gäste saßen auf hohen roten Barstühlen und aßen schweigend. Nun stand Kathleen im Kreuz=feuer ihrer schamlosen Blicke. Ihr Gesicht, zumal um die Lippen, spiegelte wachsende Furcht wider, die auf ein Zeichen, eine Gelegenheit wartete, um sich in leben=diges Leiden zu verwandeln. Ich hätte ihr nochmals sagen mögen, daß ich sie liebe.

Wir bestellten zweimal Tartarfilet mit Brot und zwei=mal Pampelmusensaft.

„Iß", sagte Kathleen und blickte flehend zu mir auf.

Ich nahm ein Stück Hackfleisch und führte es zum Mund. Der Geruch von Blut drehte mir den Magen um. Plötzlich fühlte ich Brechreiz. Ich habe einmal einen Mann gesehen, der heißhungrig eine Scheibe Fleisch ohne Brot verschlang. Halb verhungert wie ich war, beobachtete ich ihn eine ganze Weile. Hypnotisiert folgte ich der Bewegung seiner Finger und seiner Kiefer. Ich hoffte, daß er mir, der ich ihm so begehrlich zu=sah, ein Stück zuwerfen würde. Er sah mich gar nicht. Am nächsten Tag hängten ihn seine Baracken=gefährten auf: Er hatte Menschenfleisch gegessen. Zu seiner Verteidigung schrie er: „Ich habe nichts Böses getan! Er lebte ja nicht mehr ..." Als ich seinen Leich=nam in der Abort=Baracke hin= und herpendeln sah, dachte ich: Und wenn er mich gesehen hätte?

„Iß", befahl Kathleen.

Ich trank einen Schluck Saft.

„Ich habe keinen Hunger", sagte ich mühsam.

Einige Stunden später sagten die Ärzte zu Kathleen: „Er hat Glück. Der Magen war leer, daher wird er weniger leiden. Das Erbrechen hört bald auf."

„Gehen wir", sagte ich zu Kathleen und wendete schon den Kopf. Ich fühlte es deutlich: nur eine Minute länger hier und ich falle in Ohnmacht.

Ich bezahlte die kaum berührten Brote und wir verließen das Lokal. Der Anblick des Times Square hatte sich nicht verändert. Falsche Lichter, künstliche Schatten. Dieselbe namenlose Menge schlängelte sich um- und durcheinander. In den Bars und Läden hackten dieselben Rock'n'Roll-Weisen wie mit tausend unsichtbaren Hämmern auf die Schläfen der Schaulustigen ein. Die Neontransparente schrien unablässig, dieses oder jenes Getränk sei gut für die Gesundheit, für das Glück, für den Frieden der Welt, der Seele und sonst noch einiges.

„Wohin wollen wir gehen?" fragte Kathleen.

Sie tat so, als habe sie meine plötzliche Blässe nicht bemerkt. Wer weiß, dachte ich. Auch sie wird eines Tages lügen lernen.

„Weit fort", erwiderte ich. „Sehr weit weg."

„Ich gehe mit dir", bestätigte sie.

Der traurige, bittere Unterton ihrer Stimme durchflutete mich mit einem Gefühl des Mitleids. Sie hat sich verändert, dachte ich. Kathleen, die an die Macht der Herausforderung, des Kampfes, des Hasses glaubte, wählte in diesem Augenblick die Unterwerfung. Sie, die sich weigerte, einem Ruf zu folgen, der nicht ihrem eigenen Wesen entsprang, gab sich geschlagen. Wie sehr uns das Leiden verändert, war mir nicht unbekannt. Ich wußte jedoch nicht, daß es auch die anderen vernichtete.

„Natürlich", sagte ich. „Ich gehe nicht ohne dich."

Ich dachte: weit fort gehen. Irgendwohin, wo die Wege, die zur Einfachheit führen, nicht die Geheimnisse einer Gruppe von Erwählten, sondern allgemein bekannt sind; irgendwohin, wo die Liebe, das Lachen, der Gesang und das Gebet uns weder Zorn noch Angst eintragen. Irgendwohin, wo ich ohne Angst und ohne Verachtung an mich denken kann; irgendwohin, Kathleen, wo der Wein rein ist und nicht den Auswurf der Leichen enthält. Irgendwohin, wo die Verschwundenen im Friedhof hausen und nicht im Herzen und Gedächtnis der Menschen.

„Also?" fragte Kathleen, noch immer ihre Idee verfolgend. „Wohin gehen wir? Wir können doch nicht die ganze Nacht hier stehen bleiben."

„Gehen wir ins Kino", sagte ich.

Das ist noch das Beste. Dort sind wir nicht allein. Wir denken an etwas anderes. Wir sind anderswo.

Kathleen war einverstanden. Sie wäre wohl lieber zu mir oder zu sich gegangen, fand jedoch meinen Einwand begründet, dort sei es zu heiß, während die Kinos Klimaanlagen hätten. Lügen ist also gar nicht so schwer, sagte ich mir zum Schluß.

„Was wollen wir sehen?"

Kathleen ließ den Blick über die Kinofassaden gleiten, von denen der Stadtteil wimmelte. Plötzlich schrie sie aufgeregt:

„‚Die Brüder Karamasoff'! Komm, laß uns ‚Die Brüder Karamasoff' sehen!"

Der Film wurde genau gegenüber gespielt. Man brauchte nur die Straße zu überqueren, die an dieser Stelle die Breite zweier Avenuen hat. Ein Meer von

Wagen und Geräuschen trennte uns von dem Lichtspieltheater.

„Ich würde lieber einen anderen Film sehen", sagte ich. „Ich liebe Dostojewski zu sehr."

Kathleen beharrte: Der Film ist gut, großartig, genial. Yul Brynner spielt den Dimitri. Er ist sehenswert.

„Laß uns lieber einen anständigen Kriminalfilm sehen", schlug ich vor. „Einen Film ohne Philosophie, ohne metaphysische Erörterungen. Es ist heute zu heiß für geistige Seiltänzerkunststücke. Schau, hier, an unserem Gehsteig, gibt es ‚Mord in Rio'. Laß uns den ansehen. Ich möchte wissen, wie in Brasilien gemordet wird."

Kathleen ließ nicht locker. Auch in dieser Beziehung wollte sie unsere Liebe auf die Probe stellen. Wenn Dostojewski gewann, liebte ich sie; andernfalls liebte ich sie nicht. Von neuem warf ich einen Seitenblick auf sie. Nach wie vor umspielte Angst ihre Lippen, die Angst, die Leiden werden sollte. Kathleen war schön, wenn sie litt. Dann wurde ihr Blick tiefer, ihre Stimme wärmer, behender; die dunkle Schönheit ihres Gesichtes schlichter, menschlicher. Ihr Leiden hatte etwas von Heiligkeit, es war ihre Art, sich zu schenken. Ich konnte Kathleen nicht leiden sehen, ohne ihr zu sagen, daß ich sie liebe, als ob die Liebe die Verneinung des Bösen sei. Ich mußte ihrem Leiden ein Ende bereiten.

„Legst du wirklich so großen Wert darauf?" fragte ich. „Willst du unbedingt die guten Gebrüder Karamasoff massakriert sehen?"

Offensichtlich legte sie Wert darauf. Entweder Yul Brynner oder unsere Liebe.

„In diesem Falle – gehen wir!"

Ein Siegerlächeln, das alsbald erlosch, leuchtete in ihrem Gesicht auf. Ihre Finger umklammerten meinen Arm, wie um zu sagen: Jetzt glaube ich an das, was uns geschieht.

Wir machten drei oder vier Schritte bis zum Straßenrand. Hier mußten wir ein paar Augenblicke warten, bis das rote Licht grün wurde, bis die Autokarawane anhielt, bis der Verkehrspolizist die Hand hob, bis der Taxichauffeur, uneingedenk der Rolle, die er in wenigen Augenblicken spielten sollte, am vorbestimmten Ort ankam. Es galt, das Zeichen des Regisseurs abzuwarten.

Ich drehte mich um. Die Uhr im Schaufenster der TWA zeigte 10 Uhr 25 Minuten an.

„Komm", beschloß Kathleen und zog mich am Arm. „Es ist grün."

Wir schickten uns an, die Straße zu überqueren. Kathleen ging zu meiner Rechten, etwas rascher als ich, höchstens einige Zentimeter voraus. Die Gebrüder Karamasoff waren nicht mehr weit, doch sollte ich sie an diesem Abend nicht zu sehen bekommen.

Was hörte ich zuerst? Das irre Kreischen der Räder oder den schrillen Schrei einer Frau? Ich erinnere mich nicht daran.

Als ich eine Sekunde lang zu Bewußtsein kam, lag ich mitten auf der Straße auf dem Rücken. In einem trüben Spiegel beugte sich ein Wirrwarr von Köpfen über mich. Überall waren Köpfe, rechts, links, über und sogar unter mir. Nebenbei ähnelten sich alle. Dieselben weitgeöffneten Augen spiegelten Neugier und Entsetzen wider. Dieselben Lippen murmelten dieselben unverständlichen Worte.

Ein älterer Herr schien mir etwas zu sagen, ich glaube, ich solle mich nicht rühren. Er hatte kurz geschnittenes Haar und einen Schnurrbart. Kathleen desgleichen. Sie hatte nicht mehr ihr schönes schwarzes Haar, auf das sie so stolz war. Entstellt, wie es war, hatte ihr Gesicht die Jugendfrische verloren. Die Augen schienen angesichts des Todes größer geworden, auch hatte sie sich unglaublicherweise einen Schnurrbart wachsen lassen.

Ein Traum, sagte ich mir. Es ist nur ein Traum, den man beim Erwachen rasch vergißt. Warum wäre ich sonst hier, auf der Straße? Warum trüge Kathleen sonst einen Schnurrbart?

Geräusche aus allen Richtungen stießen gegen eine Nebelwand, die sie nicht zu durchdringen vermochten. Ich konnte nichts von dem unterscheiden, was gesprochen wurde. Ich hätte sie bitten mögen, still zu sein, denn ich konnte sie nicht verstehen. Ich träumte, während sie nicht träumten. Ich war jedoch außerstande, den leisesten Ton von mir zu geben. Der Traum hatte mich taubstumm gemacht.

Ein Vers von Dylan Thomas – immer derselbe – kehrte unablässig in mein Gedächtnis zurück: Do not go gently into that good night; rage, rage, against the dying of the light.

Schreien? Die Taubstummen schreien nicht. Sachte, schüchtern betreten sie die Nacht. Sie schreien nicht gegen den Tod des Lichts. Der Grund ist einfach: Sie haben den Mund voller Blut.

Es ist unnütz zu schreien, wenn man den Mund voller Blut hat: Die Vorbeigehenden sehen das Blut, erfassen jedoch nicht seinen Schrei. Daher blieb ich stumm. Auch weil ich von einer Sommernacht träumte, in der mein Leib vereist war. Die Hitze war beklemmend, von den Gesichtern, die sich über mich beugten, rann der Schweiß und fiel in regelmäßigen Tropfen herab, und doch träumte ich, ich stürbe vor Kälte. Wie soll man gegen einen Traum anschreien? Wie gegen das fliehende Licht anbrüllen, gegen das erkaltende Leben, gegen das fließende Blut?

Erst später, viel später, als ich bereits außer Gefahr war, setzte Kathleen mir die äußeren Umstände des Unfalls auseinander.

Ein schnell fahrendes Taxi kam von links, erfaßte mich und schleifte mich ein paar Meter mit. Plötzlich hörte Kathleen das Quietschen der Reifen und den schrillen Schrei einer Unbekannten.

Kaum fand sie Zeit, sich umzudrehen, als schon eine Menschenmenge mich umstand. In diesem Augenblick ahnte sie noch nicht, daß ich es war, der zu Füßen der Schaulustigen lag.

Dann, von einer unwiderstehlichen Vorahnung getrieben, bahnte sie sich einen Weg durch die Reihen der Rücken und erblickte mich, den Kopf schmerzverkrümmt zwischen den Knien, auf dem Pflaster liegend.

Und die Leute redeten, redeten ...

„Er ist tot", sagte der eine.

„Aber nein, er ist nicht tot", behauptete der andere. „Sehen Sie ihn doch an: Er bewegt sich ja."

Von heulenden Sirenen angekündigt, kam die Ambulanz nach Ablauf von zwanzig Minuten herangebraust. Während dieser Zeitspanne gab ich kaum ein Lebenszeichen von mir. Ich weinte nicht, ich stöhnte nicht, ich sagte keinen Ton.

Im Krankenauto kam ich mehrmals sekundenlang zu mir, um jedesmal sofort wieder das Bewußtsein zu verlieren. In diesen kurzen Zwischenräumen erteilte ich Kathleen erstaunlich präzise Anweisungen über die Dinge, die sie für mich tun sollte: die Zeitung abbestellen, einen meiner Freunde anrufen, mit der Bitte, mich vorübergehend zu vertreten, Verabredungen abzusagen, Miete, Telefon und Wäsche zu bezahlen. Nachdem ich mich all dieser Fragen entledigt hatte, schloß ich die Augen und öffnete sie erst fünf Tage später.

Von Kathleen erfuhr ich übrigens folgendes: Das erste Krankenhaus, zu dem ich gebracht worden war, weigerte sich mich aufzunehmen, weil kein Bett frei war. Wenigstens lautete so die Auskunft. Kathleen vermutete jedoch, es sei ein Vorwand. Als die Ärzte einen Blick auf mich geworfen hatten, nannten sie meinen Zustand verzweifelt. Es empfahl sich daher, einen Sterbenden so rasch wie möglich loszuwerden.

Die Ambulanz fuhr weiter und versuchte ihr Glück im New York Hospital. Hier, schien es, hatte man keine Angst vor Sterbenden. Der Stationsarzt, ein junger

Internist mit nüchtern=sympathischem Wesen, ließ mir ohne Zeitverlust die ersten Hilfen angedeihen und versuchte gleichzeitig, eine Diagnose zu stellen.

„Nun, Herr Doktor?" fragte Kathleen.

Wunderbarerweise war sie nicht aus der Erste=Hilfe=Station fortgeschickt worden, während Dr. Paul Russel sich mit mir beschäftigte.

„Auf den ersten Blick sieht es ziemlich übel aus", antwortete der junge Arzt und erklärte mit kühlem Berufston:

„Sämtliche Knochen der linken Seite zertrümmert, innere Blutung, Gehirnerschütterung, die Augen — ob sie in Mitleidenschaft gezogen sind, kann ich noch nicht sagen. Ebenso das Gehirn. Hoffen wir, daß es nichts abbekommen hat."

Kathleen tat alles, um ihre Tränen zurückzuhalten:

„Was kann man tun, Herr Doktor?"

„Beten."

„Ist es denn so ernst?"

„Sehr ernst."

Der junge Arzt, der mit greisenhafter Abgemessenheit sprach, sah sie einen Augenblick an und sagte:

„Wer sind Sie? Seine Frau?"

Einem Nervenzusammenbruch nahe, begnügte sich Kathleen damit, den Kopf zu schütteln.

„Seine Verlobte?"

„Nein", murmelte sie.

„Seine Freundin?"

„Ja."

Nach einem Zögern fragte der Arzt leise:

„Lieben Sie ihn?"

„Ja", hauchte Kathleen.

„In diesem Fall haben Sie allen Grund, die Hoffnung nicht aufzugeben. Die Liebe ist ebenso wertvoll wie das Gebet. Mitunter wertvoller."

In diesem Augenblick brach Kathleen, die am Ende ihrer Kräfte war, in Schluchzen aus.

Nach drei Tagen des Beratens und Wartens entschieden die Ärzte, daß es sich letzten Endes doch lohne, einen chirurgischen Eingriff zu wagen. Jedenfalls hatte ich nicht viel zu verlieren. Im übrigen, mit ein wenig Glück, wenn alles gut ging ...

Die Operation dauerte lange, über fünf Stunden. Zwei Chirurgen mußten sich gegenseitig ablösen. Der Puls fiel so rapide, daß ich schon aufgegeben wurde. Mit Hilfe von Bluttransfusionen, von Spritzen, von Sauerstoff wurde ich jedoch ins Leben zurückgebracht.

Schließlich kamen die Chirurgen zu dem Schluß, daß es vorzuziehen sei, die Operation auf die Hüfte zu beschränken. Knöchel, Rippen und die anderen kleinen Knochenbrüche konnten warten. Das Wichtigste war im Augenblick, die Blutung zu stillen, den Einschnitt zu schließen, die zerschnittenen Adern zu nähen. Das übrige hatte Zeit. Es galt, so rasch wie möglich zu Rande zu kommen. Sonst war es zu spät.

Ich wurde in mein Zimmer zurückgefahren und schwebte zwei weitere Tage zwischen Leben und Tod. Dr. Russel, der sich meiner mit unvergleichlicher Aufopferung annahm, blieb bis zum letzten Kampfergebnis pessimistisch. Ich hatte zu hohes Fieber und verlor zuviel Blut.

Endlich, am fünften Tage, tauchte ich wieder an die Oberfläche auf.

Ich werde mich immer an den Augenblick erinnern: Ich öffnete die Augen, und geblendet vom Weiß des Zimmers, schloß ich sie alsbald von neuem. Es vergingen einige Minuten, bevor ich sie wieder aufmachen und meinen Standort in Raum und Zeit bestimmen konnte.

Auf beiden Seiten des Bettes erkannte ich an der Wand hängende Plasmaflaschen. Ich konnte die Arme nicht bewegen: Zwei große Nadeln waren mit Hilfe von Binden an ihnen befestigt. Alles mußte für den Notfall einer schnellen Transfusion bereitstehen.

Ich versuchte, Beine und Bauch zu bewegen: Mein Körper gehorchte nicht mehr. Eine plötzliche Angst überfiel mich: gelähmt zu sein. Ich machte übermenschliche Anstrengungen zu schreien, um eine Krankenschwester, einen Arzt, ein menschliches Wesen herbeizurufen, ihm die Wahrheit zu sagen. Doch ich war zu schwach. Die Töne blieben in meiner belegten Kehle stecken. Vielleicht habe ich auch die Sprache verloren, dachte ich.

Ich fühlte mich einsam, verlassen und entdeckte im tiefsten Innern, daß ich lieber tot gewesen wäre.

Eine Stunde später betrat Dr. Russel das Zimmer und verkündete, daß ich am Leben bleiben würde. Meine Beine würden nicht amputiert werden. Ich konnte sie nicht bewegen, weil sie in Gips steckten, der meinen ganzen Körper umschloß. Nur Kopf, Arme und Zehen waren sichtbar.

„Sie kommen von weither zurück", sagte der junge Arzt.

Ich antwortete nicht. Der Kummer, von weither zurückgekehrt zu sein, hatte mich noch nicht verlassen.

„Sie müssen Gott danken", fuhr er fort.

Ich musterte ihn genauer. Auf dem Bettrand sitzend, die Finger verschränkt, bot er mir seinen Blick, in dem helle Neugierde zu lesen war.

„Wie stellt man es an, Gott zu danken?" fragte ich.

Meine Stimme war nur ein Murmeln. Aber ich konnte wenigstens sprechen. Darüber empfand ich eine Freude, die mir die Tränen in die Augen trieb. Die Tatsache, daß ich am Leben geblieben war, ließ mich kalt — oder fast kalt. Aber der Beweis, daß die Macht des Wortes mir nicht verlorengegangen war, erfüllte mich mit einer Ergriffenheit, die ich vergebens zu verbergen trachtete.

Der Arzt hatte ein gerunzeltes Kindergesicht. Er war blond. Seine blauen Augen strahlten große Güte aus. Aufmerksam blickte er mich an. Aber das störte mich nicht. Ich war zu schwach.

„Wie stellt man es an, Gott zu danken", wiederholte ich.

Ich hätte hinzufügen mögen: warum ihm danken? Seit langem begriff ich nicht mehr, womit der liebe Gott den Menschen verdient hat.

Der Arzt fuhr fort, mich aus der Nähe, aus nächster Nähe zu beobachten. Ein seltsamer Schein, vielleicht ein seltsamer Schatten, lag in seinem Blick.

Plötzlich machte mein Herz einen Sprung. Er weiß etwas, dachte ich entsetzt.

„Ist Ihnen kalt?" fragte der junge Arzt, ohne den Blick von mir zu wenden.

„Ja", entgegnete ich unruhig. „Mir ist kalt."

Tatsächlich schlotterte ich am ganzen Körper.

„Es ist das Fieber", erklärte er.

Gewöhnlich fühlt man in einem solchen Fall den Puls des Patienten, oder man berührt seine Stirn mit dem Handrücken. Er tat nichts dergleichen, er wußte es.

„Wir werden versuchen, das Fieber zu bekämpfen", sagte er bündig. „Wir werden Ihnen Spritzen geben, viele Spritzen. Penicillin. Jede Stunde eine, Tag und Nacht. Jetzt ist der Feind das Fieber."

Er verstummte und betrachtete mich eine Weile, ehe er fortfuhr. Er schien ein Zeichen, einen Hinweis, die Lösung zu einem Problem zu suchen, dessen Gegebenheiten ich nicht erriet.

„Wir müssen auf eine Infektion gefaßt sein", begann er wieder. „Wenn das Fieber steigt, sind Sie verloren."

„Und der Feind wird ‚Sieg' rufen", sagte ich mit gewollt ironischem Ton. „Sehen Sie, Herr Doktor, was die Leute sagen, ist wahr: Der Mensch trägt seinen erbittertsten Feind mit sich herum. Die Hölle sind nicht die anderen. Wir selbst sind die Hölle. Sie ist das brennende Fieber, bei dem wir frieren."

Eine unwägbare Beziehung war zwischen uns entstanden. Wir sprachen die reife Sprache von Menschen, die in unmittelbarer Berührung mit dem Tode stehen. Ich versuchte ihn anzulächeln, da ich aber fror, gelang mir nur eine Grimasse. Das ist einer der Gründe, warum ich den Winter nicht liebe: Im Winter wird das Lächeln abstrakt.

Dr. Russel stand auf:

„Ich werde Ihnen die Krankenschwester schicken. Es ist Zeit zur Spritze."

Mit den Fingerspitzen strich er sich über die Lippen, wie um besser nachzudenken, und fügte hinzu:

„Wenn es Ihnen besser geht, werden wir uns noch manches zu sagen haben.“

Von neuem hatte ich den ungemütlichen Eindruck, daß er etwas wußte – oder zumindest etwas ahnte.

Ich schloß die Augen. Plötzlich wurde ich des Schmerzes bewußt, der mich knebelte, des Brandes, der mein Körper geworden war. Bisher hatte ich das nicht bemerkt. Aber der Schmerz war da. Er war die Luft, die ich atmete, die Worte, die sich in meinem Gehirn bildeten, der Gips, der meinen Körper wie eine glühende Haut bedeckte. Wie kam es, daß ich ihn bisher nicht bemerkt hatte? Vielleicht hatte mich die Unterhaltung mit dem Arzt allzu stark beschäftigt. Wußte er, daß mir alles weh, wahnsinnig weh tat? Und daß ich so fürchterlich fror? Wußte er, daß der Schmerz mein Fleisch verzehrte und ich gleichzeitig vor unmenschlicher Kälte schlotterte, als würde ich abwechselnd in einen Schmelzofen und in ein eiskaltes Bad geworfen? Anscheinend wußte es der Arzt. Dr. Paul Russel war ein Mann mit scharfem Blick. Er sah, wie wütend ich mir auf die Lippen biß.

„Sie haben Schmerzen“, bemerkte er.

Reglos stand er vor meinem Bett. Ich schämte mich, vor ihm mit den Zähnen zu klappern.

„Das ist ganz normal“, fuhr er fort, ohne auf eine Antwort zu warten. „Sie sind voller Wunden. Ihr Körper wehrt sich. Der Schmerz ist seine Art aufzubegehren. Ich habe es Ihnen jedoch gesagt: Der Feind ist nicht der Schmerz, sondern das Fieber.“

‚Wenn es steigt, sind Sie verloren.' Das ist das Ende. Der Tod. Ich dachte: Er irrt. Er glaubt, der Tod sei mein Feind. Er täuscht sich. Der Tod ist nicht mein Feind. Wenn er das nicht weiß, weiß er nichts. Oder er weiß nicht alles. Er hat mich zum Leben erwachen sehen, aber er weiß nicht, wie ich über Leben und Tod denke. Oder wäre es möglich, daß er es weiß, aber nicht zeigen will? Der Zweifel riß wie das Summen einer Biene an meinen Nerven.

Ich fühlte, wie das steigende Fieber mich an den Haaren packte – auch sie waren brennende Fackeln – und mich von einer Welt in die andere, von oben nach unten, von der Höhe in die Tiefe stürzte, als sollte ich die Kälte des Gipfels und die Hitze der Tiefe kennenlernen.

„Wollen Sie ein Beruhigungsmittel?" fragte der Arzt.

Ich schüttelte den Kopf. Nein, ich wollte nichts dergleichen. Ich brauchte kein Beruhigungsmittel. Ich hatte keine Angst.

Ich hörte seine Schritte zur Türe, die irgendwo hinter mir liegen mußte. Wenn er doch endlich ginge! dachte ich. Ich habe keine Angst, allein zu bleiben, allein die Strecke zurückzulegen, die das Leben vom Abgrund trennt. Nein, ich brauche ihn nicht. Ich habe keine Angst. Soll er gehen!

Er öffnete die Tür, zögerte, sie hinter sich zu schließen und blieb auf der Schwelle stehen. Wird er zurückkommen?

„Übrigens", sagte er sanft, so sanft, daß ich ihn kaum verstehen konnte, „übrigens habe ich vergessen, Ihnen zu sagen ... Kathleen ... ist eine reizende, eine be=son=ders reizende junge Frau."

Mit diesen Worten verließ er geräuschlos das Zimmer. Jetzt war ich allein. Allein, wie es nur ein gelähmter, leidender Mensch sein kann. Bald würde die Krankenschwester mit einer Penicillinspritze kommen, um den Feind zu bekämpfen. Es war zum Verrücktwerden: den Feind mit einer Spritze, mit Hilfe einer Krankenschwester zu bekämpfen. Es war zum Totlachen. Aber ich lachte nicht. Meine Gesichtsmuskeln waren reglos, vereist.

Bald würde die Krankenschwester kommen, hatte der junge Arzt mit der ruhigen Stimme eines Greises gesagt, der soeben entdeckt hatte, daß die menschliche Güte ihren Lohn in sich birgt. Was hatte er noch gesagt? Etwas über Kathleen. Ach ja: Er hatte ihren Namen erwähnt. Eine reizende junge Frau. Nein, nicht das. Er hatte etwas anderes gesagt: besonders reizend. Ja, das war's. Das hatte er gesagt: Kathleen ist eine be=son=ders reizende junge Frau, ich erinnere mich genau daran.

Kathleen... Wo mag sie jetzt sein? In welcher Welt? In der oben oder der unten? Hoffentlich kommt sie nicht. Sie soll nicht hier hereinkommen. Sie soll mich nicht so sehen. Hoffentlich kommt sie nicht mit der Krankenschwester. Hoffentlich spielt sie nicht Krankenschwester. Sie soll mir auch keine Penicillinspritze geben. Ich will ihre Hilfe nicht in dem Kampf, den ich angeblich gegen den Feind führen soll. Sie ist ein reizendes, be=son=ders reizendes Mädchen, aber sie versteht nichts. Sie versteht nicht, daß der Feind nicht der Tod ist. Sie glaubt allzu stark an die Macht, an die Allmacht der Liebe. Liebe mich und du bist beschützt.

Liebet euch untereinander und alles wird gut gehen: Das Leiden wird die Erde der Menschen für immer meiden. Wer hat das gesagt? Vermutlich Christus. Auch er glaubte zu stark an die Liebe. Ich gab nicht viel auf Liebe und Tod; bei dem Gedanken daran konnte ich nur lachen. Auch jetzt könnte ich schallend über sie lachen. Aber meine Gesichtsmuskeln gehorchen nicht. Mir ist viel zu kalt.

Es war kalt an jenem Tag – nein, an jenem Abend, an dem Abend, an dem ich Kathleen zum erstenmal sah...

Ein Winterabend. Draußen blies ein Wind, der stark genug war, um Mauern und Bäume umzublasen.

„Komm", sagte Schimon Jani. „Ich möchte dich Halina vorstellen."

„Laß mich dem Winde lauschen", antwortete ich, da ich schweigsam gestimmt war. „Der Wind hat mehr zu sagen als deine Halina. Sein Laut besteht aus Kummer und Gebet der toten Seelen. Die toten Seelen haben mehr zu sagen als die lebenden."

„Komm", sagte er, die Hände in den Taschen vergraben. „Halina erwartet uns."

Ich gab nach und dachte: Vielleicht ist auch Halina eine tote Seele.

Dieses Gespräch fand während der Pause eines Ballettabends von Roland Petit oder der Truppe des Marquis de Cuevas im Theater Sarah-Bernhard statt, ich erinnere mich nicht genau.

„Halina muß eine schöne Frau sein", sagte ich, als wir auf die Bar des Foyers zugingen.

„Woran merkst du das?" fragte Schimon Janai belustigt.

„An der Art, wie du heute abend angezogen bist. Du siehst aus wie ein Landstreicher."

Ich liebte es, ihn aufzuziehen. Schimon war in den Vierzigern, er war groß, hatte struppiges Haar und blaue, verwirrt dreinblickende Augen. Vor allem wollte er nicht ernst genommen werden. „Du bringst sicherlich Stunden vor dem Spiegel zu, um dein Haar in Unordnung zu bringen, um deine Krawatte halb aufzuknoten, um deine Bügelfalten auszubeulen", sagte ich oft mit freundschaftlicher Ironie zu ihm. Seine Vorliebe für die Bohème grenzte bisweilen ans Lächerliche.

Ich kannte ihn gut, er kam häufig nach Paris und gab mir dann und wann Tips für die Zeitung. Er suchte die Gesellschaft und Freundschaft der Journalisten, er brauchte sie. Als Vertreter der hebräischen Widerstandsbewegung in Israel – der Staat Israel war noch nicht geboren – gab er bereitwillig zu, daß die Presse ihm nützlich sei.

Ein Glas in der Hand, erwartete Halina uns an der Bar. Sie war etwa dreißig Jahre alt. Zart von Gestalt und Gesicht, hatte sie eine blasse Hautfarbe und den ewig erschrockenen Blick von Wesen mit unbewältigter Vergangenheit.

Wir schüttelten uns die Hand.

„Ich hätte Sie für älter gehalten."

Sie lächelte linkisch.

„Ich bin es", gab ich zurück. „Zuzeiten bin ich so alt wie der Wind."

Halina lachte: Sie wußte nicht, wie man lacht. Ihr

Lachen war zum Herzerweichen, es folgte einem nach wie das Lachen toter Seelen.

„Ich meine es ernst", entgegnete sie. „Ich lese Ihre Artikel. Sie scheinen von einem Menschen geschrieben zu sein, der am Ende seines Lebens, am Ende seiner Hoffnungen steht."

„Das ist ein Kennzeichen der Jugend", erwiderte ich. „Die jungen Menschen von heute glauben nicht mehr, daß sie eines Tages altern werden: Sie sind überzeugt, daß sie früh sterben. Die wahren Jungen unserer Generation sind die Greise. Sie wenigstens dürfen sich rühmen, etwas genossen zu haben, dessen man uns beraubt hat: jene Scheibe Leben, die man die Jugend nennt."

Das Gesicht der jungen Frau erblaßte noch mehr.

„Was Sie da sagen, ist fürchterlich."

Ich lachte laut heraus, aber falsch: Ich hatte keinerlei Lust zu lachen, auch nicht zu sprechen.

„Hören Sie mir nicht zu", sagte ich. „Schimon wird es Ihnen bestätigen: Meine Sprüche sind nie ernst gemeint. Ich amüsiere mich, das ist alles. Ich amüsiere mich damit, Ihnen Angst einzujagen. Geben Sie nichts darauf. Was ich sage, ist Wind, sonst nichts."

Ich wollte mich schon von dem Paar verabschieden – mit dem klassischen Vorwand eines eiligen Telefongesprächs –, als ein unruhiger Schatten über das Antlitz der jungen Frau mit dem erschütternden Lachen huschte.

„Schimon!" rief sie halblaut. „Sieh nur, wer hier ist: Kathleen!"

Schimon blickte in die angezeigte Richtung, und wäh=

rend der Spanne einer Sekunde, einer einzigen Sekunde verdüsterte sich sein Gesicht. Eine schmerzliche Erinnerung schien seine Wangen zu verfärben.

„Geh und hol' sie", meinte Halina.

„Sie ist aber nicht allein ..."

„Nur für eine Minute! Sie kommt sicher."

Sie kam. Und da begann alles.

Natürlich hätte ich mich verabschieden und, während Schimon mit ihr sprach, in die andere Ecke des Saales gehen können. Der Telefonanruf war jetzt nicht weniger eilig als vor ein paar Minuten. Auch verspürte ich keinerlei Lust dazubleiben. Auf den ersten Blick kam mir die Situation romanhaft vor: Drei Personen – Schimon, Halina, Kathleen. Halina liebt Schimon, der sie nicht liebt; Schimon liebt Kathleen, die ihn nicht liebt; Kathleen liebt ... Ich wußte nicht, wen sie liebte, und legte auch keinen Wert darauf, es zu wissen. Ich dachte: Sie machen sich gegenseitig das Leben schwer, und zwar auf ziemlich ausweglose Weise. In dieses Spiel soll man sich lieber nicht einmischen, es sei denn als Zeuge. Unfruchtbares Leiden hat mich nie interessiert. Das Leiden der anderen zieht mich nur insofern an, als es den Aufruhr begünstigt und dem Menschen dadurch erlaubt, sich seiner Stärke und Schwäche bewußt zu werden. Die Liebe Halinas und Schimons ließ davon nichts ahnen.

„Ich muß gehen", sagte ich zu der jungen Frau.

Sie blickte mich an, verstand mich aber nicht, da sie ganz von dem in Anspruch genommen war, was in der anderen Ecke des Raumes vor sich ging.

„Ich muß mich verabschieden", sagte ich von neuem.

Sie schien zu erwachen, überrascht, mich neben sich zu sehen.

„Bleiben Sie bitte", flehte sie bescheiden, fast demütig.

Dann fügte sie — sei es um mich zu überzeugen, sei es um ihren Abstand zu betonen — hinzu:

„Sie werden Kathleen kennenlernen. Sie ist ein ungewöhnliches Geschöpf. Sie werden es sehen."

Jeder Widerstand wurde nutzlos: Schon waren Kathleen und Schimon zur Stelle.

„Guten Abend, Halina", sagte Kathleen auf französisch mit stark amerikanischem Akzent.

„Guten Abend, Kathleen", antwortete Halina und suchte vergeblich, eine gewisse Nervosität in der Stimme zu verbergen. „Erlauben Sie, daß ich Ihnen einen Freund vorstelle."

Ohne eine Gebärde, ohne eine Bewegung zu machen, ohne eine Begrüßung auszutauschen, musterten wir einander eine Weile, wie um eine unmittelbare Berührung jenseits aller Konventionen und üblichen Vorbereitungen anzubahnen. Sie hatte ein langes, ebenmäßiges Gesicht von seltener, ergreifender Schönheit. Die Nase war leicht aufgebogen und betonte dadurch die sinnlichen Lippen. Ihre mandelförmigen Augen bargen ein dunkles, geheimes Feuer, sie waren ein Vulkan im Ruhezustand. Mit Kathleen vollzog sich die Zwiesprache von Wesen zu Wesen. Plötzlich begriff ich, warum es Halina nicht gelingen wollte, ihrem Lachen einen fröhlichen Ton zu verleihen.

„Kennen Sie sich schon?" fragte Halina mit einem leicht befangenen Lächeln. „Sie schauen sich an, als kennten Sie sich schon lange."

Schimon blieb stumm, seine Augen ruhten auf Kathleen.

„Ja", antwortete ich.

„Was?" rief Halina ungläubig aus. „Ihr seid euch schon begegnet?"

„Nein", antwortete ich. „Wir kennen uns aber schon."

Ein unmerkliches Zittern huschte über Schimons Schnurrbart. Die Atmosphäre drohte gespannt zu werden, als das Läutwerk das Ende der Pause ankündigte und das Foyer sich langsam leerte.

„Trifft man sich nachher am Ausgang?" wollte Halina wissen.

„Ich fürchte, nicht", antwortete Kathleen. „Ich werde erwartet."

„Und Sie?"

Halina heftete ihre großen Augen auf mich, in denen kalte Trauer zu lesen stand.

„Ich auch nicht", gab ich zurück. „Ich muß ein eiliges Telefongespräch führen."

Halina und Schimon entfernten sich. Kathleen und ich blieben allein zurück.

„Do you speak English?" fragte sie fast hastig.

„I do."

„Wait for me", sagte sie.

Hastig schritt sie in die andere Ecke der Halle, um dem dort wartenden Herrn etwas zu sagen. Ich hätte noch die Möglichkeit gehabt wegzugehen. Aber wozu fliehen? Und wohin? Die Wüste, in der die Seelen sterben, ist überall die gleiche. Bisweilen vertreiben sie sich die Zeit damit, die noch nicht gestorbenen Seelen zu töten.

Als Kathleen nach einem kurzen Augenblick zurückkehrte, war auf ihrem Gesicht sekundenlang ein Ausdruck von Herausforderung, von Entschlossenheit zu lesen, als habe sie soeben die wichtigste Tat ihres Lebens vollbracht. Der Mann, den sie gerade verlassen und gedemütigt hatte, blieb vollkommen reglos, erstarrt, wie von einem Fluch getroffen stehen.

Drinnen hatte die Vorstellung wieder begonnen.

„Gehen wir", sagte Kathleen auf englisch.

Fragen ohne Ende bedrängten mich. Ich beschloß, sie für später aufzubewahren.

„Gut", sagte ich. „Gehen wir."

Ziemlich überstürzt verließen wir das Foyer. Der Mann blieb zurück. Noch lange Zeit nach diesem Vorfall scheute ich mich, wieder ins Theater Sarah-Bernard zu gehen. Ich fürchtete, den Menschen an derselben Stelle, an der wir ihn verlassen hatten, wieder anzutreffen.

Wir stiegen die Treppen hinunter, holten unsere Mäntel und traten auf die Straße hinaus, wo der Wind uns mit tausend Peitschenhieben empfing. Die Nachtluft war so klar und rein wie auf verschneiten Gipfeln.

Wir gingen los. Es war kalt. Langsam schritten wir vorwärts, wie um uns zu beweisen, daß wir stark seien und die Kälte uns nichts anhaben könne.

Kathleen hatte weder meinen Arm, noch hatte ich den ihren genommen. Sie schaute nicht zu mir und ich nicht zu ihr hinüber. Jeder würde im gleichen langsamen Schritt weitergegangen sein, wenn der andere plötzlich stehengeblieben wäre, um nachzudenken oder zu beten.

Nachdem wir ein oder zwei Stunden schweigsam an

den Kais entlang gegangen waren, überschritten wir zu=erst die Brücke Châtelet, dann die Brücke Saint=Michel. In der Mitte angekommen, blieb ich stehen, um den Fluß zu betrachten. Kathleen ging noch zwei Schritte weiter und machte dann halt.

Die Seine, Spiegel des Himmels und der Straßen=lampen, bot uns ihr geheimnisvolles Wintergesicht, ihre Undurchsichtigkeit, in der sich nichts bewegt, in der alles Leben erloschen ist, in der alles Licht stirbt. Ich schaute hinunter und sagte mir, daß auch ich eines Tages sterben würde.

Kathleen trat näher und wollte etwas sagen. Ich wehrte ihr mit einer Kopfbewegung.

„Sprechen Sie nicht“, sagte ich nach einer Weile.

Ich dachte noch immer an den Tod und wollte nicht, daß sie mit mir spräche. Nur wer stumm über einen winterlichen Fluß gebeugt steht, bedenkt den Tod richtig.

Eines Tages hatte ich meine Großmutter gefragt:

„Wie stellt man es an, um winters in seinem Grab nicht zu frieren?“

Meine Großmutter war eine einfache, fromme Frau, die überall Gott sah, selbst im Bösen, selbst in der Sünde, selbst in der Ungerechtigkeit. Bei keinem Ereignis war sie um ein Gebet verlegen. Ihre Haut war weiß wie Wüstensand. Auf dem Kopf trug sie ein riesiges schwarzes Tuch, von dem sie sich nie trennen zu kön=nen schien.

„Wer Gott nicht vergißt, friert auch im Grab nicht“, sagte sie.

„Wer hält ihn warm?“ Ich ließ nicht locker.

Ihre dünne Stimme sank zu einem Flüstern; es mußte ein Geheimnis sein.

„Der liebe Gott."

Ein gütiges Lächeln erhellte ihr Antlitz bis zum Rand ihres Kopftuches, das ihre Stirn zur Hälfte bedeckte. So lächelte sie immer, wenn ich ihr eine Frage vorlegte, deren Antwort ihr selbstverständlich schien.

„Heißt das, daß der liebe Gott mit den Männern und Frauen, die man beerdigt, im Grabe liegt?"

„Ja", bestätigte meine Großmutter. „Er hält sie warm."

Ich erinnere mich, daß mich trübe Trauer beschlich. Ich bekam Mitleid mit Gott. Ich sagte mir: Er ist unglücklicher als der Mensch, der nur einmal stirbt, den man in ein einziges Grab bettet.

„Großmutter, sag, stirbt Gott auch?"

„Nein, Gott ist unsterblich."

Ihre Antwort traf mich mitten ins Herz. Ich hätte am liebsten geweint. Gott – lebendig begraben! Ich hätte die Rollen umkehren, ich hätte denken mögen, daß Gott sterblich und der Mensch unsterblich ist, daß, wenn ein Mensch zu sterben vorgibt, es Gott ist, auf den man Erde schüttet.

Kathleen berührte mich am Arm. Ich zuckte zusammen.

„Berühren Sie mich nicht!" befahl ich.

Ich wollte an meine Großmutter denken. Wie kann man sich wahrhaft an eine tote Großmutter erinnern, wenn man nicht allein ist, wenn ein junges Mädchen mit schwarzem Haar, das so schwarz ist wie das Kopftuch meiner Großmutter – einen am Arm berührt?

Plötzlich fiel mir ein, daß das Lächeln meiner Groß=mutter einen Sinn hatte, den zu entziffern der Zukunft vorbehalten war. Sie wußte, daß meine Frage sie nichts anging, daß sie die Kälte des Grabes nicht kennen=lernen würde. Ihr Leib war nicht beerdigt, sondern dem Wind anvertraut worden, der ihn in alle Himmels=richtungen verstreut hatte. Er war es, der weiße und schwarze Leib meiner Großmutter, der mein Gesicht peitschte, um mich für mein Vergessen zu strafen. Nein, Großmutter, nein! Ich habe nicht vergessen. Jedesmal, wen ich friere, denke ich an dich, denke ich nur an dich.

„Kommen Sie", sagte Kathleen. „Mir wird langsam kalt."

Wir setzten unseren Weg fort. Der Wind schnitt uns ins Gesicht, aber wir boten ihm die Stirn, freilich ohne den Schritt zu beschleunigen. Schließlich blieben wir vor einem Haus des Boulevard Saint=Germain, gegenüber dem Café Deux=Magots, stehen.

„Wir sind da", sagte sie.

„Wohnen Sie hier?"

„Ja. Wollen Sie heraufkommen?"

Ich mußte mit mir kämpfen, um nicht nein zu sagen. Ich hatte viel zu große Lust, mit ihr zusammen zu bleiben, mit ihr zu sprechen, ihr Haar zu streicheln, sie einschlummern zu sehen. Aber ich hatte Angst vor einer Enttäuschung.

„Kommen Sie", sagte Kathleen bestimmt.

Sie drückte auf die Glocke, stieß die schwere Tür auf, und wir stiegen die Treppen zum ersten Stock hinauf, in dem ihre Wohnung lag.

Ich fror und dachte an meine Großmutter, die ein weißes Gesicht hatte, das dem durchsichtigen Wüstensand glich, und die auf dem Kopf ein Tuch trug, das an die dichte Friedhofsnacht gemahnte.

„Wer sind Sie?"

Meine eigene Stimme erreichte mich nicht. Tausend Nadeln spritzten mir Feuer ins Blut. Die Augenlider: weißglühende Eisenvorhänge. Ich war durstig, war erhitzt. Ich hatte eine trockene Kehle. Meine Adern pochten zum Zerspringen. Trotzdem hatte die Kälte mich nicht verlassen. Mein Körper, krampfgebannt, bebte wie ein Baum im Sturm, wie seine Blätter im Wind, wie der Wind im Meer, wie das Meer im Kopf eines Verrückten, eines Betrunkenen, eines Sterbenden.

„Wer sind Sie?" fragte ich wieder mit klappernden Zähnen.

Ich fühlte eine Anwesenheit im Raum.

„Die Krankenschwester", sagte eine unbekannte Stimme.

„Wasser", sagte ich. „Ich habe Durst. Ich brenne. Geben Sie mir Wasser."

„Sie dürfen nicht trinken", sagte die Stimme. „Sonst wird Ihnen übel. Wenn Sie trinken, müssen Sie erbrechen."

Unwillkürlich begann ich stumm vor mich hinzuweinen.

„Warten Sie", sagte die Krankenschwester. „Ich werde Ihnen das Gesicht feucht abwischen."

Nach diesen Worten fuhr sie mir mit einem Schwamm über die Stirn, und mit einem feuchten Handtuch, das bei der Berührung mit meiner Haut Feuer fing, über die Lippen.

„Wieviel Uhr ist es?" fragte ich.

„Sechs Uhr."

„Sechs Uhr? Abends?"

„Abends."

Ich dachte: Bei Dr. Russels Besuch war es noch längst nicht Mittag. Ich habe seine sechs Penicillinspritzen gar nicht gemerkt.

„Haben Sie Schmerzen?" fragte die Krankenschwester.

„Ich habe Durst."

„Das Fieber verursacht Durst."

„Habe ich noch immer hohes Fieber?"

„Ja, hohes."

„Wieviel?"

„Hohes."

„Ich will es wissen."

„Ich bin nicht befugt, es Ihnen zu sagen. Das ist Vorschrift im Krankenhaus."

Die Tür ging auf. Jemand kam herein. Flüstern.

„Nun, Herr Journalist? Was haben Sie mir zu sagen?"

Dr. Paul Russel sprach mit gewollter Gelassenheit.

„Ich habe Durst, Herr Doktor."

„Der Feind will nicht weichen", sagte er. „Sie müssen durchhalten."

„Er wird siegen, Herr Doktor. Er leidet keinen Durst."

Ich dachte: Großmutter hätte mich verstanden. Es

war heiß in den Bädern ohne Luft, ohne Wasser. Es war heiß in dem Raum, in dem ihr aschfahler Körper von anderen aschfahlen Körpern erdrückt wurde. Wie ich mußte sie den Mund öffnen, um Luft, um Wasser zu trinken. Aber dort, wo sie war, gab es kein Wasser, keine Luft. Es gab nur den Tod, den sie trank, wie man Wasser oder Luft trinkt, mit offenem Mund, mit geschlossenen Augen, mit verkrampften Fingern.

Plötzlich fühlte ich das seltsame Bedürfnis, laut zu sprechen, Leben und Tod der Großmutter zu erzählen, ihr schwarzes Kopftuch zu beschreiben, das mir Angst einjagte, eine Angst, die ihr einfältiger, guter Blick jedoch alsbald verscheuchte. Großmutter diente mir als Zuflucht. Jedesmal, wenn mein Vater mich ausschalt, verteidigte sie ihn: Väter sind eben so, erklärte sie lächelnd. Sie werden wegen einer Bagatelle böse.

Eines Tages ohrfeigte mich mein Vater. Ich hatte Geld aus der Ladenkasse gestohlen, um es einem Schulkameraden zu geben. Er war ein schmächtiges, armes Bürschchen, man nannte ihn Chaim, das Waisenkind. Mir war nicht wohl in seiner Gegenwart. Ich wußte, daß ich glücklicher war, und kam mir daher schuldig vor. Schuldig, lebende Eltern zu haben. Deshalb hatte ich Geld gestohlen. Als aber mein Vater mich verhörte und wissen wollte, was ich damit gemacht hatte, sagte ich es nicht. Ich konnte doch nicht gestehen, daß ich mich schuldig fühlte, weil mein Vater noch am Leben war! Er gab mir ein paar Ohrfeigen, und ich lief zur Großmutter. Ihr konnte ich alles sagen. Sie schalt mich nicht. Mitten im Zimmer sitzend, nahm sie mich auf den Schoß und begann zu schluchzen. Ihre Tränen tropften auf meinen Kopf, den sie gegen ihre Brust drückte, und ich stellte verwundert fest, daß die Tränen einer Großmutter so heiß sind, daß sie alles verbrennen, womit sie in Berührung kommen.

„Sie ist da", sagte der Arzt. „Sie ist draußen im Flur. Soll sie hereinkommen?"

Mit einer Kraft, die mich beängstigte, schrie ich:

„Nein! Ich will es nicht, ich will es nicht! ..."

Mir schien, als spräche er von meiner Großmutter. Ich wollte sie nicht sehen. Ich wußte, daß sie – vielleicht vor Durst – gestorben war, und befürchtete, sie könne nicht dem Bild entsprechen, das ich von ihr bewahrte. Vielleicht hatte sie weder ihr Kopftuch auf dem Kopf, noch heiße Tränen, auch nicht mehr jenen Blick in den Augen, der soviel Klarheit, soviel Heiterkeit ausgestrahlt hatte, daß der von ihm Getroffene nicht mehr fror.

„Sie sollten sie sehen", meinte der Arzt sanft.

„Nein!" rief ich aus. „Nicht jetzt!"

Tränen hinterließen Narben auf meinen Wangen, auf meinen Lippen, auf meinem Kinn. Dann und wann rannen sie sogar unter die Gipsschicht. Warum weinte ich? Ich wußte es nicht. Ich glaube wegen meiner Großmutter. Sie weinte oft. Sie weinte, wenn sie glücklich und auch, wenn sie unglücklich war. Wenn sie weder glücklich noch unglücklich war, weinte sie, weil sie kein Gefühl mehr für das hatte, was Glück und Unglück auslöst. Ich wollte ihr beweisen, daß ich von ihr die Tränen geerbt hatte, die – wie es geschrieben steht – alle Türen öffnen.

„Wie Sie wollen", sagte der Arzt. „Kathleen wird morgen wiederkommen."

Kathleen! Was hat sie denn damit zu tun? Ist sie etwa Großmama begegnet? Ist sie etwa auch tot?

„Kathleen?" fragte ich, und ließ den Kopf sinken. „Wo ist sie?"

„Draußen", entgegnete der Arzt leicht verwundert. „Im Flur."

„Bitten Sie sie hereinzukommen."

Die Türe ging auf und behende Schritte näherten sich dem Bett. Wieder machte ich die verzweifeltsten Anstrengungen, die Augen zu öffnen, aber meine Lider waren wie zugenäht.

„Wie geht es dir, Kathleen?" fragte ich kaum hörbar.

„Gut", sagte sie.

„Du siehst: Ich bin das jüngste Opfer Dimitri Karamasoffs."

Kathleen ließ ein kurzes, künstliches Lachen vernehmen:

„Du hattest recht, es war ein schlechter Film."

„Lieber sterben als ihn sehen."

Kathleens Lachen klang falsch:

„Du übertreibst..."

Flüstern. Der Arzt sprach leise auf sie ein.

„Ich muß dich allein lassen", sagte Kathleen traurig. „Paß auf, wenn du über die Straße gehst."

Sie beugte sich nieder, um mich zu küssen. Eine alte Angst befiel mich:

„Du darfst mich nicht küssen, Kathleen!"

Etwas zu jäh zog sie den Kopf zurück. Einen Augenblick lang fiel kein Wort im Zimmer. Dann fühlte ich ihre Hand auf meiner Stirn. Ich wollte ihr sagen, sie solle sie lieber fortnehmen, um nicht womöglich Feuer zu fangen, sie hatte sie jedoch bereits weggenommen.

In Begleitung des Arztes verließ Kathleen auf Zehenspitzen das Zimmer. Die Krankenschwester blieb bei mir. Ich hätte viel darum gegeben zu wissen, wie sie war; ob sie alt oder jung, schön oder altjüngferlich, blond oder dunkel war ... Aber meine Lider gehorchten mir nicht. Alle meine Anstrengungen sie zu heben, versagten. Dann redete ich mir ein, der Wille allein genüge nicht, ich müsse meine Hände gebrauchen. Sie waren aber an das Bettgeländer gebunden, und die großen Injektionsnadeln steckten noch immer darin.

„Ich werde Ihnen zwei Spritzen geben", verkündete die Krankenschwester mit einer Stimme, die wenig aufschlußreich war.

„Zwei? Warum zwei?"

„Die eine ist Penicillin, die andere zum Einschlafen."

„Haben Sie nicht eine dritte gegen den Durst?"

Mein Atem ging schwer. Meine Lunge schien platzen zu wollen: leere Kessel, die man auf dem Feuer gelassen hat.

„Sie werden gut schlafen und keinen Durst haben."

„Werde ich nicht träumen, daß ich Durst habe?"

Die Krankenschwester hob die Bettdecke:

„Ich werde Ihnen eine Spritze gegen Träume geben."

Sie ist nett, dachte ich. Sie hat ein goldenes Herz. Sie leidet, wenn ich leide. Sie schweigt, wenn ich Durst habe. Sie schweigt, wenn ich schlafe, und sie schweigt, wenn ich träume. Zweifellos ist sie jung, schön, strahlend, anziehend. Sie hat ein ernstes Gesicht und lachende Augen. Sie hat einen sinnlichen Mund, der nicht zum Sprechen, sondern zum Küssen gemacht ist. Genau wie die Augen meiner Großmutter, die sie nicht zum Sehen, nicht zum Staunen, sondern nur zum Weinen bekommen hatte.

Die erste Spritze. Keine Schmerzen. Die zweite Spritze, diesmal in den Arm. Auch keine Empfindung. Meinetwegen hätte sie mir bis zum Ende aller Tage Injektionen geben können. Mir war es gleichgültig. Mir tat es tief drinnen so weh, daß ich die Spritzen gar nicht spürte.

Die Krankenschwester schüttelte Kissen und Decken auf, legte die Spritzen in eine Metallschale, schob einen Stuhl ans Bett und drehte einen Schalter um.

„Ich lösche die Deckenbeleuchtung", sagte sie. „Sie werden bald einschlafen."

Plötzlich kam mir die Idee, daß auch sie mich küssen wollte, bevor sie mich verließ. Einen leichten Kuß auf die Stirn oder auf die Wange, vielleicht gar auf die Lider. Das war in Krankenhäusern üblich. Eine gute Krankenschwester küßt ihre Patienten beim Gutenacht=sagen. Nicht auf den Mund, aber auf die Stirn, auf die Wange. Das beruhigt. Ein Kranker, den eine Frau küßt, kommt sich weniger krank vor. Er weiß nicht, daß der Mund einer Krankenschwester weder zum Sprechen, noch zum Weinen, sondern zum Schweigen und Küssen der Patienten gemacht ist, damit sie keine Angst vor dem Einschlafen, keine Angst vor der Dunkelheit haben.

Ein neuer Schweißausbruch überfiel meinen ganzen Körper.

„Sie dürfen mich nicht küssen", murmelte ich sehr leise.

Die Krankenschwester kräuselte die Lippen zu einem freundlichen Lächeln:

„Natürlich nicht. Das macht Durst."

Dann verließ sie das Zimmer, und ich wartete auf den Schlaf.

„Erzählen Sie ein bißchen von sich", sagte Kathleen.

Wir saßen in ihrem Zimmer, in dem es angenehm warm war. Wir hörten dabei einen gregorianischen Kirchengesang, der zu Herzen ging. Worte und Töne bargen einen Frieden, den kein Gewitter zu stören vermocht hätte.

Auf dem Tischchen waren die beiden Tassen noch halb voll. Der Kaffee war bereits kalt. Das Halbdunkel veranlaßte mich, die Augen geschlossen zu halten. Die Müdigkeit, die zu Beginn des Abends schwer auf meinen Schultern gelastet hatte, war völlig verschwunden. Mit äußerst gespannten Nerven wurde ich mir der Zeit bewußt, die mich durchströmte und ein Stück von mir mitnahm in ihren Fängen.

„Sprechen Sie", bat Kathleen. „Ich möchte Sie kennenlernen."

Mit angezogenen Beinen saß sie auf dem beigefarbenen Kanapee zu meiner Rechten. Ein Traum trieb durch die Luft und suchte einen Ruhepunkt.

„Ich habe keine Lust dazu", erwiderte ich. „Ich habe keine Lust, von mir zu sprechen."

Um von mir zu sprechen, um wirklich von mir zu sprechen, hätte ich die Geschichte meiner Großmutter erzählen müssen. Mir lag aber nichts daran, Großmutter, die sich nur durchs Gebet ausdrückte, in Worten zu beschwören.

Als ich nach dem Krieg nach Paris kam, drängte man mich häufig, allzuhäufig dazu, zu erzählen. Ich weigerte mich immer. Ich sagte mir: Die Toten haben uns nicht nötig, um sich verständlich zu machen. Sie sind weniger schüchtern als ich. Die Scham hat keinerlei Einfluß auf sie. Ich aber war schüchtern und verschämt. So ist die Welt: Die Scham plagt nicht die Henker, sondern die Opfer. Es ist die große Scham, vom Schicksal erkoren zu sein. Der Mensch nimmt lieber alle nur denkbaren Vergehen und Verbrechen auf sich, als zu dem Schluß zu kommen, daß Gott sich das schreiendste Unrecht erlauben kann. Noch heute erröte ich jedesmal bei dem Gedanken an die Art, wie Gott sich über das Menschenwesen, sein Lieblingsspielzeug, lustig macht.

Eines Tages hatte ich meinem Lehrmeister Kalman, dem Kabbalisten, folgende Frage vorgelegt: Zu welchem Zweck hat Gott den Menschen gemacht? Ich verstehe, daß der Mensch Gott nötig hat. Aber was kann der Mensch Gott geben?

Mein Lehrer schloß die Augen, und tausend Wunden, versteinerte Adern, die eine fürchterliche Wahrheit durchirrte, verzweigten sich labyrinthisch auf seiner Stirn. Nach einigen Minuten der Sammlung trat ein sehr zartes, sehr fernes Lächeln auf seine Lippen.

„Die heilige Schrift lehrt“, sagte er, „daß, wenn der

Mensch sich seiner Macht bewußt wird, er dadurch den Glauben oder den Verstand verliert. Denn der Mensch trägt eine Kraft in sich, die ihn übersteigt. Gott braucht ihn, um *Eins* zu sein. Der Messias, dazu berufen, den Menschen zu erlösen, kann nur durch ihn erlöst werden. Nun wissen wir, daß nicht nur Mensch und Welt, sondern auch derjenige erlöst wird, der ihre Gesetze und Beziehungen eingesetzt hat. Daraus ergibt sich, daß das Menschenwesen – eine Handvoll Erde – imstande ist, die Zeit mit ihrem Ursprung zu vereinigen und Gott sein Ebenbild zurückzugeben."

Zu jener Zeit war ich noch zu jung, um den Sinn dieser Worte zu begreifen. Die Idee, daß die Existenz Gottes sich an die meine knüpfen läßt, erfüllte mich mit jämmerlichem Stolz, aber auch mit tiefem Mitleid.

Wenige Jahre später habe ich gerechte, fromme Männer dem Tod entgegengehen sehen, die sangen: „Mit unserem Feuer wollen wir die Ketten des verbannten Messias brechen." Da wurde mir die symbolische Folgerung dessen, was mir mein Lehrmeister gesagt hatte, mit einem Male klar. Ja, Gott braucht den Menschen. Zur ewigen Einsamkeit verurteilt, hat er den Menschen einzig und allein gemacht, damit dieser ihm als Spielzeug diene und ihn zum Lachen bringe. Philosophen und Dichter haben sich der Tatsache verschlossen, daß am Anfang weder das Wort, noch die Liebe war, sondern das Lachen, das laute, ewige Lachen, dessen Echo trügerischer ist als die Luftspiegelungen der Wüste.

„Ich möchte Sie kennenlernen", sagte Kathleen wieder.

Ihr Gesicht war überschattet. Der Traum hatte sich mangels eines Ruhepols verflüchtigt. Ich dachte: Er hätte in ihren weitgeöffneten Augen ein Obdach finden können. Aber die Träume kommen niemals von draußen.

„Sie riskieren, mich zu hassen", sagte ich zu ihr.

Sie winkelte die Beine noch mehr an. Ihr ganzer Körper zog sich zusammen, wurde kleiner, als wolle er dem Traum folgen und ganz verschwinden.

„Ich nehme das Risiko auf mich", gab sie zurück.

Sie wird mich hassen, dachte ich. Das ist unvermeidlich. Was sich vollzogen hat, wird sich wieder vollziehen. Die gleichen Ursachen erzeugen die gleichen Wirkungen, den gleichen Haß. Die Wiederholung ist ein entscheidender Tatbestand unseres tragischen Geschicks.

Der erste Mensch, der mir seinen Haß offen entgegengeschleudert hatte, war mir weder nach Namen noch nach Wesen bekannt. Er verkörperte alle Namen- und Gesichtlosen, die die Welt der toten Seelen bevölkern.

Ich befand mich auf einem französischen Schiff, das nach Südamerika fuhr. Es war meine erste Begegnung mit dem Meer. Die meiste Zeit verbrachte ich an Deck und studierte die Wellen, die unermüdlich Gräber furchten, um sie alsbald zu füllen. Ich war auf der Suche nach dem Gotteskind, weil ich es mir groß und mächtig, riesig und unendlich vorstellte. Dieses Bild bot mir das Meer. Auf einmal begriff ich Narziß: Er war nicht in die Quelle gefallen, er hatte sich hineingestürzt. In einem bestimmten Augenblick war mein Wunsch so stark, eins zu werden mit dem tiefen Ruf des Meeres, daß ich beinahe über Bord gesprungen wäre.

Ich hatte nichts zu verlieren, nichts zu bereuen. Ich hatte keine Bindung an die Erde der Menschen. Alles, was mir teuer gewesen, war in Rauch aufgegangen. Das Häuschen mit den zersprungenen Wänden, in dem Kinder und Greise, beim wehmutsvollen Kerzenschein vor sich hinsingend, beteten oder lernten, lag in Trümmern. Mein Lehrer, der mich als erster gelehrt hatte, daß das Dasein ein Geheimnis ist, daß hinter den Worten das Schweigen herrscht, mein Lehrer, der mit geneigtem Haupt lebte, als wage er nicht, den Himmel gerade anzublicken, war seit langem zu Asche geworden. Und meine kleine Schwester, die sich über mich lustig machte, weil ich nie mit ihr spielte, weil ich zu ernst, viel zu ernst war, sie spielte nicht mehr.

Das Unbekannte war es, das mich in jener Nacht davon abhielt, die Partie aufzugeben, ohne es zu wissen, ohne es zu wollen. Es war, woher weiß ich nicht, hinter mir aufgetaucht und sprach mich an. Es war ein Engländer. Nach seiner Stimme zu urteilen, mußte er in den Fünfzigern sein.

„Eine schöne Nacht, nicht wahr?" sagte er und lehnte sich, mich fast streifend, neben mich auf die Reling.

„Ja, sehr schön", gab ich trocken zurück.

Ich dachte, eine schöne Nacht, um den Moglern Lebewohl zu sagen, den Konstanten, die Ungewißheiten werden, den Idealen, die den Verrat nach sich ziehen, der Welt, die keinen Platz mehr hat für das Menschliche, der Geschichte, die auf die Zerstörung der Seele und nicht auf das Wachsen ihrer Kräfte zielt!

Der Fremde ließ sich durch meine schlechte Laune nicht einschüchtern und fuhr fort:

„Der Himmel ist dem Meer so nahe, daß man nicht mehr weiß, wer von beiden sich in dem anderen spiegelt, wer des anderen bedarf, wer den anderen beherrscht."

„In der Tat", antwortete ich kühl.

Einen Augenblick brach er ab und beobachtete meine Silhouette im Meer. Dabei gewahrte ich sein Profil: schmal, scharfgeschnitten, edel.

„Wenn die beiden miteinander im Krieg lägen", nahm er seinen Faden wieder auf, „würde ich auf Seiten des Meeres sein. Der Himmel regt nur die Maler an. Nicht die Musiker. Während das Meer... Finden Sie nicht, daß das Meer dem Menschen durch seine Musik nahekommt?"

„Vielleicht", entgegnete ich feindselig.

Von neuem brach er ab, wie um sich zu fragen, ob es nicht besser sei, mich allein zu lassen. Er beschloß jedoch zu bleiben.

„Eine Zigarette?" fragte er und bot mir seine Schachtel.

„Nein, danke. Ich habe jetzt keine Lust zu rauchen."

Er zündete sich eine Zigarette an und warf das Streichholz über Bord: eine vom Dunkel verschluckte Sternschnuppe.

„Drinnen wird getanzt", sagte er. „Warum sind Sie nicht dabei?"

„Ich habe keine Lust zum Tanzen."

„Sie ziehen es vor, allein mit dem Meer zu sein, nicht wahr?"

Seine Stimme klang plötzlich verändert, persönlicher, weniger anonym. Ich hatte nicht vermutet, daß ein Mensch seine Stimme vertauschen kann, wie er etwa eine Maske vertauscht.

„Ja, ich ziehe es vor, allein mit dem Meer zu sein", antwortete ich boshaft und betonte das ‚allein'.

Er zog mehrmals an seiner Zigarette.

„Das Meer. Woran denken Sie dabei?"

Ich zögerte. Die Tatsache, daß er im Dunkeln neben mir stand, daß er mir unbekannt war, daß ich ihn morgen im Speisesaal vermutlich nicht erkennen würde, sprach zu seinen Gunsten. Mit einem Fremden sprechen, heißt die Sterne des Himmels anreden: Es verpflichtet zu nichts.

„Das Meer", sagte ich, „erinnert mich an den Tod."

Es schien mir, als lächle er:

„Ich wußte es."

„Woher wußten Sie es?" fragte ich verblüfft.

„Das Meer besitzt eine starke Anziehungskraft. Ich bin alt und mache seit dreißig Jahren Seereisen. Ich kenne alle Meere der Welt. Ich weiß es. Man darf die Wellen nicht zu lange anschauen, vor allem nicht in der Nacht und nicht allein."

Er erzählte mir von seiner ersten Seereise, die er mit seiner Frau unternommen hatte. Er hatte soeben geheiratet. Eines Abends verließ er seine schlafende Frau und ging an Deck, um Luft zu schnappen. Dort empfand er die schreckliche Macht, die das Meer auf diejenigen ausübt, die in ihm ihre verwandelte Silhouette betrachten. Er war glücklich und jung: Trotzdem empfand er fast unwiderstehlich das Bedürfnis, hinunterzuspringen und sich von den lebendigen Wellen treiben zu lassen, deren Rauschen mehr als alles die Ewigkeit, den Frieden, das Unendliche beschwört.

„Ich sage es Ihnen", wiederholte er leise, „man darf das Meer nicht allzu lange betrachten. Keinesfalls allein und nachts."

Nun begann ich, ihm Dinge von mir zu erzählen. Wissend, daß auch er an den Tod gedacht hatte und von seinem Geheimnis angezogen war, fühlte ich mich ihm näher. Was ich niemandem mitgeteilt hatte, gab ich ihm preis. Meine Kindheitsjahre, meine mystischen Träume, meine religiöse Leidenschaft, meine Erfahrungen im Deutschland der Konzentrationslager, meine Überzeugung, jetzt nurmehr ein Bote des Todes unter den Lebenden zu sein...

Ich sprach stundenlang. Die Arme schwer auf die Reling gestützt, hörte er zu, ohne mich zu unterbrechen, ohne sich zu rühren, ohne seinen Blick abzuwenden, der auf einen dem Schiffe folgenden Schatten geheftet war. Von Zeit zu Zeit zündete er eine Zigarette an, und selbst wenn ich mitten in einem Gedanken, einem Satz abbrach, sagte er kein Wort.

Es kam vor, daß ich Sätze nicht vollendete, daß ich von einer Begebenheit zur anderen übersprang, daß ich eine Figur nur mit einem einzigen Charakterzug skizzierte und über das sie betreffende Ereignis hinwegging. Der Unbekannte forderte keine Erklärungen, keine Erläuterungen. Dann und wann sprach ich leise, so leise, daß er unmöglich ein Wort von dem verstehen konnte, was ich sagte – er aber blieb reglos, stumm.

Er schien nicht zu wagen, außerhalb des Schweigens zu existieren.

Erst als die Nacht ihrem Ende zuging, fand er die Sprache wieder. Seine bedeckte Stimme war heiser, es war die Stimme eines Menschen, der nachts allein das Meer betrachtet, seinen eigenen Tod betrachtet.

„Ich will Ihnen etwas sagen", meinte er schließlich. „Ich glaube, ich werde Sie hassen."

Erregung nahm mir den Atem. Ich verspürte das Bedürfnis, ihm aus Dank die Hand zu schütteln. Wenige Menschen hätten den Mut gehabt, mir aufgeschlossen bis zum Schluß zuzuhören.

Der Fremde warf den Kopf zurück, wie um sich zu überzeugen, daß der Himmel noch da war. Plötzlich begann er auf die Reling einzuhämmern. Und mit beherrschter, tiefer Stimme wiederholte er mehrmals:

„Ich werde Sie hassen ... Ich werde Sie hassen ..."

Dann kehrte er mir den Rücken und verschwand.

Fahler Schein leuchtete, schwach wie Rampenlicht, am Horizont auf. Das Meer war ruhig, das Schiff schlummerte. Die Sterne begannen sich zurückzuziehen. Der Morgen graute.

Ich blieb den ganzen Tag an Deck. Abends kam ich wieder, auch am nächsten Tag. Der Fremde gesellte sich nicht mehr zu mir.

„Ich nehme das Wagnis auf mich", sagte Kathleen.

Ich stand auf und machte einige Schritte im Zimmer, um mir die Beine zu vertreten. Am Fenster blieb ich stehen und blickte hinaus. Der Gehsteig vor mir war schneebedeckt. Eine seltsame Angst umklammerte meine Brust. Schweißtropfen rannen von meiner Stirn. Bald würde die Nacht ihre Bürde aufheben und darunter würde der Tag erscheinen. Ich hatte Angst vor dem Tag. Die Nacht und ihre Gesichter sind mir vertraut, alle ihre Geräusche haben den Klang des Bekannten. Am Tage begegne ich nur Fremden.

„Wissen Sie, was Schimon Janai von Ihnen gesagt hat?" fragte Kathleen.

„Nein, ich weiß es nicht."

Was hatte er ihr schon sagen können? Was wußte er schon von mir? Nichts. Er wußte nicht, daß, wenn ich mich einmal an einem Sonnenuntergang berausche, mein Herz von unbezwinglichem Heimweh nach Sighet, dem Städtchen meiner Kindheit, überfließt; es beginnt so laut und so rasch zu pochen, daß ich noch nach einer Woche unfähig bin, tief Luft zu holen. Er wußte nicht, daß das Echo eines chassidischen Liedes, dank welchem der Mensch zu seinem Ursprung zurückkehrt, mich mehr ergreift als Bach, Beethoven und Mozart zusammen. Er konnte nicht wissen, daß, wenn mein Blick auf eine Frau fällt, sie mir stets das Bild meiner Großmutter zurückwirft.

„Schimon Janai glaubt, Sie seien ein Heiliger", sagt Kathleen.

Statt einer Antwort lachte ich schallend auf.

„Schimon Janai sagt, Sie hätten furchtbar gelitten. Nur Heilige leiden viel."

Ich konnte mein Lachen nicht anhalten. Ich wandte den Blick dem jungen Mädchen, seinen Augen zu, die nicht zum Schauen, nicht zum Weinen, sondern zum Sprechen gemacht schienen, vielleicht auch, um andere zum Lachen zu bringen. Sie verbarg ihr Kinn im Aus=

schnitt ihres Pullovers und damit ihre zitternden Lippen.

„Ich, ein Heiliger?" rief ich aus. „Das ist wirklich zu komisch ..."

„Warum lachen Sie?"

„Ich lache", erwiderte ich stockend, „ich lache, weil ich kein Heiliger bin. Die Heiligen lachen nicht. Die Heiligen sind tot. Meine Großmutter war eine Heilige: Sie ist tot. Mein Lehrer war ein Heiliger: Er ist tot. Ich — sehen Sie mich an — ich lebe. Und ich lache. Ich lebe und lache, weil ich kein Heiliger bin ..."

Anfangs hatte ich lange gebraucht, um mich an den Gedanken zu gewöhnen, daß ich lebte. Ich hielt mich für tot. Ich konnte nicht essen, nicht schlafen, nicht weinen: Ich sah mich tot. Ich war ein Toter, der sich im Traum für einen Lebenden hält. Ich wußte, daß ich nicht mehr existierte, daß mein wahres Ich dort unten verblieben war, daß mein heutiges Ich nichts mit dem anderen, dem wahren gemeinsam hatte. Ich war nur noch die Haut, die die Schlange hinter sich läßt: Sie hatte ihr nie gehört.

Dann, eines Tages, lud mich eine alte Frau ein, „mit ihr heraufzukommen". Sie war so alt, so vertrocknet, daß ich das Gelächter, das in mir aufstieg, nicht zurückhalten konnte. Die Alte erblaßte und ich fürchtete schon, sie würde vor meinen Füßen zusammenbrechen. „Du hast also kein Mitleid", sagte sie mit erstickter Stimme. Da, plötzlich, stieß mir die Wirklichkeit mitten ins Herz: Ich lebte, ich lachte, ich verlachte die alten unglücklichen Frauen, ich besaß die Gabe, alte Frauen zu quälen und zu demütigen, die wie die Heiligen ihren eigenen Leib bespucken.

„Was macht denn das Leiden?" fragte Kathleen gespannt. „Macht es nicht heilig?"

„Nein!" rief ich aus.

Jäh verhielt ich mein Lachen, und der Zorn gewann die Oberhand. Ich verließ meinen Platz am Fenster und pflanzte mich vor dem jungen Mädchen auf, das nun auf dem Erdboden kauerte, den Kopf auf ihre umfaßten Knie gebettet.

„Wer das sagt, ist ein falscher Prophet", sagte ich.

Ich mußte mich anstrengen, um nicht herauszuschreien, um nicht das Haus und die Toten zu wecken, die draußen in Wind und Schneesturm warteten. Ich fuhr fort:

„Das Leiden schwemmt das Niedrigste, das Feigste im Menschen hoch. Es gibt im Leiden einen Markstein, hinter dem man ein Tier wird: In diesem Zustand opfert man seine Seele und besonders die seines Nächsten für einen Bissen Brot, für eine Minute am Ofen, für eine Sekunde des Vergessens und des Schlafes. Die Heiligen sind diejenigen, die vor dem Ende der Geschichte sterben. Die anderen, diejenigen, die bis ans Ende ihres Schicksalsweges gehen, wagen nicht mehr, sich im Spiegel zu betrachten, aus Angst, er möge ihr inneres Abbild widerspiegeln: das Ebenbild eines Ungeheuers, das über unglückliche Frauen und tote Heilige lacht..."

Benommen, mit weit aufgerissenen Augen hörte Kathleen zu. Ihr Rücken bog sich immer mehr, je länger ich sprach. Ihre blassen Lippen murmelten unermüdlich die gleichen Worte:

„Sprechen Sie weiter! Ich möchte mehr wissen. Weiter!"

Ich ließ mich auf die Knie sinken, nahm ihren Kopf in meine Hände und begann, meinen Blick in dem ihren, die Geschichte meiner Großmutter zu erzählen, dann die meiner kleinen Schwester, die meines Vaters, meiner Mutter und schilderte ihr in einfachen Worten, wie der Mensch ein Friedhof für die unbestatteten Toten werden kann.

Ich sprach und sprach. Ich fügte Einzelheit an Einzelheit. Ich beschwor die Schreie und Alpträume, die mich nachts heimsuchten. Bleich, mit geröteten Augen bat Kathleen unaufhörlich:

„Mehr! Mehr! Immer noch mehr!"

Sie sagte „mehr" mit glühender Stimme wie eine Frau, die ihre Lust hinauszögern möchte, die vom Manne fordert, er solle sie lieben, ohne anzuhalten, sie nicht verlassen, nicht enttäuschen, sie nicht auf halbem Weg zwischen Ekstase und dem Nichts im Stich lassen. „Mehr ... mehr ..."

Ich verließ sie weder mit dem Blick noch mit den Händen. Ich wollte mich von allem Schmutz befreien, der in mir lagerte, und ihn auf diese Pupillen und diese reinen, unschuldigen, schönen Lippen häufen.

Ich entblößte mich. Meine gemeinsten Gedanken und Begierden, meinen schlimmsten Verrat, meine unbestimmtesten Lügen – sie alle entriß ich meinen Eingeweiden und breitete sie wie ein unreines Opfer vor ihr aus, damit sie es sehen und seinen Pesthauch riechen könne.

Aber Kathleen trank jedes meiner Worte, als wolle sie sich heute dafür strafen, daß sie gestern nicht gelitten hatte. Von Zeit zu Zeit beharrte sie mit der gleichen gierigen Stimme, die seltsam der einer alten Hure glich: „Mehr ... noch mehr ..."

Schließlich brach ich erschöpft ab, ließ mich der Länge nach auf den Teppich sinken und schloß die Augen.

Das anschließende Schweigen dauerte lange: eine Stunde, vielleicht zwei Stunden. Der Atem versagte mir. Der Schweiß näßte mein Hemd, es klebte am Körper. Kathleen rührte sich nicht. Draußen schlich die Nacht auf weichen Sohlen voran.

Plötzlich drang von der Straße das Geräusch des Milchwagens herauf, der vor dem Haus zum Stehen kam.

Kathleen atmete tief und sagte:

„Ich hätte gute Lust, hinunterzugehen und den Milchmann zu umarmen."

Ich antwortete nicht. Ich hatte keine Kraft mehr.

„Ich möchte ihn umarmen", sagte Kathleen, „nur um ihm zu danken. Ihm zu danken, weil ich bin."

Ich blieb stumm.

„Sie sagen gar nichts", sagte das junge Mädchen verwundert. „Sie lachen gar nicht!"

Da ich das Schweigen bewahrte, begann sie mein Haar zu streicheln, bis ihre Finger dazu übergingen, die Konturen meines Gesichtes zu erforschen. Ihre Liebkosung tat mir wohl.

„Ich habe es gern, wenn Sie mich streicheln", sagte ich, die Augen noch immer geschlossen.

Nach einem Zögern fügte ich hinzu:

„Sehen Sie: Das ist der beste Beweis, daß ich kein Heiliger bin. Die Heiligen haben das mit den Toten gemeinsam, daß sie die Begierde nicht kennen."

Kathleens Stimme wurde leichtfertig, fast herausfordernd:

„Und Sie begehren mich?"

„Ja", gestand ich.

Wieder befiel mich die Lust, herauszulachen: Ich und ein Heiliger! Welch köstlicher Witz! Ich und ein Heiliger! Verspürt ein Heiliger ein so heftiges Verlangen nach dem Körper einer Frau? Empfindet er ein so starkes Bedürfnis, sie in seine Arme zu schließen, sie mit Küssen zu bedecken, in ihr Fleisch zu beißen, von ihrem Atem, von ihrem Leben, von ihren Brüsten Besitz zu ergreifen? Nein, ein Heiliger würde sich nicht dazu bereitfinden, eine Frau unter den Augen einer toten Großmutter zu umarmen, deren schwarzes Kopftuch die Nächte und Tage der ganzen Welt einzuhüllen scheint.

Ich setzte mich auf. Zorn nahm von meiner Stimme Besitz.

„Ich bin kein Heiliger!" schrie ich heraus.

„Nein?" fragte Kathleen, der kein Lächeln gelingen wollte.

„Nein!" wiederholte ich ungehalten.

Ich öffnete die Augen und sah, daß sie furchtbar litt. Sie biß sich auf die Lippen und machte ein bejammernswertes Gesicht.

„Ich werde Ihnen beweisen, daß ich kein Heiliger bin", brummte ich böse.

Ohne ein Wort zu sagen, begann ich sie zu entkleiden. Sie wehrte sich nicht. Als sie nackt war, nahm sie ihre vorige Stellung wieder ein. Den Kopf auf die Knie geschmiegt, beobachtete sie mich geängstigt, während ich mich auszog. Zwei Falten kräuselten ihre

Mundwinkel. In ihrem Blick sah ich Angst. Das befriedigte mich; sie hatte Angst vor mir, das war gut. Angst ist das Gefühl, das wir hervorrufen müssen. Alle diejenigen, die wie ich der Hölle entkommen sind und dort ihre Seele gelassen haben, sind nur noch dazu da, den anderen Angst einzuflößen und ihnen einen Spiegel vorzuhalten.

„Ich werde Sie nehmen", verkündete ich hart, fast feindselig. „Aber ich liebe Sie nicht."

Ich dachte: Sie muß es wissen. Ich habe nichts von einem Heiligen. Ich werde das Liebesspiel mit ihr spielen, aber ohne mich durch den Akt verpflichtet zu fühlen. Ein Heiliger hingegen verpflichtet sich mit jeder Geste.

Sie löste ihr Haar, das alsbald in ihre Achselhöhlen fiel. Ihre Brust wölbte sich unregelmäßig.

„Und wenn ich mich in Sie verliebte?" fragte sie betont einfältig.

„Sehr unwahrscheinlich! Sie werden mich vielmehr hassen."

Ihr Gesicht nahm einen Zug von Trauer, von Wehmut an:

„Ich fürchte, daß Sie recht haben."

Irgendwo über der Stadt brach der Tag langsam über einer düsteren Welt an.

„Sehen Sie mich an", sagte ich.

„Ich sehe Sie an."

„Was sehen Sie?"

„Einen Heiligen", erwiderte sie.

Ich lachte wieder auf: Wir waren beide nackt, und einer von uns sollte ein Heiliger sein? Das war grotesk!

Ich nahm sie derb und wollte ihr weh tun. Sie biß sich auf die Lippen und gab keinen Ton von sich. Wir blieben bis zum Spätnachmittag zusammen.

Ohne daß ein Wort fiel.

Ohne daß ein Kuß getauscht wurde.

Schlagartig fiel das Fieber. Mein Name wurde von der Liste der in Lebensgefahr Schwebenden gestrichen. Ich hatte noch immer Schmerzen, aber mein Leben war nicht mehr in Gefahr. Man gab mir nach wie vor antibiotische Spritzen, jedoch in zunehmend größeren Abständen. Zunächst vier Spritzen täglich, dann drei, schließlich zwei, zuletzt fielen sie ganz aus.

Als ich die Erlaubnis erhielt, Besuche zu empfangen, war ich bereits eine Woche im Krankenhaus und drei Tage in Gips.

„Heute können Ihre Freunde zu Besuch kommen", verkündete die Krankenschwester, als sie mich frisch machte.

„Sehr gut", sagte ich.

„Mehr haben Sie dazu nicht zu sagen?" erwiderte die Krankenschwester verwundert. „Sind Sie nicht froh, Ihre Freunde wiederzusehen?"

„Doch. Sehr froh."

„Sie waren eben weit fort", sagte sie.

„Sehr weit."

„Sie sind nicht besonders redselig, wie?"

„Nein."

Ich entdeckte einen der Vorteile, krank zu sein: Man

konnte schweigen, ohne sich dafür entschuldigen zu müssen.

„Nach dem Frühstück werde ich Sie rasieren", sagte die Krankenschwester.

„Unnötig", antwortete ich.

„Unnötig?"

Sie schien ungläubig: Nichts von dem, was in einem Krankenhaus geschieht, ist unnötig!

„Ja", erwiderte ich. „Unnötig. Ich will mir einen Bart wachsen lassen."

Einen Augenblick musterte sie mich, dann verkündete sie:

„Nein. Sie müssen rasiert sein. Sonst sehen Sie zu krank aus."

„Bin ich's denn nicht?"

„Sie sind es. Aber rasiert werden Sie sich wohler fühlen."

Und ohne mir Zeit zu einer Antwort zu lassen, fügte sie hinzu:

„Sie werden fühlen, daß Sie zum Leben erwachen."

Sie war jung, dunkel, hartnäckig. Hochgewachsen, ganz in eng anliegendem Weiß, herrschte sie, und zwar nicht nur durch ihre aufrechte Haltung.

„Schön", sagte ich, um die Unterhaltung zu beenden. „In diesem Falle bin ich einverstanden."

„Good!" rief sie aus. „That's a boy!"

Sie war stolz auf ihren Sieg. Ihr großer Mund stellte eine makellos weiße Zahnreihe zur Schau. Und sie erzählte fröhlich lachend eine Reihe von Geschichten, deren Moral darauf hinauslief, daß der Tod sich nicht an denen zu vergreifen wagt, die sich jeden Morgen recht schön machen. Vielleicht liegt das Geheimnis der Unsterblichkeit darin, daß man sich eine gute Rasier=creme sichert.

Nach Beendigung meiner Toilette brachte sie mir das Frühstück:

„Ich werde Sie wie ein Baby füttern. Schämen Sie sich nicht, in Ihrem Alter noch ein Baby zu sein?"

Dann ging sie hinaus und kehrte unverzüglich mit einem elektrischen Rasierapparat zurück:

„Wir müssen Sie schön machen. Ich möchte, daß mein Baby schön ist!"

Der Apparat vollführte einen betäubenden Lärm. Die Krankenschwester schwatzte weiter drauf los. Ich hörte nicht mehr zu. Ich dachte an den Abend des Unfalls. Das Taxi fuhr mit großer Geschwindigkeit. Ich ahnte nicht, daß es mich ins Krankenhaus bringen würde.

„Sehen Sie", stellte die Krankenschwester vergnügt fest, „jetzt sind Sie schön!"

„Ich weiß", sagte ich, „ich bin wie neugeboren!"

„Warten Sie, ich werde Ihnen einen Spiegel bringen!"

Sie hatte riesengroße Augen mit pechschwarzen, schneeweiß umrandeten Pupillen.

„Ich will keinen Spiegel", sagte ich.

„Aber natürlich."

„Hören Sie zu", sagte ich drohend. „Wenn Sie mir einen Spiegel geben, zertrümmere ich ihn in tausend Stücke. Ein zerbrochener Spiegel bringt sieben Jahre Unglück! Wollen Sie sieben Jahre Unglück?"

Für den Bruchteil einer Sekunde erstarrten ihre Augen, um zu sehen, ob ich nicht scherze.

„Es ist wahr", wiederholte ich. „Jedermann wird es

Ihnen bestätigen können: Man darf keinen Spiegel zerbrechen."

Sie lachte noch, aber ihre Stimme war jetzt unsicherer als bisher: Sie trocknete sich die Hände an ihrer weißen Schürze ab.

„Sie sind ein unartiger Junge", sagte sie. „Ich mag Sie nicht leiden."

„Schade!" antwortete ich. „Ich hingegen bete Sie an!"

Sie brummte etwas vor sich hin und verließ das Zimmer.

Mit dem Gesicht zum Fenster liegend, konnte ich den East River sehen. Ein Schiffchen, ein grauschwarzer Fleck auf blauem Grund, fuhr gerade vorbei. Eine Fata Morgana

Es klopfte an der Tür.

„Herein!"

Dr. Paul Russel, die Hände in den Taschen, trat ein. Er kam, um unsere jüngst unterbrochene Unterhaltung fortzusetzen.

„Geht's heute morgen besser?"

„Ja, Herr Doktor. Viel besser."

„Das Fieber ist weg. Der Feind ist geschlagen."

„Ein geschlagener Feind ist gefährlich", bemerkte ich. „Er denkt nur daran, sich zu rächen."

Der Arzt setzte eine ernste Miene auf, zog eine Zigarette aus der Tasche und bot sie mir an. Ich lehnte dankend ab. Er zündete sie sich selbst an.

„Haben Sie noch Schmerzen?"

„Ja."

„Das wird noch ein paar Wochen dauern. Haben Sie Angst?"

„Wovor?"

„Vor Schmerzen."

„Nein. Ich habe keine Angst vor Schmerzen."

Er blickte mir gerade in die Augen.

„Wovor haben Sie dann Angst?"

Wieder hatte ich den Eindruck, daß er mir etwas verbarg. Sollte er es wissen? Hatte ich während der Operation, in der Anästhesie gesprochen?

„Ich habe vor nichts Angst", antwortete ich, und hielt seinen Blick aus.

Stille.

Er schritt zum Fenster und blieb dort einige Augenblicke stehen. Da, dachte ich. Es bedarf nur eines Rükkens, damit der Fluß aufhört zu existieren. Das Paradies besteht darin, daß sich nichts zwischen das Auge und den Baum schiebt.

„Sie haben hier eine herrliche Aussicht", sagte er, ohne sich umzudrehen.

„Ja, herrlich. Der Fluß gleicht mir: Er rührt sich kaum."

„Reine Illusion! Auf der Oberfläche ist er ruhig. Aber tauchen Sie, und Sie werden ihn in der Tiefe sehr unruhig finden ..."

Er drehte sich rasch um:

„... wie Sie übrigens."

Was weiß er wirklich?, fragte ich mich beunruhigt. Er spricht, als wüßte er etwas. Sollte ich mich verraten haben?

„Jeder Mensch ist mit einem Fluß zu vergleichen", sagte ich, um das Gespräch in eine weniger persönliche Richtung zu lenken. „Die Flüsse fließen ins Meer, das nie voll wird. Die Menschen werden vom Tod verschlungen, der nie satt wird."

Seine Hand machte eine entmutigte Gebärde, wie um zu sagen: Schön. Sie wollen nicht sprechen. Sie weichen aus. Es spielt keine Rolle. Ich werde warten.

Langsam schritt er auf die Türe zu und blieb vor ihr stehen:

„Ich habe eine Nachricht von Kathleen für Sie. Sie wird Sie am Spätnachmittag besuchen."

„Haben Sie sie gesehen?"

„Ja. Sie ist jeden Tag gekommen. Sie ist ein reizendes Geschöpf."

„Reizend."

Er stand in der halbgeöffneten Tür. Seine Stimme kam aus nächster Nähe. Die Tür mußte unweit des Bettes sein.

„Sie liebt Sie", fügte der Arzt hinzu.

Seine Stimme wurde hart und beharrlich:

„Und Sie? Lieben Sie sie?"

Er betonte das „Sie". Mein Atem ging rascher. Was weiß er?, fragte ich mich geängstigt.

„Gewiß", erwiderte ich, Ruhe heuchelnd. „Natürlich liebe ich sie."

Nichts rührte sich. Die Stille war vollständig. Draußen, im Gang, näselte der Lautsprecher: „Herr Dr. Braunstein wird am Telefon verlangt... Herr Dr. Braunstein wird am Telefon verlangt..." Aber das waren Echos aus einer anderen Welt. Hier im Zimmer herrschte vollkommene Stille.

„Ausgezeichnet", sagte Dr. Russel. „Ich muß jetzt gehen. Bis heute abend oder morgen früh."

Vor dem Fenster glitt ein neues Schiff vorüber. Draußen war die Luft lebendig, bewegt. Ich dachte: Zu dieser Stunde gehen die Männer in Hemdsärmeln und ohne Krawatte auf der Straße spazieren. Sie lesen, plaudern, essen, trinken, bleiben stehen, um einem Wagen auszuweichen, um eine Frau zu bewundern, um die Schaufensterauslagen zu mustern. Draußen gehen jetzt, zu dieser Stunde, Menschen umher.

Am Frühnachmittag erschienen einige meiner Kollegen. Gruppenweise kamen sie fröhlich hereingeschneit und bemühten sich, mich mit ihrer Fröhlichkeit anzustecken.

Sie erzählten den neuesten Klatsch: wer was machte, wer was sagte, wer wen betrog. Das letzte Schlagwort, die letzte Indiskretion, die letzte Schauergeschichte.

Dann ging die Unterhaltung auf den Unfall über.

„Jedenfalls hast du Dusel gehabt", meinte einer, „du hättest dir genau so gut den Hals brechen können."

„Oder ein Bein verlieren", warf ein anderer ein.

„Oder den Verstand", sagte ein dritter.

„Du wirst reich dabei werden", behauptete Sandor, ein Ungar. „Auch ich bin einmal von einem Wagen überfahren worden. Die Versicherungsgesellschaft hat aber nur tausend Dollar ausgespuckt. Du dagegen hast das Glück gehabt, von einem Taxi angefahren zu werden. Die Taxis sind hoch versichert. Das wird dir ein Vermögen einbringen, sage ich dir. Verflixter Glückspilz!"

Mir tat alles weh. Ich konnte mich nicht rühren. Ich war praktisch gelähmt. Aber ich hatte einen Riesendusel. Ich würde steinreich werden. Ich würde reisen, in Nachtlokale gehen, mir verschiedene Geliebte halten und auf die ganze Welt pfeifen können: Welch ein Affendusel! Es fehlte nur, daß sie sagten, sie beneideten mich.

„Man hat mir gesagt, daß in Amerika die Dollars auf der Straße liegen", bemerkte ich. „Es stimmt also: Man braucht nur hinzufallen, um sie aufzusammeln."

Sie platzten noch schallender heraus und ich lachte mit. Ein- oder zweimal kam die Krankenschwester herein, um mir etwas zu trinken zu geben, und auch sie lachte.

„Und dabei wollte er sich heute morgen nicht rasieren lassen!" sagte sie zu meinen Besuchern.

„Er ist steinreich", sagte Sandor. „Reiche Leute können es sich erlauben, unrasiert zu sein."

„Sie sind amüsant!" rief die Krankenschwester und schlug in die Hände. „Hat er Ihnen auch die Geschichte von dem Spiegel erzählt?"

„Nein, nein, nein!" riefen alle einstimmig. „Die Geschichte vom Spiegel!"

Sie berichtete ihnen also, daß ich mich am selben Morgen geweigert hatte, in einen Spiegel zu blicken.

„Reiche Leute haben Angst vor dem Spiegel", sagte ich. „Die Spiegel haben keinen Respekt vor dem Geld, sie haben die Nase voll davon."

Es war heiß im Zimmer, und noch heißer im Gips. Meine Freunde schwitzten. Die Krankenschwester wischte sich mit dem Handrücken die Stirn. Nachdem sie gegangen war, blinzelte Sandor mir zu:

„Nicht übel, was?"

„Muß verdammt gut sein!" pflichtete ein anderer bei.

„Na, siehst du! Du langweilst dich wenigstens nicht!" fiel ein dritter ein.

„Nein, ich langweile mich nicht", sagte ich.

Sie waren bereits eine gute Weile da, als Sandor einfiel, daß er um vier Uhr zu einer Pressekonferenz müsse.

„Die hatten wir ganz vergessen", sagten die anderen im Chor.

Überstürzt zogen sie ab und nahmen ihr Lachen mit in den Flur, auf die Straße und endlich dorthin, wo das Lachen eine historische Funktion übernimmt, nämlich in die Vereinten Nationen.

Es war fast sieben Uhr, als Kathleen die Tür öffnete. Sie schien blasser als gewöhnlich, aber auch ausgelassener, überschwenglicher. Man hätte meinen können, sie erlebe die glücklichste Stunde ihres Daseins. „Oh, welch schöne Aussicht! Sieh nur den Fluß! Was für ein hübsches Zimmer du hast! Wie groß es ist, wie geräumig und sauber! Du siehst fabelhaft aus!"

Irrsinnig, dachte ich. Ein Krankenhauszimmer ist der fröhlichste Ort der Welt. Hier spielen alle Theater, der Kranke inbegriffen. Man stellt Attitüden zur Schau, man heuchelt, man setzt eine heitere Miene auf.

Kathleen redete und redete. Sie, die es nicht leiden konnte, wenn man zuviel sprach, um nichts zu sagen, tat nun nichts anderes. Warum hat sie Angst vor dem Stillschweigen? fragte ich mich beklommen. Sollte auch sie etwas wissen? Sie wäre dazu imstande. Sie war im Augenblick des Unfalls dabei. Sie war einen Schritt vorausgegangen. Vielleicht hatte sie sich umgedreht.

Ich hätte die Unterhaltung gern auf dieses Thema

gelenkt, vermochte ihrem Redeschwall jedoch keinen Einhalt zu gebieten. Sie sprach und sprach. „Isaak vertritt dich in der Zeitung. Im Büro läutet unentwegt das Telefon: Dutzende von Menschen wollen wissen, wie es dir geht. Sogar er, weißt du – wie heißt er noch? Du weißt, von wem ich spreche, der Dicke, der mit dem Bauch einer schwangeren Frau. Du kennst ihn doch: der, der so schlecht auf dich zu sprechen ist. Na also, auch der hat angerufen. Isaak hat mir's erzählt. Und dann ..."

Es klopfte. Eine Krankenschwester – eine neue, nicht die vom Morgen – brachte das Abendessen. Sie war eine alte bebrillte Frau, von überlegener Gleichgültigkeit. Sie erbot sich, mir beim Essen behilflich zu sein.

„Lassen Sie nur", meinte Kathleen. „Ich werde es übernehmen."

„Gut", sagte die alte Krankenschwester, „wie Sie wünschen."

Ich hatte keinen Hunger. Kathleen ließ nicht locker: „Ein wenig Suppe? Doch, doch, du mußt. Du hast viel Kraft verloren. Ja, einen Löffel, einen einzigen. Noch einen. Mir zuliebe. Und noch diesen. Brav gemacht. Und nun das nächste, schau: ein Stückchen Fleisch. Wie verlockend es aussieht!"

Ich schloß die Augen und verstopfte mir die Ohren. Es war das einzige Hilfsmittel. Ich hatte plötzlich Lust, loszuschreien. Man durfte aber nicht schreien. Wozu hätte es auch genützt?

Kathleen redete und redete.

„Ich habe auch einen Anwalt genommen. Einen großen Rechtsanwalt. Er wird die Taxi-Gesellschaft verklagen. Schadenersatz mit Zinsen. Er kommt morgen zu dir. Er sprach sehr positiv. Er meinte, du würdest einen schönen Batzen kriegen ..."

Nach beendetem Nachtessen räumte sie den Teller fort und stellte ihn auf den Tisch. Als ich sie in Bewegung sah, fiel mir ihr müder Gang auf. Jetzt begriff ich, warum sie so viel sprach: Sie war am Ende ihrer Kräfte. Sieben Tage waren es her. Vor sieben Tagen war das Unglück passiert.

„Kathleen?" rief ich.

„Ja."

„Komm' und setz' dich zu mir."

Sie gehorchte und setzte sich auf den Bettrand.

„Ja?" fragte sie unruhig.

„Ich möchte dich etwas fragen."

Sie runzelte die Stirn:

„Ja?"

„Ich erkenne dich nicht wieder. Du bist verändert. Du sprichst so viel. Warum?"

Ein Zittern durchlief ihre Lider, ihre Schultern.

„In sieben Tagen hat sich allerlei angesammelt", sagte sie leicht errötend. „Ich will dir alles erzählen. Alles. Du vergißt, daß ich dich eine ganze Woche nicht gesehen habe ..."

Sie heftete ihre Augen, den Blick einer geschlagenen Frau auf mich und senkte ihn. Dann wiederholte sie langsam, mechanisch, leise, mit erschöpfter, tonloser Stimme:

„Ich will nicht weinen, ich will nicht weinen, ich will nicht ..."

Arme Kathleen, dachte ich. Arme Kathleen. Ich habe

sie verändert. Die stolze Kathleen, vor der sich jeder Willen beugte, Kathleen, deren Kraft rein und deren Härte wahr war, Kathleen, mit der sich starke Geister, ausgeprägte Charaktere auf gleicher Ebene zu messen liebten, diese Kathleen hat nicht einmal mehr die Kraft, ihre Tränen, ihre Worte zurückzuhalten.

Ich habe sie verändert, sie, die mich verändern wollte! „Man verändert ein menschliches Wesen nicht", hatte ich anfangs einmal, tausendmal zu ihr gesagt. „Man verändert sein Denken, man vertauscht seine Haltung, seine Krawatten. Höchstens verändert man seine Wünsche, aber das ist auch alles." „Das genügt mir", hatte sie geantwortet.

Und der Kampf begann. Sie wollte mich um jeden Preis glücklich machen, mich empfänglich machen für die Freuden des Lebens. Mich meine Vergangenheit vergessen machen. „Sie ist tot, deine Vergangenheit. Tot und begraben", sagte sie. Und ich antwortete: „Meine Vergangenheit bin ich. Wenn sie begraben ist, bin ich mit ihr begraben."

Sie versteifte sich in ihrem Kampf: „Ich bin stark", sagte sie. „Ich werde siegen." Und ich antwortete: „Du bist stark. Du bist schön. Du hast alle notwendigen Eigenschaften, um die Lebenden zu bezwingen. Aber hier sind es die Toten, die dich bekämpfen. Du kannst die Toten nicht bezwingen!" „Wir werden ja sehen!"

„Ich will nicht weinen", sagte sie mit gesenktem Kopf, als zöge das Gewicht aller Toten seit dem Schöpfungstag sie nach unten.

Habe ich gesagt, daß ein Mensch sich nicht verändert? Ich hatte unrecht. Er verändert sich. Die Toten sind allmächtig. Das war es, was sie nicht begreifen wollte: daß die Toten unbezwinglich sind. Daß sie ihr durch mich entgegentraten.

Als einziges Kind steinreicher, in Boston ansässiger Eltern war sie eigenwillig und starrköpfig. Ihre Anmaßung grenzte an Einfalt. Sie war nicht gewohnt, eine Schlacht zu verlieren. Sie glaubte, an die Stelle meines Schicksals treten zu können.

Eines Tages fragte ich sie, ob sie mich liebe. „Nein", antwortete sie aufbrausend. Und doch war es wahr. Sie hatte nicht gelogen. Die wahren Stolzen lügen nicht.

Unsere Berührung hatte nichts mit Liebe zu tun. Jedenfalls nicht ursprünglich. Später schon, aber nicht zu Anfang. Was uns verband, war genau das, was uns trennte. Sie liebte das Leben, die Liebe; ich hingegen dachte nur mit unendlichem Schamgefühl an das Leben, an die Liebe. Dennoch blieben wir zusammen. Denn sie brauchte den Kampf und ich schaute ihr dabei zu. Ich beobachtete sie, wie sie gegen jene kalte, unwandelbare Wirklichkeit anrannte, die sie zunächst in meinen Worten, sodann in meinem Schweigen entdeckt hatte.

Wir reisten viel zusammen. Die Tage waren angefüllt, die Stunden reich. Die Zeit wurde wieder zu einem Abenteuer. Wenn sie einen schönen Sonnenaufgang sah, verstand Kathleen es, mir ihre Begeisterung mitzuteilen. Auf der Straße machte sie mich auf schöne Frauen aufmerksam, zu Hause entlockte sie mir das Geständnis, daß der Körper auch eine Quelle der Freude sei.

Zu Anfang, ganz zu Anfang mied ich ihre Küsse.

Zwar lebten wir zusammen, aber unsere Lippen berühr=ten einander nie. Etwas wehrte sich in mir gegen die Berührung mit ihrem Mund. Vielleicht fürchtete ich insgeheim, daß sie durch meinen Kuß eine andere wer=den könne. Mehrmals war sie drauf und dran, nach dem Grund zu fragen, aber stets gewann ihr Stolz zu=letzt die Oberhand. Dann, allmählich, gab ich nach. Jeder Kuß öffnete eine alte Wunde. Auf diese Weise wurde mir bewußt, daß ich noch immer schmerzemp=findlich war, daß ich noch immer auf den Ruf der Ver=gangenheit reagierte.

Das dauerte ein ganzes Jahr. Beim Jahresfest unserer Begegnung – unsere Verbindung nannten wir einfach so – beschlossen wir gemeinsam, uns zu trennen. Un=ser Verhältnis war unbefriedigend, und so bestand keinerlei Veranlassung es weiterzuführen.

In jener Nacht fand weder sie noch ich den Schlaf. Schweigsam nebeneinander liegend, erwarteten wir angstvoll den Tagesanbruch. Kurz bevor der Morgen graute, zog Kathleen mich an sich und unsere Körper vereinten sich im Dunkeln zum letztenmal. Eine Stunde später zog ich mich ebenso schweigsam an und verließ das Zimmer, ohne ihr Lebewohl zu sagen, ja ohne mich umzudrehen.

Draußen pfiff der schneidende Morgenwind. Noch waren die Straßen verlassen. Irgendwo kreischte eine Türe. Ein Fenster wurde hell, einsam, bleich. Es war kalt. Meine Beine wären am liebsten gelaufen. Es ge=lang mir jedoch, langsam, sehr langsam zu gehen: Ich durfte keiner Schwäche nachgeben. Meine Augen wein=ten, vermutlich wegen der Kälte.

„Ich will nicht weinen", sagte Kathleen.

Sie schüttelte den gesenkten Kopf.

Arme Kathleen! dachte ich. Die Toten haben auch dich verändert.

Am nächsten Tag kam der Anwalt. Er trug eine Brille, war mittelgroß und hatte das herablassende Gebaren eines Herrn, der die Antwort des Klienten schon weiß, bevor er ihm seine Fragen gestellt hat.

Er stellte sich vor: Mark Brown.

„Nennen Sie mich Mark."

Er ließ sich vertraulich nieder und zog einen großen Notizblock aus seiner Aktentasche.

„Ich habe mit den Ärzten gesprochen", verkündete er. „Sie waren übel dran. Das ist gut."

„Ja", bemerkte ich, „das ist gut."

Er verstand meine Ironie.

„Oh! Ich spreche nur vom Gesichtspunkt des Prozesses aus", entschuldigte er sich augenzwinkernd.

„Ich auch", erwiderte ich. „Anscheinend wollen Sie einen reichen Mann aus mir machen."

„Ich bin Optimist."

„Sehen Sie sich vor. Meine Feinde werden es Ihnen nie verzeihen, daß ich auf dem besten Wege bin, ein reicher Journalist zu werden!"

Er lachte:

„Einmal soll das Recht auch auf Seiten der Literatur sein!"

Er spannte mich in ein Kreuzverhör: Was war genau

am Abend des Unfalls geschehen? War ich allein? Nein. Wer war mit mir? Kathleen. Aha, die junge Frau, die ihn angerufen hatte. Hatten wir vor oder beim Abendessen getrunken? Nein. Weder vor noch während. Hatten wir uns gestritten? Nein. Hatten wir gewartet, bis die Ampel rot wurde, bevor wir die Straße überquerten? Ja. Das Taxi war von links gekommen. Hatte ich es gesehen?

Ich brauchte etwas länger, um diese letzte Frage zu beantworten. Mark setzte die Brille ab und wiederholte, die Gläser putzend:

„Haben Sie es kommen sehen?"

„Nein", sagte ich.

Sein Blick wurde durchdringend:

„Sie scheinen zu zögern."

„Ich versuche, die Szene wieder vor mir zu sehen, sie wieder zu erleben."

Mark war intelligent und scharfsinnig. Um einen dicken Dossier anzusammeln, versteifte er sich darauf, zahllose Einzelheiten aufzutreiben, die auf den ersten Blick nur mittelbar mit dem Unfall zu tun hatten. Bevor er seinen Schlachtplan entwickelte, wollte er alles wissen. Das Verhör dauerte mehrere Stunden. Er erklärte sich zufriedengestellt.

„Kein Zweifel", schloß er, „der Chauffeur ist der Fahrlässigkeit schuldig."

„Ich hoffe, daß es ihm nicht schaden wird", rief ich ängstlich. „Ich möchte nicht, daß er bestraft wird. Schließlich hat er ja nicht vorsätzlich gehandelt . . ."

Mark Brown beschwichtigte mich:

„Fürchten Sie nichts. Nicht er wird zahlen, sondern

seine Versicherungsgesellschaft. Wir wollen dem armen Teufel ja nicht weh tun."

„Sind Sie sicher, vollkommen sicher, daß ihm nichts passieren wird?"

Armer Teufel! dachte ich. Er war gar nicht daran beteiligt. Am Abend vorher hatte seine Frau angerufen und mich im Namen ihres Mannes um Verzeihung gebeten. Er selbst hatte es nicht gewagt. Er hatte nicht einmal gewagt, mich um Verzeihung zu bitten.

„Vollkommen sicher", sagte der Anwalt mit einem trockenen Lächeln. „Sie werden dabei reicher und er nicht ärmer. Fürchten Sie nichts."

Unwillkürlich seufzte ich erleichtert auf.

Jeden Vormittag kam Dr. Russel zu einem Plauderstündchen. Er hatte es sich zur Gewohnheit gemacht, seinen täglichen Rundgang bei mir zu beenden. Oft blieb er eine Stunde oder sogar länger. Ohne anzuklopfen trat er ein, setzte sich auf den Fenstersims, die Hände in den Taschen seines weißen Mantels vergraben, die Beine übereinandergeschlagen, in den Augen den Widerschein der unruhigen Farben des Flusses.

Er sprach viel von sich, von seinem Leben an der Front — er hatte den Koreakrieg mitgemacht —, von seiner Arbeit, von den Freuden ebenso wie von den Ärgernissen, die sie ihm eintrug. Jede dem Tod entrissene Beute machte ihn so glücklich, als habe er einen weltbewegenden Sieg davongetragen. Ein Mißerfolg umschattete sofort seine Augen. Ich brauchte ihn nur genau anzusehen, um zu erraten, ob er in der vergangenen Nacht die Partie gewonnen oder verloren hatte. Er betrachtete den Tod als seinen persönlichen Feind.

„Was mich zur Verzweiflung treibt", sagte er oft mit einem Anflug von Bitterkeit, „ist, daß der Kampf mit ungleichen Waffen ausgetragen wird. Meine Siege können nur vorübergehend sein. Die seinen sind endgültig. Und zwar immer."

Eines Morgens legte er eine glücklichere Miene als gewöhnlich an den Tag. Er gab seinen Lieblingsplatz am Fenster auf und begann, wie ein Trunkener vor sich hinredend, das Zimmer zu durchmessen.

„Sie haben wohl getrunken, Doktor!" sagte ich spottend.

„Getrunken!" rief er aus. „Keineswegs. Ich trinke nie. Heute bin ich eben nur glücklich. Restlos glücklich. Denn ich habe ihn überlistet. Ha! Diesmal habe ich's ihm gegeben..."

Sein Sieg schmeckte wie Wein. Er konnte keine Sekunde ruhig stehen bleiben. Um sein Glück zu vermehren, hätte er am liebsten er selbst und ein anderer, Zeuge und Held zugleich sein wollen. Er verspürte Lust zu singen und sich singen zu hören, tanzen und sich tanzen zu sehen, er hätte die höchste Bergspitze erklettern und aus Leibeskräften hinunterschreien mögen: „Ich habe gesiegt! Ich habe den Tod bezwungen!"

Die Operation war schwierig, gefährlich gewesen: ein Junge von zwölf Jahren, der wenig Chancen, kaum eine Chance des Überlebens gehabt hatte. Drei Ärzte hatten ihn bereits aufgegeben. Aber er, Paul Russel, hatte beschlossen, das Unmögliche zu versuchen.

„Das Bürschchen kommt durch!“ donnerte er mit hochrotem Gesicht, wie von einer inneren Sonne durchglüht. „Begreifen Sie? Er wird leben! Und doch schien alles verloren! Das Übel saß im Bein und vergiftete von dort aus das Blut. Ich habe das Bein abgenommen. Die anderen sagten, das würde nichts nützen, es sei bereits zu spät. Die Würfel seien gefallen. Ich habe aber nicht gewankt. Ich habe die Schlacht gewonnen. Für jeden Atemzug mußte ich alle verfügbaren Waffen einsetzen, meine Fingernägel eingeschlossen. Aber: Ich habe gewonnen! Ah! Diesmal habe ich's ihm gezeigt ...“

Die Freude, ein Menschenleben gerettet zu haben, dachte ich. Ich habe sie nie gekannt. Ich wußte nicht einmal, daß es so etwas gibt. Das Leben eines kleinen Jungen in den Händen halten heißt an die Stelle Gottes treten. Freilich habe ich nie den Traum genährt, mich über das menschliche Maß zu erheben. Der Mensch läßt sich nicht durch das erklären, was ihn verneint, sondern durch das, was ihn bejaht. Man findet ihn weder in seinem Gegenüber, noch ihm zur Seite, sondern in ihm selbst.

„Sehen Sie“, sagte Paul Russel, den Ton wechselnd, „der Unterschied zwischen Ihnen und mir ist folgender: Ihre Berührung mit dem, was Sie umgibt und Ihr Blickfeld begrenzt, vollzieht sich mittelbar. Vom Leben kennen Sie nur die Worte, die Rinde, die Erscheinungsformen, die Ideen. Zwischen Ihnen und dem Leben des Nächsten wird stets eine Trennungswand sein. Daß ein Mensch lebt, genügt Ihnen nicht. Sie müssen auch noch wissen, was er aus seinem Leben macht. Für mich ist die Sache anders. Ich zeige mehr Nachsicht gegenüber dem Sterblichen. Wir haben denselben Feind und der hat nur einen Namen: der Tod. Vor ihm sind wir alle gleich. In seinen Augen wiegt kein Leben schwerer als ein anderes. Von diesem Gesichtspunkt aus identifiziere ich mich mit dem Tod. Was mich am Menschen fesselt, ist seine Lebenskraft. Seine Handlungen sind nur Wiederholungen. Hätten Sie je das Leben eines Menschen in der Hand gehalten, Sie würden wie ich das Unmittelbare dem, was danach kommt, das Greifbare dem Reich der Ideen, das Leben als solches den Fragen vorziehen, die es in sich schließt."

Er blieb einen Augenblick am Fenster stehen und verstummte während der Spanne eines Lächelns, bevor er eine Oktave tiefer fortfuhr:

„Ihr Leben, mein Freund, war hier, in dieser meiner Hand."

Langsam, mit ausgestreckter, zitternder Handfläche drehte er sich um. Nach und nach nahm sein Gesicht den üblichen Ausdruck an und seine Bewegungen wurden weniger brüsk.

„Glauben Sie an Gott, Herr Doktor?"

Meine Frage traf ihn unvorbereitet. Stirnrunzelnd blieb er jäh stehen.

„Ja", antwortete er. „Allerdings nicht im Operationssaal. Dort rechne ich nur mit mir."

Sein Blick vertiefte sich. Er fügte hinzu:

„Mit mir und dem Kranken. Oder, wenn Sie wollen, mit dem Leben, das in dem kranken Fleisch pulst. Das Leben will leben. Das Leben will weiterleben. Es widersetzt sich dem Tod. Es kämpft. Mein Verbündeter ist der Kranke. Er steht mir zur Seite. Zu zweit sind wir stärker als der Feind. Nehmen Sie den Buben von gestern nacht. Er fand sich mit dem Tod nicht ab. Er hat mir dabei geholfen, den Sieg zu erringen. Er klammerte sich daran, er verkrampfte sich darin. Wiewohl eingeschläfert, nahm er am Kampf teil ..."

Noch immer reglos, sah er mich eindringlich an. Ein peinliches Schweigen entstand. Von neuem hatte ich das Gefühl, daß er Bescheid wisse, daß er nur zu dem Zweck redete, um mich bloßzustellen. Nun war es soweit. Jetzt oder nie. Es galt Schluß zu machen mit jeder Ungewißheit.

„Herr Doktor, ich möchte eine Frage an Sie richten."

Er nickte kurz, zustimmend.

„Was habe ich während der Operation gesagt?"

Er dachte einen Augenblick nach:

„Nichts. Sie haben nichts gesagt."

„Sind Sie sicher? Nicht ein einziges Wort?"

„Nicht ein einziges Wort."

Erleichtert vermochte ich ein Lächeln nicht zurückzuhalten.

„Nun komme ich dran", sagte der Arzt ernst. „Auch ich habe eine Frage an Sie zu stellen."

Mein Lächeln erstarb.

„Bitte schön."

Ich mußte dem Bedürfnis, die Augen zu schließen, widerstehen. Es war plötzlich zu hell im Zimmer. Die Unruhe hatte meine Stimme, meinen Atem, meinen Blick getönt.

Leicht, kaum merklich senkte der Arzt den Blick.

„Warum legen Sie keinen Wert darauf zu leben?" fragte er leise.

Eine Sekunde lang schwankte alles. Selbst das so stete Licht wechselte die Farbe. Es war weiß, dann rot, dann schwarz. Das Blut pochte in meinen Schläfen. Mein Kopf wurde mir fremd.

„Leugnen Sie nicht", sagte der Arzt wieder, die Stimme noch mehr senkend. „Leugnen Sie es nicht! Ich weiß es."

Er weiß es. Er weiß es. Er weiß es. Ein unsichtbarer Schraubstock preßte mir die Kehle zu. Ich fürchtete jeden Augenblick zu ersticken.

Schwach fragte ich ihn, wer es ihm gesagt habe: Kathleen?

„Nein. Nicht Kathleen. Niemand. Niemand hat es mir gesagt. Ich weiß es trotzdem. Ich habe es geahnt. Im Laufe der Operation. Sie haben mir nicht geholfen. Keinen einzigen Augenblick. Sie haben mich im Stich gelassen. Allein, ganz allein mußte ich den Kampf aus=tragen. Ja, noch mehr. Sie waren gegen mich, auf der Seite des Feindes."

Seine Stimme wurde hart, schmerzlich und hart:

„Antworten Sie! Warum wollen Sie nicht leben? War=um nicht?"

Ich gewann meine Ruhe wieder. Ich weiß es nicht, dachte ich. Das wenige, was er ahnt, ist nichts, ein bloßer Eindruck. Das ist alles. Keine präzise Tatsache. Kein geordnetes System. Und doch befindet er sich auf der richtigen Fährte. Nur wird er nicht bis ans Ende finden.

„Antworten Sie", wiederholte er. „Warum nicht, war=um nicht?"

Er wurde immer hartnäckiger. Seine Unterlippe be=

gann nervös zu zittern. Merkte er etwas? Ich dachte: Er ist böse auf mich, weil ich ihn im Stich gelassen habe, weil ich ihm auch jetzt noch ausweiche und ihm gegenüber weder Dank noch Bewunderung empfinde. Das erklärte seinen Zorn. Er hat erraten, daß mich nichts am Leben hält, daß ich im Grunde meines Herzens keinen Wert darauf lege, meinen Weg weiterzugehen. Und das untergräbt die Grundfesten seiner Anschauungen und seines Wertsystems. Der Mensch in seinem Lehrbuch muß leben und für sein Leben kämpfen. Er muß den Ärzten helfen und sie nicht bekämpfen. Ich habe ihn bekämpft. Er hat mich gegen meinen Willen dem Leben zurückgegeben. Ich war schon fast bei meiner Großmutter. Ich stand schon auf der Schwelle. Paul Russel stand hinter mir und hat mich daran gehindert, sie zu überschreiten. Er zog mich zurück. Er allein gegen Großmutter und die anderen. Er hat gesiegt. Noch ein Sieg zu seinen Gunsten. Ein Menschenleben. Ich müßte vor Glück hinausschreien und die Grundfesten des Weltalls zum Erbeben bringen. Statt dessen verstimme ich ihn nur. Das bringt ihn außer sich.

Dr. Russel machte sichtbare Anstrengungen, um sich zu beherrschen. Noch immer blickte er mich wütend an, die Wangen hochgerötet, die Lippen zitternd.

„Ich befehle Ihnen, mir zu antworten!"

Wie ein unerbittlicher Inquisitor hob er die Stimme. Kalter Zorn verkrampfte seine Hände.

Ich dachte: Er wird anfangen zu schreien, mich zu schlagen. Wer weiß? Vielleicht ist er imstande, mich zu erwürgen und mich auf das Schlachtfeld zurückzustoßen. Der Arzt ist ein Mensch, daher also des Hasses fähig,

fähig, die Selbstbeherrschung zu verlieren. Er könnte leicht seine beiden großen Hände um meinen Hals legen und zudrücken. Von ihm aus gesehen wäre das natürlich und logisch. Ich bin eine Gefahr für ihn. Wer das Leben verwirft, stellt eine Bedrohung für ihn und für das dar, was er in dieser Welt, in der das Leben bereits so wenig zählt, verteidigt. In seinen Augen bin ich ein Krebsschaden, der ausgemerzt werden muß. Was würde aus der Menschheit und ihren Gesetzen des Gleichgewichts, wenn alle Menschen plötzlich den Tod wünschten?

Ich fühlte mich ruhig und Herr meiner selbst. Bei eingehender Prüfung hätte ich vermutlich entdeckt, daß meine Ruhe auch die Befriedigung, die eigenartige Freude – oder nur einfach die lustige Laune – verbarg, die uns die Erkenntnis unserer Stärke, unserer Einsamkeit verschafft. Ich sagte mir: Er weiß es nicht. Und es hängt von mir ab, daß er es erfährt und daß seine Zukunft dadurch verwandelt wird. In diesem Bruchteil einer Sekunde bin ich sein Schicksal.

„Habe ich Ihnen schon den Traum erzählt, den ich zur Zeit meiner ersten Operation gehabt habe?" fragte ich lächelnd in belustigtem Tonfall. „Nein? Soll ich ihn erzählen?

Ich war zwölf Jahre alt. Meine Mutter nahm mich in die Klinik meines Vetters, des Chirurgen Oscar Sreter mit, um mir die Mandeln herausschälen zu lassen. Er legte mir eine Äthermaske aufs Gesicht, so daß ich wenige Sekunden später eingeschlafen war. Beim Erwachen fragte Oscar Sreter: ‚Weinst du, weil es weh tut?' ‚Nein', erwiderte ich, ‚ich weine, weil ich soeben

Gott gesehen habe.' Ein erstaunlicher Traum: Ich war zum Himmel aufgestiegen. Gott auf seinem Thron beriet sich mit den Engeln. Die Entfernung, die mich von ihm trennte, war unendlich, ich sah ihn jedoch so deutlich, als hätte er neben mir gesessen. Auf ein Zeichen Gottes trat ich näher. Ich durchschritt ganze Lebensalter, aber die Entfernung wurde deshalb nicht geringer. Da hoben mich zwei Engel auf und plötzlich stand ich vor dem Angesicht Gottes. Endlich! dachte ich. Jetzt werde ich ihm die Frage stellen können, die alle Weisen Israels beschäftigt: Was ist der Sinn des Leidens? In meiner Verschüchterung brachte ich jedoch keinen Ton heraus. Mittlerweile drängten sich andere Fragen in meinem Kopf: Wann wird die Stunde der Erlösung kommen? Wann wird das Gute das Böse besiegen und so dem Chaos ermöglichen, sich für immer zu verflüchtigen? Aber meine Lippen zitterten nur, und die Worte blieben mir in der Kehle stecken. Nun sprach Gott zu mir. Eine so vollkommene, so reine Stille war eingetreten, daß mein Herz sich seines Schlagens schämte. Die Stille ließ nicht nach, als die Stimme Gottes ertönte. Bei ihm waren Wort und Stille kein Widerspruch. Gott antwortete auf alle meine Fragen und noch viele andere mehr. Dann nahmen mich zwei Engel von neuem am Arm und führten mich zurück. Einer sagte zum anderen: ‚Er ist schwerer geworden.' Und der andere antwortete: ‚Er nimmt eine wichtige Antwort mit.' In diesem Augenblick erwachte ich. Dr. Sreter beugte sich lächelnd über mich. Ich wollte ihm sagen, daß ich soeben die Stimme Gottes gehört habe, als ich mit Schrecken feststellte, daß ich sie vergessen hatte. Ich wußte nicht mehr, was Gott zu mir gesagt hatte. Tränen liefen mir über die Wangen. ‚Weinst du, weil es weh tut?' fragte der gute Dr. Sreter. ‚Es tut mir nicht weh', antwortete ich. ‚Ich weine, weil ich soeben Gott gesehen habe. Er hat zu mir gesprochen und ich habe vergessen, was er gesagt hat.' Der Arzt brach in freundschaftliches Gelächter aus: ‚Wenn du willst, kann ich dich wieder einschläfern, du brauchst ihn dann nur bitten, das Gesagte zu wiederholen ...' Ich weinte und mein Vetter lachte herzlich.

... Und sehen Sie, lieber Doktor, als ich diesmal auf Ihrem Operationstisch in tiefem Dämmerschlaf lag, habe ich Gott nicht im Traum gesehen. Er war nicht mehr da."

Paul Russel hatte aufmerksam zugehört. Vorgebeugt schien er einen versteckten Sinn in jedem weiteren Wort gesucht zu haben. Sein Gesichtsausdruck hatte sich verändert.

„Sie haben nicht auf meine Frage geantwortet!" warf er gespannt hin.

So hatte er also nicht verstanden. Eine Antwort auf seine Frage?

Aber das war sie doch! Sah er denn nicht, worin die zweite Operation sich von der ersten unterschied? Es war nicht seine Schuld. Er konnte es unmöglich begreifen. Wir waren so verschieden, wir waren meilenweit voneinander entfernt. Seine Hände berührten das Leben, die meinen liebkosten den Tod. Ohne Zwischenraum, ohne Scheidewand. Das Leben, der Tod. So nackt, so wahr das eine wie das andere. Das Problem überstieg uns und spielte sich in einem unsichtbaren Bereich, auf einer fernen Leinwand zwischen zwei Mächten ab, die wir verkörperten.

Neben dem Bett stehend, erfüllte er mit seiner Gegenwart das Zimmer. Er wartete. Er witterte ein Geheimnis, das ihn erzürnte, und der Zorn führte ihn irre. Wir waren beide jung, aber vor allem waren wir lebendig. Kraftvoll, hartnäckig sah er mich an, um in mir zu erfassen, was ihm entging. So muß der primitive Mensch dem Tageslicht nachgeeilt sein, das hinter dem Gebirge entwich.

Ich hatte gute Lust, ihm zu sagen: Gehen Sie, Paul Russel, Sie sind ein aufrechter, mutiger Mann. Sie haben die Pflicht, mich allein zu lassen. Verlangen Sie nicht, daß ich spreche. Versuchen Sie nicht, zu wissen. Weder wer ich bin, noch wer Sie sind. Ich bin ein Erzähler. Meine Legenden lassen sich nur in der Abenddämmerung erzählen. Wer sie hört, stellt sein Leben in Frage. Gehen Sie, Paul Russel, gehen Sie rasch. Die Helden meiner Geschichtchen sind grausam, unbarmherzig. Sie sind imstande, Sie zu erwürgen. Wollen Sie wissen, wer ich wirklich bin? Ich weiß es selbst nicht. Zuweilen bin ich Schmuel, der Würger. Schauen Sie mich gut an. Nicht das Gesicht, die Hände!

Sie waren zu zehnt im Bunker. Nacht für Nacht hörten sie die deutschen Polizeihunde, die in Ruinen den Juden nachspürten, die sich in unterirdischen Verstecken verschanzt hatten. Schmuel und die anderen vegetierten fast ohne Wasser und Brot, fast ohne Luft dahin. Aber sie hielten durch. Sie wußten, daß sie dort unten in ihrem engen Gefängnis frei waren, denn oben

wütete der Tod. Eines Nachts wäre es fast zur Kata=
strophe gekommen. Schuld war Golda, die ihr Kind,
einen wenige Monate alten Säugling, mitgebracht hatte.
Das Kind begann zu weinen und setzte damit das
Leben aller aufs Spiel. Golda versuchte es zu beruhigen,
es einzuschläfern. Vergebens. Nun wandten sich die
anderen, mit denen Golda sich zusammengetan hatte,
an Schmuel und sagten: „Bring es zum Schweigen. Be=
schäftige dich mit ihm, da dein Handwerk doch das
Abwürgen von Hühnern ist. Du wirst es gewiß fertig=
bringen, ohne daß es allzu sehr leidet." Schmuel unter=
warf sich dem Argument: das Leben eines Säuglings
gegen das Leben aller. Er nahm das Kind, im Dunkeln
fanden seine tastenden Hände den Hals. Es wurde still
im Himmel und auf Erden. Nur die Hunde in der Ferne
bellten weiter.

Ein unmerkliches Lächeln trat auf meine Lippen.
Schmuel war auch Arzt, dachte ich. Er rettete Menschen=
leben.

Paul Russel wartete noch immer reglos.

Moische ist Schmuggler, auch er ist aus Sighet. Wir
waren Freunde. Von unserem achten Lebensjahr an
trafen wir uns jeden Morgen um sechs Uhr auf der
Straße mit Laternen in der Hand und schlugen den
Weg nach Scheder ein, wo uns Bücher erwarteten, die

größer waren als wir. Moische wollte Rabbi werden. Heute ist er Schmuggler und wird von jeder Kriminal=polizei Europas gesucht. Im Lager hatte er gesehen, wie ein frommer Mensch eine ganze Woche lang seine Brotration gegen ein Gebetbuch eintauschte. Kaum einen Monat später war der Fromme tot. Vor dem Sterben küßte er sein kostbares Buch und murmelte: „Wieviel Menschen hast du zerstört, du?" An jenem Tag schwor sich Moische, sein Leben zu ändern. So zählt die Mensch=heit heute einen Schmuggler mehr und einen Rabbi weniger — und befindet sich dabei nicht schlechter.

Sie wollen wissen, wer ich bin, Herr Doktor? Ich bin auch Moische, der Schmuggler. Ich bin besonders der, der seine Großmutter zum Himmel auffahren sah. Wie eine Flamme verscheuchte sie die Sonne und nahm ihren Platz ein. Und diese neue Sonne, die blendet, statt zu leuchten, zwingt mich, mit gesenktem Kopf zu gehen. Sie lastet auf der Zukunft des Menschen. Sie verdüstert das Herz und die Sicht der kommenden Geschlechter.

Hätte ich laut gesprochen, er hätte das tragische Schicksal derer begriffen, die zurückgekehrt sind und weder tot, noch lebendig dahinleben. Man muß sie auf=merksam betrachten. Ihre Erscheinung trügt. Sie sind Schmuggler. Sie gleichen den anderen — könnte man sagen. Sie essen, sie lachen, sie lieben. Sie jagen dem Geld, dem Ruhm, der Liebe nach wie die anderen. Aber das stimmt nicht: Sie spielen nur, mitunter ohne es zu wissen. Wer gesehen hat, was sie gesehen haben, kann nicht wie die anderen sein. Er kann nicht lachen, lieben, beten, schachern, leiden, auch nicht lustig sein und vergessen wie die anderen. Man muß sie aufmerksam anschauen, wenn sie an einem harmlosen Fabrikschornstein vorbeigehen, oder wenn sie ein Stück Brot an die Lippen führen. Etwas in ihnen erbebt und bewirkt, daß man die Augen abwendet. Diese Menschen sind amputiert worden, aber es fehlt ihnen nicht ein Bein oder ein Auge, sondern der Lebenswillen und die Lebenslust. Die Dinge, die sie einmal gesehen haben, treten wieder an die Oberfläche. Und dann bekommt die Welt Angst und wagt nicht, diesen Seelenamputierten in die Augen zu blicken.

Hätte ich laut gesprochen, Paul Russel würde begriffen haben, warum man den Zurückgekehrten nicht allzu viele Fragen stellen darf: Sie sind keine normalen Menschen mehr. Unter dem Schock ist eine Feder in ihrem Innern gesprungen. Früher oder später machen sich die Folgen bemerkbar. Doch ich wollte nicht, daß er das verstünde. Ich wollte nicht, daß er sein Gleichgewicht verlöre, daß er eine Wahrheit ahnte, die ihm jeden Augenblick ins Gesicht springen konnte.

Damit er mich allein ließe, damit er fortginge, begann ich ihm zu beweisen, daß er im Irrtum war. Natürlich hielt ich am Leben fest. Natürlich wollte ich leben, wirken, etwas Dauerhaftes schaffen, dem Menschen weiterhelfen, zum Fortschritt, zum Glück, zur Entfaltung der Menschheit beitragen! Ich sprach lange, leidenschaftlich und verwendete absichtlich komplizierte, hochtrabende Worte, abstrakt klingende Ausdrücke. Und da er noch nicht völlig überzeugt war, warf ich das Argument hin, dem er sich nicht völlig verschließen konnte: die Liebe. Ich liebe Kathleen. Ich liebe sie von Herzen. Wie kann man aber lieben, wenn man gleichzeitig nicht am Leben festhält, wenn man nicht an das Leben und an die Liebe glaubt?

Allmählich nahm das Gesicht des jungen Arztes wieder seinen gewohnten Ausdruck an. Ich hatte Worte zu ihm gesprochen, die er hören wollte. Seine Grundlagen waren also nicht bedroht. Alles kehrte in die alte Ordnung zurück. Es lebe die Freundschaft zwischen Kranken und Ärzten! Nichts ist heiliger als das Leben, nichts edler, gesünder, größer. Sich dem Leben verweigern ist eine Sünde, eine Dummheit, eine Torheit. Man muß das Leben annehmen, es hochhalten, es lieben, dafür kämpfen, als handle es sich um einen Schatz, um eine Frau, um ein heimliches Glück.

Nun wurde er wieder freundschaftlich und bot mir mit ermunterndem Blick eine Zigarette an. Er war entspannt. Seine Lippen bekamen wieder ihre natürliche Farbe. Seine Augen sprühten keinen Zorn mehr.

„Ich bin zufrieden", sagte er endlich. „Zuerst hatte ich Angst ... Ich erkenne meinen Irrtum. Ich bin zufrieden. Wahrhaftig ..."

Ich auch. Ich war zufrieden, ihn überzeugt zu haben. Wirklich und wahrhaftig.

Nichts leichter als das. Er wollte nur überlistet sein, und ich hatte sein Spiel gespielt. Ich hatte einen Text aufgesagt, den er auswendig wußte. Die Liebe ist kein

Fragezeichen, sondern ein Ausrufungszeichen. Sie ermöglicht, alles durch sich selbst zu erklären, ohne Argumente zu Hilfe nehmen zu müssen, deren Logik ihre Stärke und zugleich ihre Schwäche ist. Ein verliebter Junge weiß mehr über Welt und Schöpfung als jeder Gelehrte. Warum stirbt man? Weil ich dich liebe, Geliebte. Und warum schneiden sich die Parallelen im Unendlichen? Welche Frage! Nur weil ich dich liebe, Geliebte.

Das überzeugt. Für den jungen Mann und das junge Mädchen, die Gefangenen eines Zauberkreises, scheint die Antwort durchaus gültig. In ihren Augen besteht eine unmittelbare Verbindung zwischen ihrem Abenteuer und den Geheimnissen des Weltalls.

Ja, das war leicht. Ich liebe Kathleen. Somit hat das Leben einen Sinn, der Mensch ist nicht allein. Die Liebe ist die Gewähr für die Existenz Gottes.

Kathleen. Schließlich ist es mir gelungen, auch sie — wiewohl mühsamer — zu überzeugen. Sie kannte mich besser und war daher auf der Hut. Im Gegensatz zu dem jungen Arzt, der Ungewißheiten auswich, hatte sie ein starkes Gefühl für Schattierungen. Für sie war Hamlet nur ein Romantiker, und die Frage, die er sich stellte, war gar zu einfach. Die Frage lautet nicht: Sein oder Nichtsein, sondern: Sein und Nichtsein. Es kommt vor, daß der Mensch lebt und gleichzeitig stirbt, daß er für die Lebenden den Tod verkörpert. Hier beginnt die Tragik.

Warum war sie zurückgekehrt? Sie hätte es nicht tun dürfen. Ich hatte es ihr doch gesagt. Nein, ich hatte es ihr nicht gesagt. Sie war unglücklich. Ich war so überrascht gewesen, daß ich mich außerstande fühlte, ihr zu sagen, sie solle nicht wieder an Vergangenes anknüpfen.

Sie litt. Schon am Telefon verriet ihre Stimme Müdigkeit. Fünf Jahre waren seit meinem wortlosen Abschied vergangen. An jenem Vormittag war es grimmig kalt gewesen. Jetzt hatten wir Herbst. Fünf Jahre waren seither vergangen! Ich hatte von Schimon Janai gehört, daß Kathleen nach Boston zurückgekehrt war und einen steinreichen, viel älteren Mann geheiratet hatte.

Eines Nachmittags saß ich bis über die Ohren in Arbeit im Büro: Die Generalversammlung der Vereinten Nationen hielt ihre Jahressitzung ab. Reden, Erklärungen, Anklagen und Gegenanklagen, Entschließungen und Gegenentschließungen — nach dem zu urteilen, was auf dem Rednerpult gesagt wurde, mußte unser Planet ziemlich krank sein.

Das Telefon läutete.

Am anderen Ende des Drahtes hauchte eine Stimme:

„Hier spricht Kathleen."

Dann verstummte sie, und ein langes Stillschweigen trat ein. Ich betrachtete den Hörer, den ich in der Hand hielt, und es schien, als lebte er. Ich dachte: Damals war Winter, jetzt ist Herbst.

„Ich möchte dich sehen", sagte Kathleen dann.

In ihrer Stimme klang Verzweiflung, klang Leere mit.

„Wo bist du jetzt?" fragte ich.

Sie nannte ein Hotel.

„Erwarte mich dort", gab ich zurück.

Wir hängten zu gleicher Zeit auf.

Sie war in einem der teuersten und elegantesten Hotels New Yorks abgestiegen. Ihr Appartement lag im fünfzehnten Stock. Geräuschlos drückte ich die halboffene Tür auf. Kathleen stand im Fensterausschnitt. Ihr schönes schwarzes Haar fiel auf ihre Schultern herab. Sie trug ein diskret ausgeschnittenes dunkelgraues Kleid. Ich war ergriffen.

„Guten Tag, Kathleen", sagte ich von der Schwelle aus.

„Guten Tag", antwortete sie, ohne sich umzudrehen.

Ich trat auf das offene Fenster zu, das auf den Central Park ging, auf jenes Niemandsland der riesigen Stadt, das nachts Gauner und Verliebte mit demselben Entgegenkommen beherbergt. Die Bäume schillerten orangefarben. Die Luft hing schwer, feucht, undurchsichtig – die letzte Hitzewelle vor dem Winter. Drunten fuhren Tausende von Wagen unter dem Laubwerk dahin und verschwanden. Die Sonne heftete ihre goldenen Strahlen auf die Scheiben der Wolkenkratzer.

„Hilf mir", sagte Kathleen, während sie den Blick über das Herbstlaub gleiten ließ, das den Park mit einem purpurnen Mantel bedeckte.

Verstohlen betrachtete ich ihr linkes Profil. Die Linien ihres Halses zeugten noch immer von derselben Empfindsamkeit.

„Du hilfst mir doch, nicht wahr?" fragte sie.

„Gewiß", antwortete ich.

Erst jetzt wandte sie mir den Blick zu, in dem ich Dankbarkeit las. Sie war noch immer schön, aber ihre Schönheit hatte ihren Stolz verloren.

„Ich habe viel gelitten", sagte sie.

„Sag' nichts", erwiderte ich. „Laß' mich dich betrachten."

Ich setzte mich in einen Sessel, und sie begann im Zimmer auf und ab zu gehen. Während sie sprach, grub sich eine vergrämte Falte in ihre Oberlippe. Von Zeit zu Zeit nahm ihr Blick einen Ausdruck von Härte an, von jener Härte, welche die Demütigung erzeugt. Sie rauchte mehr als früher. Ich dachte: Die stolze Kathleen, die wilde Kathleen, die königliche Kathleen – jetzt ist sie eine geschlagene Frau, eine Frau, die am Ertrinken ist.

Sie ließ sich in einen mir gegenüberstehenden Sessel sinken und atmete mühsam.

„Ich möchte so gerne sprechen", sagte sie.

„Sprich", sagte ich.

„Ich schäme mich nicht, dir zu sagen, daß ich gerne sprechen möchte."

„Sprich", sagte ich.

„Ich schäme mich nicht, dir zu sagen, daß ich viel gelitten habe."

„Sprich", sagte ich.

Sie versuchte sich nach dem Bild zu richten, das sie von sich bewahrte. Früher hatte ihre Sprache einen festen Stil und etwas Stahlhartes gehabt. Früher sprach sie nie von ihren Leiden. Jetzt tat sie es. Man brauchte nur ihre Stimme zu hören und sie aus der Nähe zu sehen, um sich darüber klar zu werden, daß ihre Schönheit ihre Macht und ihr Geheimnis eingebüßt hatte.

Sie sprach lange. Manchmal wurden ihre Augen feucht. Aber es gelang ihr immer wieder, sich zu beherrschen, und ich war ihr dafür dankbar.

Sie hatte geheiratet. Er liebte sie, sie liebte ihn nicht.

Sie liebte nicht einmal die Liebe, die sie in ihm erweckte. Sie hatte sich bereiterklärt, ihn zu heiraten, eben weil er ihr gleichgültig war. Leiden, zahlen, das war es, was sie wollte. Schließlich hatte ihr Mann begriffen: Kathleen sah in ihm nicht etwa einen Gefährten, sondern eine Art von Richter. Sie erwartete von ihm nicht etwa ein noch so beschränktes Glück, sondern Bestrafung. So begann auch er zu leiden. Ihr Leben wurde eine Folterkammer. Jeder war Henker und Opfer des anderen. Das dauerte drei Jahre lang. Dann, eines Tages, hielt ihr Mann es nicht länger aus und verlangte die Scheidung. So reiste sie nach New York, um auszuruhen, um zu sich zu kommen, um mich zu sehen.

„Du hilfst mir, nicht wahr?"

„Gewiß", antwortete ich.

Sie verlangte nur eines: in meiner Nähe bleiben zu dürfen. Ihr Leben war leer geworden. Sie hoffte, das Vergangene ungeschehen zu machen, von neuem zu leben, intensiv zu leben wie einst. Sich von einer durchsichtigen Abenddämmerung bis zu Tränen rühren zu lassen, im Theater laut zu lachen, gegen alles Häßliche loszuwettern. Sie wünschte nur, wieder die zu werden, die sie gewesen war.

Ich hätte mich weigern sollen. Ich weiß es. Kathleen – jene Kathleen, die ich gekannt hatte – verdiente Besseres als meine Einwilligung. Ihr helfen hieß sie kränken, sie demütigen. Aber ich schlug ein. Sie war unglücklich, und ich war zu schwach, vielleicht zu feige, um Nein zu einer Frau zu sagen, die mit dem Kopf durch die Wand wollte, mochte diese Frau auch Kathleen sein.

„Gewiß", wiederholte ich. „Ich helfe dir."

Sie machte eine Bewegung, als wolle sie sich mir in die Arme werfen, widerstand jedoch der Anwandlung. Eine ganze Weile betrachteten wir uns schweigend.

„Wer ist Sarah?"

Mir stockte der Atem. Auf dem Bettrand sitzend, musterte Kathleen mich lächelnd. In ihrem Blick war kein Vorwurf, nur Neugierde.

„Du hast diesen Namen am ersten Tag auf den Lippen gehabt, als du bewußtlos warst. Du hast nichts anderes gesagt als ‚Sarah'."

„Warum fragst du erst heute danach?"

Ich lag seit vier Wochen im Hospital.

„Ich war zu neugierig. Ich wollte mir beweisen, daß ich warten kann."

„Habe ich sonst nichts gesagt?"

„Nein."

„Bist du sicher?"

„Ganz sicher. In den ersten Tagen war ich immer in deiner Nähe. Du hast nichts anderes gesagt. Du hast die Zähne nicht auseinander gebracht. Ein oder zweimal kam der Name Sarah auf deine Lippen."

Irgendwo in mir erwachte ein alter Schmerz, wo, wußte ich nicht genau. Ein glühendes Eisen zerriß mir die Brust.

„Sarah", sagte ich zerstreut.

Kathleen bewahrte ihr Lächeln. Keinerlei Unruhe lag in ihrem Blick. Aber Angst war um ihren geschürzten

Mund, die nur darauf wartete, das ganze Gesicht, ihr ganzes Wesen zu überfluten.

„Wer ist es?" fragte sie von neuem.

„Es ist der Name meiner Mutter", sagte ich.

Das Lächeln erlosch. Zu der Angst gesellte sich das nackte Leiden. Kathleen atmete kaum.

Ich sagte: „Als Kind habe ich in der unablässigen Angst gelebt, nach dem Tode den Namen meiner Mutter vergessen zu können. In der Schule sagte mein Lehrer zu mir: Drei Tage nach deiner Beerdigung wird ein Engel dreimal auf deinen Grabstein klopfen. Er wird deinen Namen wissen wollen und du wirst ihm antworten: ‚Ich bin Elieser, Sohn der Sarah.' Wehe, wenn du ihn vergißt! Tote Seele, du wirst für alle Ewigkeit unter der Erde liegen. Du wirst nicht vor dem Gericht erscheinen können, um zu erfahren, ob dein Platz im Paradies oder in der Hölle sein wird bei denen, die allzu lange auf die Stunde der Reue gewartet haben. Du wirst dazu verurteilt werden, im Reich des Chaos umherzuirren, wo nichts ist, weder Strafe noch Schmerz, weder Recht noch Unrecht, weder Vergangenheit noch Zukunft, weder Hoffnung noch Verzweiflung. Es ist schlimm, den Namen seiner Mutter zu vergessen, ebenso schlimm wie wenn man seinen eigenen Ursprung vergißt. Denk' daran: ‚Elieser, Sohn der Sarah, Sohn der Sarah, Sarah, Sarah ...'

Sarah ist der Name meiner Mutter", sagte ich. „Ich habe ihn nicht vergessen."

Die junge Frau krümmte sich wie auf einem unsichtbaren Scheiterhaufen. Sie hatte Angst, nicht genügend zu leiden. Sie hätte aber auch nicht hören dürfen, was ich sagte, als ich schutzlos war. Sie hätte meinen Zustand nicht ausnützen dürfen, um sich mein Schweigen zu erklären. Namen im Gedächtnis zu behalten, die ich ängstlich geheim hielt. Meine Mutter hieß Sarah. Ich sprach nie von ihr. Ich liebte sie, aber ich habe es ihr nie gesagt. Ich liebte sie so ungestüm, daß ich mich hart gegen sie gab, damit sie es nicht erriet. Nun ist sie tot und an der Seite der Großmutter zum Himmel aufgefahren.

„Sarah", sagte Kathleen gebrochen. „Ich liebe diesen Namen. Er erinnert mich an biblische Zeiten."

„Meine Mutter hieß Sarah", sagte ich von neuem. „Sie ist tot."

Der Schmerz verzerrte Kathleens Antlitz. Sie hatte das Aussehen einer Zauberin, die durch den Gebrauch von Masken ihr wahres Gesicht verloren hat. Feuer umloderte sie. Plötzlich stieß sie einen Schrei aus und begann zu weinen. Ich habe meine Mutter nie weinen sehen.

Sarah.

Das war auch der Name jenes jungen Mädchens mit den blauen Augen und den goldenen Haaren, das mir in Paris begegnet war, lange bevor ich Kathleens Bekanntschaft gemacht hatte.

Ich saß auf der Terrasse eines Cafés in der Nähe des Montparnasse und las eine Zeitung. Sie trank am Nachbartisch eine Limonade und suchte meine Aufmerksamkeit auf sich zu lenken, was mir die Röte ins Gesicht trieb. Sie merkte es und lächelte mich um so freimütiger an. In meiner Befangenheit wußte ich nicht, wie ich mich verhalten, ob ich meinen Kopf, meine Hände verstecken oder wie ich meine Verwirrung verbergen sollte.

Schließlich hielt ich es nicht länger aus und fragte sie:

„Kennen Sie mich?"

„Nein", sagte sie und schüttelte den Kopf.

„Kenne ich Sie?"

„Ich glaube nicht", sagte sie neckend.

„Aber... warum? War..um starren Sie mich dann so an?"

Sie schien drauf und dran, in Lachen oder Schluchzen auszubrechen.

„Einfach so", gab sie zurück.

Meine Schüchternheit verwünschend, vergrub ich mich in meine Zeitung, um das junge blonde Mädchen zu vergessen, ihrem unschuldig-freien Blick auszuweichen und die Traurigkeit ihres Lächelns zu übersehen. Die Worte tanzten vor mir. Keines verharrte lange genug, als daß ich es hätte greifen, begreifen können. Ich wollte den Kellner rufen, zahlen und gehen, als das junge Mädchen mit dem seltsamen Lächeln mich ansprach:

„Erwarten Sie jemanden?"

„Nein", sagte ich.

„Ich auch nicht."

Mit diesen Worten setzte sie sich mit ihrem Glas Limonade in der Hand an meinen Tisch.

„Sind Sie allein?" fragte sie.

„Nein", sagte ich, noch mehr errötend.

„Fühlen Sie sich nicht allein?"

„Keineswegs."

„Ist das wahr?"

Sie schien ungläubig. Noch immer stand ihr Lächeln wie eine dritte Gegenwart in ihrem Gesicht. In den Augen? Nein. Ihre Augen waren kalt, erschrocken. Auf den Lippen? Nein. Sie waren sinnlich, bitter, müde. Wo war es dann? Dort, zwischen Stirn und Kinn, ohne daß ich die Stelle zu bestimmen vermocht hätte.

„Ist das wahr?" wiederholte sie. „Fühlen Sie sich nicht allein?"

„Nein."

„Wie stellen Sie das an?"

Ich verlor die Fassung.

„Ich weiß nicht", stammelte ich. „Ich weiß es nicht. Ich lese viel."

Sie nahm einen Schluck, warf den Kopf zurück und lachte laut auf. Ich hatte bemerkt, daß mittlerweile ihr wahres Lächeln verschwunden war. Vielleicht hatte sie es verschluckt.

„Wollen Sie mit mir schlafen?" fragte sie plötzlich, ohne die Stimme zu verändern.

„Jetzt?" rief ich überrascht aus. „Mitten am Nachmittag?"

In meiner Vorstellung gehörte der Liebesakt in die Nacht. Ihn am Tage zu vollziehen, kam in meinen Augen dem Entkleiden mitten auf der Straße gleich.

„Jetzt gleich", antwortete sie. „Wollen Sie?"

„Nein", sagte ich hastig.

„Warum nicht?"

„Ich . . . Ich habe kein Geld."

Eine Minute beobachtete sie mich mit der neckenden Nachsicht eines Menschen, der alles weiß und verzeiht.

„Daran soll es nicht scheitern", schloß sie nach einem Zögern. „Sie zahlen mir eben ein andermal."

Ich schämte mich. Ich hatte Angst. Ich war jung und ohne Erfahrung. Ich befürchtete, nicht zu wissen, wie ich mich dabei verhalten sollte. Besonders fürchtete ich das Nachher: Ich würde nie mehr der gleiche sein.

„Also? Wollen Sie?"

Eine Haarsträhne fiel ihr in die Stirn. Von neuem erschien ihr Lächeln. Nun wußte ich nicht mehr, ob es das erste Lächeln war oder jenes, das sie tunlichst verscheuchte, das wahre oder das falsche Lächeln.

„Ja", antwortete ich. „Ich will."

Ich dachte: Dieses Mädchen besitzt vielleicht, ohne es zu wissen, das unergründlichste Lächeln, das ich je gesehen habe. Vielleicht kann ich es fassen, wenn ich mit ihr schlafe.

„Rufen Sie den Kellner", sagte sie.

Gesagt, getan. Ich zahlte meinen Kaffee, sie ihre Limonade. Wir standen auf und setzten uns in Bewegung. Ich kam mir linkisch und fehl am Platze vor. Sie war kleiner als ich und ging auf meiner rechten Seite, ihr Kopf reichte gerade über meine Schulter. Ich wagte nicht, sie anzublicken.

Sie wohnte nicht weit. Der Portier des Hotels schien zu dösen. Das junge Mädchen nahm ihren Schlüssel und sagte, sie wohne im dritten Stock. Ich folgte ihr. Von hinten sah sie weniger jung aus.

Im dritten Stock angelangt, wandten wir uns nach rechts und betraten ihr Zimmer. Sie bat mich, die Türe zu schließen. Ich schloß sie leise in der Befürchtung, daß sie kreischen würde.

„Nicht so", sagte das junge Mädchen. „Mit dem Schlüssel."

Ich drehte den Schlüssel herum. Eine unbekannte Angst befiel mich. Ich vermied es zu sprechen, überzeugt, daß meine Stimme zittern würde. Allein mit einer Frau, allein in einem Hotelzimmer mit einer Frau. Mit einer Prostituierten. Bald würden wir uns umarmen. Denn dessen war ich sicher: Sie war eine Prostituierte. Sonst hätte sie sicherlich anders gehandelt.

Ich war allein mit ihr in ihrem reinlichen, aufgeräumten Zimmer, in dem das Grau vorherrschte. Die erste Frau in meinem Leben, die kennenzulernen mir bestimmt war, sollte also eine Prostituierte sein. Eine Prostituierte, deren seltsames Lächeln dem einer Heiligen glich.

Sie ließ die Jalousien herunter, zog ihre Schuhe aus und wartete. Sie wartete neben dem Bett. Ich kam mir lächerlich vor und wußte nicht, was ich tun sollte. Mich ausziehen? Einfach so? Ich dachte: Ich muß sie zuerst küssen. In den Filmen küßt ein Mann immer die Frau, bevor er mit ihr zu Bett geht. Daher ging ich auf sie zu, blickte sie durchdringend an, riß sie brutal an mich und küßte sie lange auf den Mund. Instinktiv schloß ich die Augen. Als ich sie wieder öffnete, begegnete ich den ihren, in denen ein tierischer Schrecken zu lesen stand. Vor dieser Macht wich ich einen Schritt zurück.

„Was haben Sie?" fragte ich bestürzt.

„Nichts", antwortete sie mit einer Stimme, die aus einer anderen Welt zu kommen schien. „Gar nichts. Kommen Sie. Schlafen Sie mit mir!"

Plötzlich führte sie die Hand zum Mund. Ihr Gesicht wurde aschfahl, als sei alles Leben aus ihr gewichen.

„Was ist Ihnen? Sagen Sie etwas!"

Sie antwortete nicht. Die Hand auf dem Mund, blickte sie durch mich hindurch, als sei ich durchsichtig. Sie hatte die blanken Augen eines blinden Kindes.

„Habe ich Sie verletzt?" fragte ich.

Sie verstand mich nicht.

„Wollen Sie, daß ich Sie verlasse?"

Eine Abwesende, bewohnte sie einen Zufluchtsort, der jedem Fremden verwehrt war. Ich konnte nur von außen anwesend sein. Ich wußte, daß ich durch meine Umarmung einen unbekannten Mechanismus ausgelöst hatte.

„Sprechen Sie doch", flehte ich.

Meine Bitte erreichte sie nicht. Sie sah aus wie eine Wahnsinnige, wie eine Besessene. Mag sein, daß ich bisher nur für diese Begegnung gelebt habe, dachte ich. Für die Begegnung mit einer Prostituierten, die wie jene Irren, die im Kern ihres Wahnsinns einen Keim Klarsicht bewahrt haben, in ihrem Innern einen Rest Reinheit barg.

Das dauerte einige Minuten. Dann schien sie zu erwachen und ließ die Hand sinken. Ein mattes, unendlich trauriges Lächeln erhellte ihre Züge.

„Sie müssen mir verzeihen", sagte sie sanft. „Ich habe alles verdorben. Verzeihen Sie mir. Es war dumm von mir."

Sie schickte sich an, sich zu entkleiden, ich hatte jedoch keine Lust mehr, sie zu umarmen. Jetzt wollte ich nur noch verstehen.

„Warten Sie", sagte ich. „Lassen Sie uns ein wenig zusammen sprechen."

„Sie wollen also nicht mit mir schlafen?" fragte sie beunruhigt.

„Später", versicherte ich ihr. „Zuerst wollen wir ein wenig plaudern."

„Worüber wollen Sie denn sprechen?"

„Über Sie."

„Was wollen Sie wissen?"

Mechanisch hakte sie ihren Rock auf.

„Wer sind Sie?"

„Ein Mädchen. Ein Straßenmädchen wie viele andere."

„Nein", entgegnete ich. „Sie sind nicht wie die anderen." Sie ließ den Rock fallen. Sie knöpfte ihre Bluse auf.

„Was verstehen Sie davon?"

„Vermutlich ist es meine Eingebung", antwortete ich linkisch.

Jetzt hatte sie nur noch eine schwarze Hemdhose an. Langsam streckte sie sich auf dem Bett aus. Ich setzte mich neben sie.

„Wer sind Sie?" fragte ich von neuem.

„Ich hab's Ihnen doch gesagt. Eine Dirne wie viele andere."

Unbewußt streichelte ich ihr Haar.

„Wie heißen Sie?"

„Das spielt keine Rolle."

„Wie heißen Sie?"

„Sarah."

Eine mir vertraute Traurigkeit befiel mich.

„Sarah", sagte ich, „ein schöner Name."

„Ich mag ihn nicht."

„Warum nicht?"

„Dann und wann macht er mir Angst."

„Ich liebe ihn", sagte ich. „Es war der Name meiner Mutter."

„Wo ist sie?"

Ich streichelte ihr noch immer die Haare. Mein Herz wurde schwer. Sollte ich es ihr sagen? Es war mir physisch unmöglich, die einfachen, so einfachen Worte auszusprechen: Meine Mutter ist tot.

„Meine Mutter ist tot", sagte ich schließlich.

„Meine auch."

Schweigen. Ich dachte an meine Mutter. Wenn sie mich jetzt sähe, würde sie mich fragen:

‚Wer ist dieses Mädchen?'

‚Meine Frau', würde ich sagen.

‚Und wie heißt sie?'

‚Sarah, Mutter.'

‚Sarah?'

‚Ja, Mutter, Sarah.'

‚Bist du verrückt geworden? Hast du vergessen, daß ich auch Sarah heiße?'

‚Nein Mutter, ich habe es nicht vergessen.'

‚Hast du denn vergessen, daß ein Mann kein Recht hat, eine Frau zu heiraten, die den Namen seiner eigenen Mutter trägt? Hast du vergessen, daß das Unglück bringt? Daß die Mutter daran stirbt?'

‚Nein, Mutter. Ich habe es nicht vergessen. Aber du kannst ja nicht mehr sterben. Du bist doch schon tot.'

‚Das ist wahr ... Ich bin tot ...'

„Wollen Sie es wirklich wissen?"

Sarahs Stimme brachte mich wieder zu mir. Das Mädchen schaute gerade vor sich hin, wie um die

Mauern, die Jahre und die Erinnerungen zu durchschreiten und nur an der Quelle haltzumachen, dort, wo der Himmel die Erde berührt, wo das Leben die Liebe ruft. Sarah stellte mir die Frage, wie wenn ich das Weltall für mich allein geschaffen hätte:

„Wollen Sie wirklich wissen, wer ich bin?"

Ihr Tonfall klang hart, unerbittlich.

„Natürlich", erwiderte ich, meine Furcht verbergend.

„In diesem Fall ..."

Es gibt Augenblicke, in denen ich mich verwünsche. Ich hätte nicht zuhören, ich hätte fliehen sollen. Eine Erzählung unter diesen Umständen anhören hieß eine Rolle in ihr spielen, an ihr teilnehmen, ja oder nein sagen, vorwärtsschreiten oder umkehren. Von nun an gab es ein Vorher und ein Nachher. Und selbst sie vergessen hieß sie feige hinnehmen.

Ich hätte fliehen, mir die Ohren verstopfen oder an etwas anderes denken sollen. Vielleicht hätte ich auch losschreien, singen, sie küssen, sie auf den Mund küssen sollen, damit sie endlich schwieg. Ich hätte mit ihr ins Bett gehen, ja ihr sagen sollen, daß ich sie liebe. Irgend etwas – solange sie schwieg, damit sie schwieg.

Ich tat jedoch nichts, sondern hörte gehorsam zu. Auf dem Bettrand neben ihrem halb entkleideten Körper sitzend, folgte ich ihrer Erzählung. Meine verkrampften Finger umklammerten wie einen Schraubstock meinen Hals.

Heute verwünsche ich mich jedesmal, wenn ich an sie

denke, wie ich diejenigen verwünsche, die nicht an sie denken, die nicht an sie in den Zeiten ihrer Niederlage denken. Ihr undurchdringliches Gesicht war das eines kranken Kindes. Ihre Augen blickten geradeaus, furchtlos die Mauern durchdringend, als sähen sie das Chaos, das der Erschaffung der Welt vorausging.

Ich denke an sie und ich verwünsche mich, wie ich die Geschichte verwünsche, die das aus uns gemacht hat, was wir sind: Quellen der Verwünschung. Diese Geschichte verdient den Tod, die Vernichtung. Wer Sarah hört und nicht sein Leben ändert, wer in Sarahs Welt eindringt und sich keine neuen Götter, keine neuen Religionen schafft, verdient Tod und Vernichtung. Sie allein, Sarah, hatte Anrecht darauf, über Gut und Böse zu richten, das Wahre von dem zu unterscheiden, was sich das Antlitz des Wahren anmaßt.

Und ich saß neben ihrem halbnackten Körper und hörte zu. Jedes Wort zog den Knoten enger. Ich würde mich erwürgen.

Ich hätte weggehen sollen. Schnell, sehr schnell. Ich hätte fliehen sollen, sobald sie den Mund auftat, sobald ich das erste Zeichen wahrnahm.

Aber ich blieb da. Etwas hielt mich zurück. Ich wollte mit ihr leiden. Leiden im gleichen Sinne wie sie. Ich fühlte auch, daß sie sich demütigen würde. Vielleicht hielt mich das davon ab fortzugehen. Ich wollte teilnehmen an ihrer Demütigung. Ich hoffte, daß ihre Demütigung auch auf mich zurückfallen würde.

Sie sprach und ich hörte sie schweigend an. Manchmal verspürte ich das Bedürfnis, einen tierischen Schrei auszustoßen.

Sarah sprach mit gleichmäßiger, eintöniger Stimme und hielt nur inne, um dem Schweigen die Erklärung eines Bildes zu überlassen, das Worte nicht zu beschwören vermocht hätten. Ihr Bericht öffnete eine geheime Schleuse in mir.

Ich wußte, daß es Sarahs in den Lagern gegeben hatte. Ich war nie welchen begegnet, hatte aber von ihnen gehört. Ich wußte nicht, welche von ihnen die Gesichter kranker Kinder hatten. Ich ahnte nicht, daß ich eines Tages eine von ihnen auf den Mund küssen würde.

Zwölf Jahre. Sie war zwölf Jahre alt, als man sie von ihren Eltern trennte und in eine Sonderbaracke zur Verfügung der Lagerleiter sperrte. Ihr Leben war verschont worden, weil es deutsche Offiziere gab, die kleine Mädchen ihres Alters schätzten, die gern mit kleinen Mädchen ihres Alters schliefen.

Plötzlich wandte sie mir ihren Blick zu, in dem das Dunkel zusammenströmte: Gott war noch in ihren Augen. Der Gott des Chaos, der Ohnmacht. Der Gott, der die zwölfjährigen Kinder quält.

„Haben Sie schon mit einer Frau von zwölf Jahren geschlafen?" wollte sie wissen.

Ihre Stimme war ruhig, beherrscht, blank. Ich versuchte nicht zu schreien. Ich durfte mich nicht rechtfertigen. Das wäre allzu leicht gewesen.

„Sie haben aber Lust dazu verspürt, nicht wahr?" fuhr sie fort, als sie mein Stillschweigen sah. „Alle Männer verspüren Lust dazu."

Ihr Blick verbrannte mir die Augen. Ich hatte Angst, loszuschreien. Ich durfte mich nicht rechtfertigen. Nicht vor ihr. Besonders nicht vor ihr. Sie verdiente etwas Besseres.

„Sagen Sie mir", fuhr sie mit sanfterer Stimme fort, „wollen Sie mich deshalb nicht umarmen? Weil ich nicht mehr zwölf Jahre alt bin?"

Der Gott der Ohnmacht entflammte ihre Augen. Die meinen auch. Ich dachte: Ich werde sterben. Wer Gott sieht, der stirbt. Das steht in der Bibel. Ich hatte das nie ganz verstanden: Warum sollte Gott der Verbündete des Todes sein? Warum sollte er den Tod des Menschen wünschen, dem es gelungen ist, zu sehen? Mit einem Mal klärte sich alles auf. Gott schämte sich. Gott liebte es, mit zwölfjährigen Mädchen zu schlafen. Er will nicht, daß man es erfährt. Wer ihn sieht oder ihn ahnt, muß sterben, um sein Geheimnis nicht zu verraten. Der Tod ist nur der Wächter Gottes, der Pförtner des riesigen Hurenhauses, das man Welt nennt. Ich werde sterben, dachte ich. Meine mir den Hals umklammernden Finger drückten unwillkürlich, sie drückten und drückten.

Sarah beschloß, mir einen kleinen Aufschub zu gewähren. Sie blickte wieder geradeaus und sprach weiter, als ob ich nicht existierte, oder als ob ich allein existierte, überall und seit eh und je.

„Er war betrunken. Ein betrunkenes Schwein. Er lachte. Alles an ihm stank nach Obszönität, besonders sein Lachen. ‚Heut ist mein Geburtstag', sagte er. ‚Ich will ein Geschenk. Ein besonderes Geschenk!' Er musterte mich vom Kopf bis zu den Füßen und sagte grinsend: ‚Du wirst mein Geburtstagsgeschenk sein.' Ich begriff nicht, was er meinte. Ich war zwölf Jahre alt. In diesem Alter weiß man noch nicht, daß man kleine

Mädchen wie Geburtstagsgeschenke verteilen kann ... Ich war nicht allein in der Baracke. Etwa zehn Frauen umstanden mich im Kreis. Bertha war aschfahl, die anderen auch. Aschfahl wie Leichname. Nur er, der Betrunkene, war puterrot. Auch seine Hände waren rot wie Fleischerhände. Und sein Grinsen reichte vom Mund bis zu den Augen. ‚Du wirst mein Geburtstagsgeschenk sein!' sagte er. Bertha biß sich auf die Lippen. Sie war meine Freundin.

Sie war eine schöne, schwermütige Frau, die den Kopf wie eine orientalische Prinzessin trug. Am Abend ihrer Ankunft im Lager hatte sie ihre Tochter verloren, die etwa Sarahs Alter hatte.

‚Sie ist zu jung, Herr Offizier', versuchte sie einzuwenden. ‚Sie ist ja noch ein Kind.'

‚Wenn sie hier ist, so heißt das, daß sie kein Kind mehr ist', erwiderte er augenzwinkernd. ‚Sonst wäre sie, sie wissen ja, dort oben ...'

Sein dicker Daumen deutete gegen die Zimmerdecke. Bertha war meine Freundin, sagte Sarah. „Sie gab sich nicht geschlagen. Sie kämpfte bis zum Schluß. Um mich zu retten, war sie bereit, sich an meiner Statt zu opfern. Die anderen übrigens auch."

Sarah verstummte einen Augenblick.

Im Halbdunkel der Baracke fiel Bertha ein Ablenkungsmanöver ein. Ohne ein Wort zu sagen, begann sie sich auszuziehen. Die anderen Frauen – es waren braune, blonde, rothaarige darunter – taten ohne vorherige Vereinbarung das gleiche. Im Nu waren alle nackt, erstarrte schweigsame Statuen. Sarah sagte sich, daß es ein böser Traum, ein krankhafter Alptraum sein müsse. Vielleicht hatte sie auch den Verstand verloren. Eine unheimliche Stille erfüllte die Baracke – ein beklemmender Kontrast zu der Spannung, die sich in den Gesichtern der Frauen widerspiegelte. Draußen entfloh die Sonne hinter den Horizont und tränkte die Schatten mit ihrem rostigen Blut. Es schien, daß, wenn sich dieser Auftritt hinauszögerte, von einem Augenblick zum anderen etwas Schreckliches eintreten würde, etwas, das imstande wäre, die Welt in Stücke zu reißen, den Lauf der Zeit zu ändern, dem Schicksal die Maske herunterzureißen, dem Menschen zu erlauben, endlich das zu sehen, was ihn jenseits der Wahrheit, jenseits des Todes erwartet.

In diesem Augenblick packte der Betrunkene das Kind am Arm und schleppte es aus der Baracke. Draußen dunkelte es schon. In der Ferne grub der Abend seine Zeichen in einen Himmel aus geronnenem Blut.

„Der Offizier war intelligent", sagte Sarah. „Von allen nackten Frauen in der Baracke wählte er mich, die ich angezogen war. Weil ich zwölf Jahre alt war. Die Männer lieben es, mit zwölfjährigen Mädchen zu schlafen."

Wieder wandte sie mir den Kopf zu, mit verdoppelter Kraft umklammerte der Schraubstock meine Kehle.

„Sie auch", sagte sie. „Wenn ich zwölf Jahre wäre, würden Sie auch mit mir schlafen."

Ich konnte nicht mehr zuhören. Am Rande meiner Kräfte angekommen, dachte ich: noch ein Wort und ich sterbe. Ich sterbe hier, auf diesem Bett, auf dem die Männer mit einem jungen Mädchen mit goldenen Haaren schlafen und nicht wissen, daß sie in Wirklichkeit ein zwölfjähriges Kind umarmen.

Eine kurze Weile streifte mich der Gedanke, daß ich sie vielleicht sofort, jählings nehmen müsse. Ohne Federlesens, ohne unnütze Worte. Um ihr zu beweisen, daß man noch tiefer fallen kann als sie. Daß der Schmutz überall klebt und daß er keinen Boden hat. Langsam stand ich auf, nahm ihre Hand und küßte sie sanft. Ich wollte, daß sie sähe. Daß sie merke, wie sehr ich sie beneidete. Daß ich sie begehrte. Daß auch ich nicht die Grenzen meines Leibes überschritt. Ich drückte die Lippen auf ihre kalte Hand.

„Ist das alles?" fragte sie. „Mehr wollen Sie nicht?"

Sie lachte. Sie versuchte zu lachen wie der andere, wie der Betrunkene aus der Baracke. Es gelang ihr aber nicht. Sie war nicht betrunken. In ihren Händen war ebensowenig Obszönes wie in ihrer Stimme. Sie war die Reinheit selbst von Kopf bis Fuß.

„Ja", antwortete ich verwirrt.

Ich beugte mich über sie und küßte sie von neuem auf den Mund. Sie erwiderte meinen Kuß nicht. Meine Lippen verschlossen den ihren, meine Zunge suchte die ihre. Sie blieb jedoch passiv und abwesend.

Ich richtete mich auf und sagte nach einem kurzen Zögern:

„Ich werde Ihnen sagen, was Sie sind..."

Sie wollte sprechen, ich ließ ihr jedoch keine Zeit dazu:

„...Sie sind eine Heilige. Eine Heilige – das sind Sie."

Ein Leuchten der Überraschung huschte über ihr krankes Kindergesicht. Ihr Blick wurde hellsichtiger, grausamer.

„Sie sind verrückt!" rief sie heftig. „Sie sind wirklich verrückt!"

Und sie lachte entfesselt los. Sie ahmte jemanden nach, der lacht. Aber ihre Augen lachten nicht, auch ihr Mund nicht.

„Ich, eine Heilige!" sagte sie. „Sie sind wohl nicht bei Trost. Habe ich Ihnen nicht soeben gesagt, in welchem Alter ich den ersten Mann gehabt habe? In welchem Alter ich meine Karriere begonnen habe?"

Dabei betonte sie das Wort „Karriere" und begleitete ihre Frage mit einer herausfordernden Bewegung.

„Ja", sagte ich. „Sie haben es mir gesagt. Mit zwölf Jahren. Sie waren zwölf Jahre alt."

Sie lachte immer lauter. Das ist der Betrunkene, dachte ich. Er hat sie noch nicht verlassen.

„In ihren Augen ist also eine Frau, die ihre Karriere mit zwölf Jahren beginnt, eine Heilige?"

„Ja", sagte ich. „Eine Heilige."

Ich dachte: wenn sie weinen würde. Sie soll weinen, mich beleidigen. Alles ist besser als dieses Lachen, das einem anderen gehört, einem Leib ohne Seele, einem Kopf ohne Augen. Alles ist besser als dieses Lachen, ein fremdes, schädliches Element, das eine besessene Seele aus ihr macht.

„Sie sind verrückt", sagte Sarah mit einer gewollt lustigen, fröhlichen Stimme. „Der Betrunkene war nur der Erste. Nach ihm kamen andere, die vielen anderen. Ich bin das ‚Sondergeschenk' der Baracke geworden. Das ‚Sondergeschenk', dem sich alle zuwenden wollten. Ich hatte mehr Erfolg als alle anderen Frauen zusammen. Die Glücklichen und Unglücklichen, die Guten und die

Schlechten, die Jungen und die Alten, die Fröhlichen und die Wortkargen, sie alle liebten mich. Die Schüchternen und die Lasterhaften, die Wölfe und die Schweine, die Geistigen und die Schlachter, alle, verstehen Sie? Alle kamen zu mir. Und da halten Sie mich für eine Heilige! Sie sind geistesgestört, armer junger Freund!"

Sie lachte immer lauter. Aber das Lachen hatte nichts mit ihr zu tun. Ihr ganzes Wesen deutete auf ein Leiden ohne Namen und ohne Alter. Ihr Lachen klang trocken, unmenschlich: Es war nicht ihr Lachen, sondern das Lachen Gottes oder des Betrunkenen.

„Sie Ärmster!" sagte sie. „Sie tun mir leid! Ich möchte etwas für Sie tun. Sagen Sie mir, wann haben Sie Geburtstag? Ich werde Ihnen ein Geschenk machen, ein Sondergeschenk..."

Ihr Lachen blieb in meinem Innern haften. Eines Tages werde auch ich ein Besessener sein. Sarah in ihrer schwarzen Hemdhose, das Bein leicht gekrümmt, brach plötzlich ihr Lachen ab. Ich fühlte, daß sie mir den Gnadenstoß geben wollte. Unwillkürlich begann ich auf die Tür zurückzuweichen. Dort erreichte mich ihr Ruf:

„Sie sind verrückt!"

„Schweigen Sie! Schweigen Sie um des Himmels willen!" rief ich, von panischem Schrecken gepackt.

Ich wußte, daß sie sprechen, daß sie etwas Schreckliches, Abscheuliches sagen würde, Worte, die ich von nun an jedesmal hören würde, wenn mein Körper das Glück im Körper einer Frau suchen wollte.

„Schweigen Sie!" flehte ich sie an.

„Ich eine Heilige?" schrie sie wie eine Verrückte.

„Nun gut! Sie sollen es erfahren und nicht vergessen: Ich fand Vergnügen an ihnen ... Ich haßtè mich hinterher und selbst währenddessen, aber mein Körper liebte sie... Und mein Körper bin ich... Ich eine Heilige? Wissen Sie, was ich wirklich bin? Ich sagte es Ihnen bereits, ich bin ..."

Das war die Grenze, ich konnte es nicht länger aushalten. Ich würde mich in der nächsten Sekunde übergeben. Rasch drehte ich den Schlüssel herum, rasch öffnete ich die Türe, rasch, rasch, rasch! Ich mußte dieses Haus so rasch wie möglich verlassen. Zweiter Stock. Erster. Der Portier. Erdgeschoß. Die Straße. Laufen, rasch laufen.

Erst später merkte ich beim Laufen, daß meine Finger meinen Hals noch immer umklammert hielten.

„Sarah", sagte ich mit erstickter Stimme.

„Ja",sagteKathleen.„DerNamedeinerMutter,ichweiß."

„Es ist der Name einer Heiligen."

Tage, Wochen hindurch suchte ich Sarah. Ich ging in das Café zurück, in dem ich ihr begegnet war. Ich erkundigte mich in allen Hotels des Viertels. Vergebliche Mühe! Niemand schien das junge Mädchen mit den goldenen Haaren, das den Namen meiner Mutter trug, gesehen oder gekannt zu haben. Der Kellner, der uns bedient hatte, erinnerte sich nicht an sie. Die Hotelportiers antworteten, sie hätten sie nie gesehen. Trotzdem gab ich die Hoffnung nicht ganz auf. Manchmal scheint es mir, als suche ich sie noch immer. Ich möchte sie treffen, und sei es ein einziges Mal, um zu tun, was ich an jenem Nachmittag hätte tun sollen: mit ihr schlafen.

„Deine Mutter ist tot“, sagte Kathleen.

Sie wollte sich wehtun, unverhüllt leiden, damit ich sie so sähe. Damit ich wisse, daß sie mit mir litt, daß sie im Leiden an mich gekettet war. Sie war imstande, mir weh zu tun, nur um mir zu beweisen, daß auch sie unglücklich war.

„Ich weiß wohl, daß sie tot ist“, sagte ich. „Aber manchmal will ich es mir nicht zugeben. Mitunter sage ich mir, daß Mütter niemals sterben.“

Es ist wahr, ich kann nicht an den Tod meiner Mutter glauben. Vielleicht liegt der Grund darin, daß ich sie nicht tot gesehen habe. Ich habe sie nur mit Hunderten von Menschen, die die Nacht jäh verschlang, fortgehen sehen, irgendwohin. Wenn sie zu mir gesagt hätte: „Lebwohl, mein Sohn, ich werde sterben“, ich könnte es heute besser glauben.

Vater ist tot, ich weiß es. Ich habe ihn sterben sehen. Ihn suche ich nicht unter den Fußgängern auf der Straße. Dagegen suche ich dort manchmal meine Mutter. Sie ist nicht tot, nicht wirklich tot. Da und dort begegne ich einem ihrer Züge in einer Frau, in der Metro, im Omnibus, in einem Café. Dann liebe und hasse ich diese Frau zu gleicher Zeit.

Kathleen traten Tränen in die Augen. Meine Mutter weinte nicht. Wenigstens nicht, wenn andere dabei waren. Sie schenkte ihre Tränen nur Gott.

Kathleen ähnelte ein wenig meiner Mutter, von der sie die hohe Stirn und das rein geprägte Kinn hatte. Aber Kathleen war nicht tot. Und sie weinte.

Am Anfang weinte sie nie. Unsere Beziehungen waren in Kraft, wir waren gleichberechtigte Partner. Wir waren frei. Jeder war frei, sich selbst und dem anderen gegenüber. Wenn ich keine Lust hatte, zu einer Verabredung zu gehen, ging ich nicht hin. Sie machte es genau so. Keiner war deshalb böse oder gar gekränkt. Wenn ich eine ganze Nacht nicht den Mund auftat, suchte sie nicht nach einem Grund dafür. Die klassische Frage der Verliebten: „Woran denkst du?" wurde nie zwischen uns gestellt. Die Härte wurde unsere Religion. Nichts, was nicht wesentlich war, wurde gesagt. Ein jeder suchte den anderen zu überzeugen, daß er ohne ihn leben, hoffen – und verzweifeln konnte. Jeder Kuß konnte stets der letzte sein. Jeden Augenblick konnte der Tempel einstürzen. Die Zukunft, da unnütz, existierte nicht. Nachts umarmten wir uns schweigend, fast als Zeugen. Hätte uns ein Fremder auf der Straße beobachtet, er hätte uns leicht für Feinde halten können. Und vielleicht zu Recht. Die wahren Feinde sind nicht immer diejenigen, die einander hassen.

Ich hätte mich nicht zu einem Wiedersehen in New York bereitfinden dürfen. Ich hätte ihr antworten sollen, daß es unserer unwürdig war, wieder von neuem anzufangen: Die Luft würde alles verderben.

Kathleen war verändert, sie war nicht mehr frei. Sie tat nichts anderes, als den anderen nachzuahmen. Ihre Heirat hatte sie innerlich zerstört. Das Leben hatte für sie jegliches Interesse verloren. Jeder Tag glich dem anderen. Die Menschen sagten alle dasselbe. Statt sie anzuhören, brauchte man nur die Fernsehprogramme durchzublättern. Freunde und Kollegen ihres Mannes langweilten sie, deren Frauen reizten sie, und sie sah sich dazu verurteilt, ihre Reihen zu vermehren. Bald würde sie eine von ihnen sein.

In New York trafen wir uns jeden Tag. Entweder kam sie zu mir oder ich besuchte sie. Wir gingen viel aus, ins Theater, ins Konzert. Wir sprachen über Literatur, über Musik, über Dichtung. Ich versuchte, gut zu sein. Ich brachte ihr Geduld, Freundlichkeit, Verständnis entgegen. Ich behandelte sie wie eine Kranke. Der Kampf war seit langem beendet. Nun tat ich mein Bestes, ihr wieder auf die Beine zu helfen.

Nur selten, schamvoll, um sie nicht zu beflecken, beschworen wir die Vergangenheit. Bisweilen, wenn wir ein paar Takte Bach hörten oder eine mit der Sonne spielende Wolke betrachteten, fühlten wir uns gleichermaßen ergriffen. Dann berührte sie meine Hand und sagte:

„Weißt du noch?"

Ich antwortete:

„Ja, Kathleen. Natürlich weiß ich es noch."

Früher hätte sie nicht den Wunsch verspürt, mir den Beweis zu liefern, daß sie sich erinnerte. Im Gegenteil, jeder von uns hätte sich geschämt, uns der Vergangenheit oder der Erinnerung an sie auszuliefern. Ich würde den Kopf abgewendet, würde von etwas anderem gesprochen haben. Nun wehrten wir uns nicht.

Eines Tages gestand sie ...

Wir tranken Kaffee in ihrem Zimmer. Das Radio übertrug das Violinkonzert von Beethoven, gespielt von Isaak Stern. Wir hatten es in Paris im Konzertsaal Pleyel gehört. Ich erinnerte mich, daß sie damals nach meiner

Hand gegriffen und ich sie brutal zurückgestoßen hatte.

Wenn sie jetzt meine Hand nähme, dachte ich, würde ich sie nicht zurückziehen.

„Sieh mich an", sagte Kathleen.

Ich sah sie an. Sie lächelte gequält. Ihr Gesicht war das einer verlassenen Frau, die sich dessen bewußt ist. Ihre langen Finger spielten mit der Tasse auf dem Tisch.

„Ja", sagte ich, „ich erinnere mich."

Sie setzte die Tasse ab, stand auf und kniete vor mir nieder. Mit erhobenem Kopf, ohne zu erröten, ohne das geringste Zittern in der Stimme – fast wie einst – sagte sie:

„Ich glaube, ich liebe dich."

Sie wollte fortfahren, aber ich schnitt ihr das Wort ab:

„Schweig!" gebot ich hart.

Ich wollte nicht von ihr hören: Ich liebe dich seit dem ersten Tag.

Meine Härte spiegelte sich nicht in ihrem Gesicht wider. Ihr Lächeln war nur tiefer, etwas kränklicher geworden.

„Es ist nicht meine Schuld", entschuldigte sie sich. „Ich habe alles versucht. Ich habe dagegen angekämpft."

Beethoven, Konzertsaal Pleyel, Stern, die Liebe. Die Liebe, die alles kompliziert. Der Haß vereinfacht alles. Er legt den Schwerpunkt auf Dinge und Wesen. Und auf das, was sie trennt. Die Liebe verwischt die Akzente. Ich dachte: wieder eine Minute, die mein Dasein begleiten wird.

„Hast du Kummer?" fragte Kathleen untröstlich.

„Nein."

Arme Kathleen! Sie versuchte nicht einmal mehr, den anderen nachzuahmen. Die Angst bedeckte ihr Antlitz. Ihre Augen verengten sich seltsam.

„Wirst du mich verlassen?"

Liebe und Verzweiflung gehen zusammen. Die eine enthält einen Zug der anderen. Ich dachte: Sie muß furchtbar gelitten haben. Nun ist es an mir, das Übel wiedergutzumachen. Ich muß sie wie eine Kranke behandeln. Ich weiß, so handeln heißt den anderen beleidigen. Aber der andere existiert nicht, existiert nicht mehr. Die hier hat ein gebrochenes Rückgrat.

„Ich werde dich nicht verlassen", erwiderte ich im Tonfall zuverlässiger Freundschaft.

Eine einsame Träne, die erste, rollte über ihre Wange, zögerte einen Augenblick und blieb am Rand ihrer Lippen hängen.

„Ich tue dir leid", sagte Kathleen.

„Ich habe kein Mitleid mit dir", antwortete ich mit Nachdruck.

Ich log. Ich mußte lügen, kräftig lügen. Sie litt. Es ist erlaubt, die Kranken zu belügen. Bei anderen hätte ich es nicht getan.

Während der darauffolgenden Wochen und Monate verzehrte sich Kathleen.

Da sie nicht wußte, was sie mit ihrer Zeit anfangen sollte — sie verspürte weder die Lust noch den Zwang, sich nach einer Arbeit umzusehen —, verbrachte sie die Tage in ihrem Zimmer, am Fenster oder vor dem Spiegel, einsam und unglücklich, eingedenk ihrer Einsamkeit und ihres Unglücks.

Wie ehemals sahen wir uns weiterhin jeden Abend.

Gemeinsame Abendessen, Theater= und Konzertbesuche. Eines Tages versuchte ich ihr gut zuzureden: sie täte unrecht, sich wegen ihres Schicksals zu bemitleiden. Es sei ihrer und meiner unwürdig. Sie solle sich eine Arbeit suchen, sich beschäftigen, ihre Tage ausfüllen. Sie solle ein Ziel im Leben suchen.

„Ein Ziel", sagte sie und zuckte die Achseln. „Ein Ziel. Welches? Der Heilsarmee beitreten? Mäzenin hungern= der Künstler werden? Nach Indien reisen, um die Lepra= kranken zu unterstützen? Ein Ziel? Wo soll ich es suchen?"

Da kam mir eine geniale Idee. Ich sagte ihr, daß auch ich sie liebe.

Sie weigerte sich, es zu glauben. Sie verlangte Beweise. Ich gab sie ihr. Alle Begebenheiten, die im Vergangenen das Fehlen von Liebe zwischen uns veranschaulicht hatten, bewiesen mit einem Male das Gegenteil. „War= um hast du deine Hand im Konzert zurückgezogen?" „Ich wollte mich nicht verraten." „Warum hast du mir nie= mals gesagt, daß du mich liebtest?" „Weil ich dich liebte." „Warum schautest du mir immer gerade in die Augen?" „Um darin den Widerschein meiner Liebe zu finden."

Wochen hindurch war sie auf der Hut, ich desgleichen. Ich betrachtete mich wie ihren Krankenwärter. Mitunter belustigte ich mich bei dem Gedanken, daß auch sie mich vielleicht wie einen Kranken behandelte. Schließlich würden wir die Masken fallen lassen. Der eine würde sagen: Ich habe nur gespielt. Ich auch, würde der andere erwidern. Wir würden einen bitteren Nachgeschmack auf der Zunge behalten. Einerseits war es schade, daß es nicht ein Spiel war.

Aber sie spielte nicht. Wer spielt, leidet nicht. Das Wesen in uns, das uns beobachtet, das uns spielen sieht, leidet nicht. Kathleen litt. Trotz meiner Argumente war sie nicht überzeugt. In meiner Abwesenheit weinte sie oft. Waren wir zusammen, war ihre Fröhlichkeit allzu auffällig.

Ich war nicht mehr frei. Da Kathleen seit langem keine Freiheit mehr hatte, hätte die meine sie gedemütigt. Ich hatte mir für sie eine Haltung zurechtgelegt, die ich nicht mehr ablegen konnte.

Wenn das nur zu etwas gedient hätte! Wenn es wenigstens Kathleen geholfen hätte! Aber sie war nach wie vor unglücklich, und ihr Lachen war immer noch unaufrichtig.

Es wurde schlimmer. Sie geriet ans Trinken und ließ sich gehen.

Ich stritt mit ihr:

„Du hast nicht das Recht, dich so aufzuführen."

„Warum nicht?" sagte sie und machte große, geheuchelt unschuldige Augen.

„Weil ich dich liebe. Dein Leben liegt mir am Herzen, Kathleen."

„Ach was! Du liebst mich nicht! Das sagst du nur so. Wenn es wahr wäre, würdest du es nicht sagen."

„Ich sage es, weil es wahr ist."

„Du sagst es aus Mitleid. Du brauchst mich nicht. Ich bringe dir weder Trost noch Freude."

Diese Diskussionen brachten keines der gewünschten Ergebnisse. Im Gegenteil – nach jeder ließ Kathleen sich nur noch tiefer fallen.

Dann, eines Abends – es war am Vortag des

Unfalls – erklärte sie mir, warum sie nicht an die Aufrichtigkeit meiner Liebe glauben könne:

„Du behauptest mich zu lieben und du leidest nach wie vor. Du sagst, du liebst mich in der Gegenwart, dabei lebst du in der Vergangenheit. Du erklärst mir deine Liebe und du weigerst dich zu vergessen. Nachts hast du böse Träume. Im Schlaf schreist du herzzerreißend. Die Wahrheit ist, daß ich nichts für dich bin. Ich zähle nicht. Was zählt, ist die Vergangenheit. Nicht die unsere, die deine. Ich versuche dir Freude zu schenken. Aber aus deiner Erinnerung braucht nur ein Bild aufzutauchen und schon ist alles vorbei. Du bist nicht mehr da. Das Bild ist stärker als ich. Glaubst du, ich weiß das nicht? Du meinst, daß dein Schweigen imstande sei, die Hölle zu überdecken, die du in deinem Innern mit dir herumträgst? Vielleicht glaubst du auch, daß es leicht ist, neben jemandem einherzuleben, der leidet und der jede Hilfe verschmäht?"

Sie weinte nicht. An diesem Abend hatte sie nichts getrunken. Wir lagen auf dem Bett, ihr Kopf ruhte auf meinem ausgestreckten Arm. Ein heißer Wind glitt durch die offenen Fenster herein. Wir hatten uns soeben niedergelegt. Das gehörte zu unserem Ritus: uns nie sofort zu umarmen, sondern zuerst zu sprechen.

Ich fühlte, wie mir das Herz schwer wurde, als ob es Mühe habe, sich zu verhalten. Sie hatte richtig geraten. Leiden, Gewissensbisse lassen sich nicht lange verbergen, sie dringen nach außen. Es stimmte: Ich lebte in der Vergangenheit. Großmutter mit ihrem schwarzen Kopftuch verließ mich nicht.

„Es ist nicht meine Schuld", entgegnete ich.

Ich erklärte ihr: „Ein Mann, der zu einer Frau, die er zu lieben glaubt, sagt ‚Ich liebe dich und werde dich in alle Ewigkeit lieben, ich will sterben, wenn ich aufhöre, dich zu lieben', glaubt daran. Trotzdem belauscht er eines Tages sein Herz und findet es leer. Und doch lebt er weiter. Bei uns – bei denen, die das Zeitmaß des Todes kennengelernt haben – ist es anders. Dort unten haben wir erklärt, daß wir nie vergessen werden. Und das gilt nach wie vor. Wir können nicht vergessen. Die Bilder sind da, vor unseren Augen. Selbst wenn die Augen nicht mehr da wären, würden die Bilder bleiben. Ich glaube, daß, wäre ich imstande zu vergessen, ich mich hassen würde. Unser Aufenthalt dort unten hat Zeitbomben in uns gelegt. Von Zeit zu Zeit platzt eine. Dann sind wir nur Schmerz, Scham und Schuldgefühl. Wir kommen uns beschämt und schuldig vor, zu leben, nach Herzenslust Brot zu essen und im Winter gutes warmes Schuhwerk zu tragen. Eine dieser Bomben, Kathleen, wird fraglos den Wahnsinn auslösen. Das ist unvermeidlich. Wer dort unten gewesen ist, hat etwas vom Wahnsinn der Menschheit mitgenommen. Eines Tages wird er an die Oberfläche kommen."

Kathleen war an diesem Abend nüchtern und klar im Kopf. Ich hatte den Eindruck, daß die andere Kathleen zu Besuch gekommen war. Ich wußte jedoch, daß sie wieder fortgehen würde, daß der Besuch von kurzer Dauer sein und daß nur die dableiben würde, die sie nachzuahmen trachtete. Eines Tages würde sie es sogar nicht mehr versuchen. Die Trennung würde endgültig sein.

In jener Nacht begriff ich, daß ich Kathleen früher

oder später verlassen mußte. Bei ihr zu bleiben, war sinnlos geworden.

Ich sagte mir: Das Leiden entfernt den Menschen von seinen Mitmenschen. Um sie voneinander zu trennen, errichtet es eine Mauer aus Schreien und Verachtung. Wenn es ihnen nicht gegeben ist, einen Gott aus ihm zu machen, verwerfen die Menschen denjenigen unter ihnen, der das Leiden im Urzustand erlebt hat, denjenigen, der zu ihnen sagt: Ich habe gelitten, nicht etwa weil ich Gott, auch nicht weil ich durch ein gottgefälliges Leben ein Heiliger geworden bin, sondern einzig und allein, weil ich ein Mensch bin, ein Mensch wie ihr mit seinen Schwächen, seiner Feigheit, seinen Sünden, seiner Auflehnung und seinem lächerlichen Ehrgeiz. Dieser Mensch jagt ihnen Angst ein, denn er beschämt sie. Sie meiden ihn wie einen Schuldigen. Wie den, der den Platz Gottes beansprucht, um die große Leere zu veranschaulichen, die uns am Ende jedes Abenteuers erwartet.

In Wahrheit ist es gut, daß es so ist. Der Mensch, der mehr und anders gelitten hat als die anderen, müßte abgesondert von ihnen leben. Allein, am Rande jedes geschichtlichen Daseins. Er verpestet nur die Luft für seine Umwelt. Er raubt der Freude ihre Unmittelbarkeit und ihre Berechtigung. Er tötet die Hoffnung und die Lebenslust. Er verkörpert die Zeit, die die Gegenwart und die Zukunft leugnet, um nur das harte Gesetz der Erinnerung anzuerkennen. Er leidet, und sein ansteckendes Leiden weckt Echostimmen ringsum.

Eines Tages werde ich Kathleen verlassen müssen,

beschloß ich. Es wird besser für sie sein. Wenn ich vergessen könnte, würde ich bleiben. Aber ich vermag es nicht. Es gibt Fälle, in denen der Mensch nicht das Recht hat, zu leiden.

„Ich mache dir einen Vorschlag“, sagte Kathleen. „Ich will mir von dir helfen lassen unter der Bedingung, daß du dir auch von mir helfen läßt. Willst du?“

Arme Kathleen! dachte ich. Zu spät. Um mich zu ändern, müßte ich die Vergangenheit ändern können. Aber die entzieht sich unserem Zugriff. Ihre Struktur ist festgefügt, unwandelbar. Die Vergangenheit ist Großmutters Kopftuch, ebenso schwarz wie die Wolke über dem Friedhof. Die Wolke vergessen? Die schwarze Wolke ist Großmutter, ist ihr Sohn, ist meine Mutter. In was für einer verrückten Zeit leben wir! Alles ist auf den Kopf gestellt. Die Friedhöfe liegen dort oben, aufgehängt im Himmel und nicht in die feuchte Erde gesenkt. Wir liegen ausgestreckt im Bett, mein nackter Körper an deinen nackten Körper geschmiegt, und wir denken an die schwarzen Wolken, an die schwebenden Friedhöfe, an das Grinsen des Todes und des Schicksals, die in Wahrheit ein und dasselbe sind. Du sprichst von Glück, Kathleen, wie von einer Möglichkeit. Das ist nicht einmal ein Traum, auch das Glück ist tot. Auch das Glück ist dort oben. Alles ist dort hinauf geflüchtet. Wie leer ist es hier unten! Dort ist das wahre Leben, hier ist nichts. Nichts, Kathleen. Hier ist trockene Wüste, die jeder Fata Morgana bare Wüste. Hier ist der Bahnhof, wo das auf dem Bahnsteig zurückgelassene Kind seine Eltern im Zug davonfahren sieht. Statt ihrer ist der schwarze Rauch des Zuges geblieben. Sie sind der Rauch.

Und das Glück? Das Glück für das Kind wäre, daß der Zug umkehrte. Züge fahren immer vorwärts, wie du weißt. Nur der Rauch weht rückwärts. Ja, wie schrecklich ist unser Bahnhof! Die Menschen, die wie ich auf diesem Bahnhof stehen, sollten allein bleiben, Kathleen. Wir sollten das Leiden, das in uns ist, nicht anderen Menschen aufbürden. Wir dürfen ihnen nicht den bitteren Geschmack, den Geschmack von Wolkenrauch, den wir im Mund haben, zu schmecken geben. Wir dürfen es nicht tun, Kathleen. Du sagst ‚Liebe'. Und du weißt nicht, daß auch die Liebe mit dem Zug entschwand, der geradewegs zum Himmel aufgefahren ist. Nun ist alles dort oben. Die Liebe, das Glück, die Wahrheit, die Reinheit, das frohe Kinderlachen, der geheimnisvolle Blick der Frauen, die langsam schreitenden Greise und die kleinen Waisen mit ihren angstvollen Gebeten. Das ist der wahre Exodus. Die Auswanderung von der einen Welt zur anderen. Die alten Völker hatten eine beschränkte Phantasie. Unsere Toten nehmen nicht nur Kleider und Proviant, sondern auch die Zukunft ihrer Nachkommen mit ins Jenseits. Nichts ist hier unten geblieben. Und da sprichst du von Liebe, Kathleen? Du sprichst von Glück? Die anderen reden von Gerechtigkeit, sei sie allgemein gültig oder nicht, von Freiheit, von Brüderlichkeit, von Fortschritt. Sie wissen nicht, daß der Planet sich geleert hat und daß ein riesiger Zug alles in den Himmel entführt hat.

„Du nimmst also an?" fragte Kathleen.

„Ich nehme was an?" entgegnete ich überrascht.

„Den Vorschlag, den ich dir gemacht habe."

„Gewiß", erwiderte ich zerstreut. „Ich nehme ihn an."

„Und du wirst zulassen, daß ich dich glücklich mache?"

„Ich werde zulassen, daß du mich glücklich machst."

„Und du versprichst, die Vergangenheit zu vergessen?"

„Ich verspreche, die Vergangenheit zu vergessen."

„Und du wirst an unsere Liebe denken?"

„Ich werde nur an sie denken."

Das Verhör war beendet. Sie verstummte, um Atem zu schöpfen und fragte mit veränderter Stimme:

„Wo warst du eben?"

„Auf dem Bahnhof", sagte ich.

„Ich verstehe dich nicht."

„Auf dem Bahnhof", sagte ich. „Ich war auf dem Bahnhof. Er war ganz klein. Der Bahnhof eines bescheidenen Provinzstädtchens. Der Zug war soeben abgefahren. Ich blieb allein auf dem Bahnsteig zurück. Meine Eltern saßen im Zug. Sie hatten mich vergessen."

Kathleen sagte nichts.

„Zunächst war ich auf meine Eltern böse. Sie hätten mich nicht allein auf dem Bahnsteig zurücklassen dürfen. Aber kurz darauf sah ich etwas Seltsames: Der Zug verließ die Schienen und stieg zum rauchgrauen Himmel auf. In meinem Entsetzen war ich nicht einmal imstande, meinen Eltern nachzurufen: ‚Was tut ihr? Kommt zurück!' Vielleicht, wenn ich geschrien hätte, wären sie zurückgekommen."

Müdigkeit befiel mich. Ich schwitzte. Es war heiß im Bett. Ein Wagen bremste scharf vor meinem Fenster.

„Du hast mir versprochen, nicht mehr daran zu denken", sagte Kathleen verstört.

„Verzeih mir. Ich werde nicht mehr daran denken. Übrigens ist der Eisenbahnzug als Verkehrsmittel bereits überholt. Die Welt hat Fortschritte gemacht."

„Ist das wahr?"

„Ja, es ist wahr."

Sie schmiegte sich an mich.

„Jedesmal, wenn deine Gedanken dich auf den kleinen Bahnhof entführen, mußt du es mir sagen. Wir werden zusammen dagegen ankämpfen. Willst du?"

„Ich will."

„Ich liebe dich."

Am nächsten Tag geschah der Unfall.

Die zehn Wochen, in denen ich in einer Welt aus Gips lebte, hatten mich bereichert.

Ich lernte, daß der Mensch anders lebt, wenn er sich in horizontaler oder vertikaler Lage befindet. Die Schatten auf den Wänden, auf den Gesichtern sind nicht mehr dieselben.

Drei Personen besuchten mich täglich. Dr. Paul Russel kam am Vormittag, Kathleen abends, Gyula nachmittags. Er hatte als einziger begriffen. Gyula war mein Freund.

Maler ungarischer Abstammung, war Gyula ein lebender Felsblock, ein Riese im wahren Sinne des Wortes. Groß, robust, das Haar grau meliert und wirr, die Augen brennend und spöttisch, prallte er mit allem zusammen, was er antraf: Altäre, Ideen, Berge. Alles zitterte und bebte unter seinen Händen, unter seinem Blick.

Trotz des Altersunterschiedes hatten wir vieles gemein. Jede Woche aßen wir zusammen in einem ungarischen Restaurant der East Side zu Mittag. Wir halfen einander durchzuhalten und uns auf keinen Kompromiß, auf keinen Kuhhandel mit dem Dasein einzulassen, und jeden leichten Sieg zu verschmähen. Unsere Unterhaltung hatte den Ton der Spötterei. Gefühlsduselei war uns ein Greuel. Wie die Pest flohen wir Menschen, die sich ernst nahmen und besonders die, die von den anderen verlangten, dasselbe zu tun. Wir schonten einander nicht. So war die Freundschaft, die uns verband, gesund, einfach und reif.

Ich war noch halb tot, als er in mein Zimmer stürzte, mit der Schulter die Krankenschwester beiseite schob, die sich anschickte, mir eine Spritze zu geben, und ohne auch nur ein Wort der Frage an mich zu richten, mir mit fester, entschlossener Stimmte ankündigte, er wolle mich portraitieren.

Die Nadel in der Hand, musterte die Krankenschwester ihn entsetzt:

„Was tun Sie hier? Wer hat Ihnen erlaubt, hereinzukommen? Verlassen Sie sofort das Zimmer!"

Gyula warf ihr einen mitleidigen Blick zu, als sei sie nicht ganz bei Trost.

„Sie sind schön", sagte er, „aber verrückt!"

Er musterte sie eingehend.

„Die schönen Frauen von heute sind nicht mehr verrückt genug", fuhr er wehmütig fort. „Sie sind es. Sie gefallen mir."

Die arme Krankenschwester, eine junge Praktikantin, war einer Verzweiflung nahe und stammelte:

„Die Spritze ... Gehen Sie ... Sie müssen ..."

„Später!" befahl Gyula, packte sie am Arm und stieß

sie auf die Türe zu. Dort flüsterte er ihr etwas ins Ohr.

„Heda! Du!“ rief Gyula mich an, nachdem er die Türe geschlossen hatte. „Sie sagt, du seist ernstlich krank. Du lägst im Sterben! Schämst du dich nicht, sterben zu wollen?“

„Doch“, antwortete ich schwach. „Ich schäme mich.“

Gyula machte ein paar Schritte, um sich mit der Aussicht, mit den Wänden, mit dem Geruch des Zimmers vertraut zu machen. Dann blieb er vor dem Bett stehen und stellte mich zur Rede:

„Untersteh dich, zu sterben, bevor ich dein Portrait gemacht habe, verstehst du? Hinterher ist es mir schnurz! Aber nicht vorher! Kapiert?“

„Du bist ein Schweinehund, Gyula“, sagte ich erregt.

„Wußtest du's nicht?“ rief er verwundert. „Der Künstler ist der größte Schweinehund unter der Sonne: Er nährt sich vom Leben und Tod der anderen.“

Ich glaubte, er wolle sich nach dem Verlauf des Unfalls erkundigen. Er tat jedoch nichts dergleichen. Trotzdem wollte ich, daß er es wisse.

„Soll ich dir's erklären?“ fragte ich.

„Nicht notwendig“, erwiderte er geringschätzig. „Ich kann mit deinen Erklärungen wenig anfangen.“

Zuneigung umkräuselte seine Augen.

„Ich will aber, daß du es erfährst“, sagte ich.

„Ich werd's schon erfahren.“

„Es ist ein Geheimnis“, sagte ich. „Niemand weiß es. Ich will es dir verraten.“

„Nicht notwendig“, antwortete er verächtlich. „Ich ziehe es vor, alles selber zu entdecken.“

Ich versuchte zu lachen:

„Vielleicht sterbe ich vorher."

Bedrohlicher Zorn flammte in seinem Blick auf:

„Aber nicht, bevor ich das Portrait beendet habe, habe ich dir gesagt. Nachher kannst du sterben, wann und soviel du willst!"

Ich war stolz. Stolz auf ihn, auf mich, auf unsere Freundschaft. Wir hatten uns harte Gesetze auferlegt, die uns gegen die Erfolge und Wahrheiten der Schwachen schützten. Der wahre Austausch vollzieht sich auf einer Ebene, wo einfache Worte unerläßlich, wo das zu erreichende Ziel darin besteht, die Unsterblichkeit der Seele in der schockierendsten Alltagssprache zu behandeln.

Gyula kam jeden Nachmittag. Die Krankenschwestern wußten, daß sie uns nicht stören durften, wenn er da war. Für sie war er das Tier, dessen auf Ungarisch hervorgesprudelte Beleidigungen einer Negerin die Schamröte ins Gesicht getrieben hätten.

Während er Skizzen verfertigte, erzählte Gyula Geschichten. Er war ein hervorragender Erzähler. Sein Leben barg einen Schatz von betörenden Abenteuern und Erfahrungen. Er hatte in Paris Hunger gelitten, in Hollywood Vermögen vergeudet, überall ein wenig Magie und Alchemie gelehrt. Er kannte alle großen Namen der zeitgenössischen Literatur und bildenden Kunst, er liebte ihre Schwächen und verzieh ihre Erfolge. Gyula hatte auch eine fixe Idee: sich mit dem Schicksal zu messen, ihm für seine Grausamkeiten einen menschlichen Sinn abzutrotzen. Freilich sprach er darüber nur spöttisch.

Eines Tages kam er gewohnheitsgemäß gegen Nachmittag und begann am Fenster stehend zu arbeiten. Er war schweigsam und hatte mir beim Eintreten nicht einmal einen guten Nachmittag gewünscht. Er schien besorgt. So verging eine halbe Stunde, eine Stunde. Plötzlich erstarrten seine Bewegungen, und er sah mir gerade in die Augen, als habe er in ihnen soeben einen unsichtbaren Schleier zerrissen. Mehrere Sekunden lang kreuzten sich unsere Blicke. Er runzelte seine dicken Brauen: Er begann zu begreifen.

„Soll ich es dir erzählen?" fragte ich überwältigt, erschüttert.

„Nein", antwortete er kühl. „Ich habe mit deinen Geschichten nichts zu schaffen!"

Von neuem vertiefte er sich in seine Arbeit, aus der er die Antworten auf alle Fragen und die Fragen auf alle Antworten schöpfte.

Eine Woche später erzählte er mir eine Begebenheit, die scheinbar in keinerlei Zusammenhang mit dem Thema stand, über das wir sprachen. Wir sprachen von der internationalen Lage, von der Gefahr eines dritten Weltkrieges, von der bedeutenden Rolle, die China bald spielen würde. Plötzlich wechselte Gyula das Gesprächsthema.

„Übrigens, habe ich dir erzählt, wie ich beinahe ertrunken wäre?"

„Nein", antwortete ich spöttisch. „Wo hat es stattgefunden: in China?"

„Spar dir deine Randbemerkungen", sagte er. „Du tätest besser daran, zuzuhören."

Verdammter Gyula! dachte ich. Wie sprichst du wohl mit einer Frau, die du liebst? Vermutlich beleidigst du sie, und wenn sie diese Art von Liebeserklärung nicht versteht, hörst du einfach auf, sie zu lieben. Verdammter Gyula!

Eines Sommers war er an die Côte d'Azur gefahren, um dort seine Ferien zu verbringen und zugleich vor der Hitze zu flüchten. Er fuhr oft ans Meer. An jenem Morgen schwamm er weit hinaus. Plötzlich lähmte ein heftiger Krampf seine Glieder. Da er weder Arme noch Beine gebrauchen konnte, ließ er sich sinken.

„Ich begann, das salzige Meerwasser zu trinken", sagte er. „Es war keine Angst in mir. Ich wußte, daß ich dabei war, zu sterben, aber ich blieb ruhig. Eine seltsam süße Heiterkeit durchdrang mich. Ich dachte: Endlich werde ich wissen, woran ein Mensch denkt, der ertrinkt. Das war mein letzter Gedanke. Dann verlor ich das Bewußtsein."

Er wurde gerettet. Jemand hatte ihn sinken sehen und kam ihm zu Hilfe.

Den Linien seines Pinsels auf der Leinwand folgend, fuhr Gyula mit unmerklichem Lächeln fort:

„Wieder zu mir gekommen, blickte ich umher. Ich lag im Kreise von Gaffern auf dem Sand. Ein Arzt, ein kahlköpfiger Greis, beugte sich über mich und horchte mich ab. In nächster Nähe beobachtete mich eine junge Frau mit tief erschrockenen Augen; dabei versuchte sie mich freundlich anzulächeln, vermochte aber ihren verstörten Gesichtsausdruck nicht zu überwinden. Bestürzend, eine entsetzte Frau, die lächelt. Ich dachte: Ich lebe. Ich habe den Tod überlistet. Diesmal hat er mich noch nicht gekriegt. Der Beweis: Ich betrachte eine Frau, die mich betrachtet und mir zulächelt. Den Schrecken auf ihrem

Gesicht verdankt sie dem Tode, der noch ganz nahe hinter mir stehen muß. Das Lächeln ist für mich, für mich allein bestimmt. Ich sagte zu mir: Ich könnte an genau derselben Stelle liegen und diese Frau nicht sehen, die in diesem Augenblick alle anderen durch ihre Anmut und Schönheit überragt. Ich hätte von einer Frau betrachtet werden können, die nicht lächelt. Ich muß mich glücklich preisen, sagte ich mir. Ich lebe. Der Sieg über den Tod müßte Glück erzeugen, das Glück, frei zu sein. Frei, um den Tod von neuem herauszufordern. Frei, um die Freiheit anzunehmen oder zurückzuweisen. Dieser Aufschub müßte mir ein Gefühl von Wohlbefinden geben. Ich empfand dieses Gefühl jedoch nicht. Ich prüfte mich gewissenhaft: Ich fand keine Spur von Freude in meinem Innern. Der Arzt horchte und klopfte mich ab, die Gaffer warfen mir das Almosen ihrer stummen Teilnahme zu, und das Lächeln der jungen Frau wurde allmählich freier – so lächelt man dem Leben zu. Trotzdem war ich nicht glücklich. Im Gegenteil: Ich war furchtbar traurig und enttäuscht. Später brachte die Rettung vorm Ertrinken mich dazu, zu tanzen und zu singen. Aber dort, auf dem Sand, in der glühenden, violetten Sonnenhitze, unter dem Blick der jungen Unbekannten fühlte ich mich enttäuscht, enttäuscht, zurückgekehrt zu sein."

Gyula arbeitete eine Weile schweigsam weiter. Ich glaube, er malte mit geschlossenen Augen. Ich fragte mich, ob er noch immer enttäuscht sei und ob er nachher die junge Frau wiedergesehen habe. Ich fragte jedoch nicht danach. Paul Russel fiel mir ein. Er hat unrecht, dachte ich. Das Leben will nicht unbedingt leben. Das

Leben ist in Wahrheit nur vom Tode fasziniert. Erst durch die Berührung mit ihm beginnt es zu pulsen.

„Willst du mich anhören, Gyula, willst du?" bat ich.

Er fuhr auf, als zwinge ich ihn, die Augen zu öffnen. Ein sarkastisches Lächeln huschte über seine Lippen.

„Nein, ich mag nicht", sagte er.

„Ich möchte aber, daß du es weißt."

„Daß ich was weiß?" fragte er hart.

„Alles."

„Ich brauche deine Geschichte nicht, um zu wissen."

Verdammter Gyula! dachte ich. Was geschah mit der jungen Frau am Strand? Hast du sie beleidigt? Hast du zu ihr gesagt: ‚Du bist eine kleine Göre, eine dreckige kleine Göre?' Hat sie verstanden, daß das eine Liebeserklärung war?

„Gyula", fragte ich, „was ist aus der jungen Unbekannten geworden?"

„Aus welcher jungen Unbekannten?"

„Die vom Strand. Die dich angelächelt hat."

Er ließ sich zu einem mächtigen Gelächter hinreißen, das eine warme Welle der Zuneigung verbergen sollte, die aus ferner Vergangenheit in ihm aufstieg.

„Ach, die?" sagte er mit einer gewollt gewöhnlichen Stimme. „Ja, ja, die kleine Göre, die dreckige kleine Göre!"

Ich konnte mir ein Lächeln nicht verkneifen:

„Hast du das zu ihr gesagt?"

„Natürlich hab' ich es ihr gesagt!"

Nun bemerkte er mein Lächeln.

„Schweinehund", warf er mir ins Gesicht. „Laß mich arbeiten, sonst schmier' ich dir eine!"

Am Tage vor meiner Entlassung aus dem Krankenhaus trat Gyula mit einer Arroganz ins Zimmer, die aus jeder seiner Bewegungen sprach. Wie ein siegreicher General pflanzte er sich am Fußende des Bettes, zwischen dem Fluß draußen und mir auf und verkündete mir die gute Nachricht: Das Portrait war beendet.

„Jetzt kannst du sterben", sagte er.

Gyula legte einen verhüllten Rahmen auf den Stuhl. Dann zögerte er eine Sekunde und machte, mir den Rücken kehrend, einen Schritt zur Seite. Mein Herz begann heftig zu schlagen. Da war mein Ich, vor mir. Mein ganzes Leben lag vor meinen Augen. Es war ein Bild, auf dem das von roten Flecken unterbrochene Schwarz vorherrschte. Der Himmel war dichtes Schwarz, die Sonne dunkles Grau. Die Augen waren wie bei Soutine von einem zitternden Rot und gehörten einem Menschen, der mit angesehen hat, wie sein Gott das unverzeihlichste aller Verbrechen begangen hat: sinnlos zu töten.

„Siehst du", sagte Gyula. „Du sprichst schlecht. Du bist nur du, wenn du schweigst."

Ein Schauer durchlief ihn, er vermochte seine Ergriffenheit nicht länger zu verbergen.

„Schweig", fügte er hinzu. „Das ist alles, was ich von dir verlange."

Um sein Gesicht zu verbergen, ging er zum Fenster, wo er die dahinfließenden Wellen des East River verfolgte, die mit achtunggebietender Anmut der Unendlichkeit entgegenflossen.

Er hat es erraten, dachte ich. Es genügt, das Bild anzuschauen, um es zu merken. Der Unfall war nur im begrenzten Sinne des Wortes ein Unfall. Ich hatte das Taxi kommen sehen, freilich nur blitzartig, aber ich hatte es bemerkt. Ich hätte ausweichen können.

Nun bahnte sich ein stummes Zwiegespräch zwischen Gyula und mir an.

„Du siehst? Gott ist vielleicht tot, aber der Mensch lebt. Der Beweis dafür ist, daß er der Freundschaft fähig ist."

„Aber die anderen? Die anderen, Guyla? Diejenigen, die tot sind? Was sagst du dazu? Außer mir haben sie keinen Freund."

„Du mußt sie vergessen. Du mußt sie aus deinem Gedächtnis verbannen. Mit Peitschenhieben, wenn notwendig."

„Sie verbannen, Guyla? Mit Peitschenhieben, sagst du? Meinen Vater mit der Peitsche vertreiben? Und Großmutter? Auch sie soll ich mit der Peitsche verjagen?"

„Ja, ja und nochmals ja. Die Toten haben hier nichts zu suchen. Sie sollen uns in Ruhe lassen. Wenn sie sich weigern, nimm die Peitsche."

„Und das Bild, Gyula? Sie sind darin. In den Augen des Portraits. Warum hast du die Augen mit in das Bild genommen, wenn du von mir verlangst, daß ich sie vertreibe?"

„Ich habe sie hineingemalt, um sie zu bannen. Damit du weißt, wo du zuschlagen sollst."

„Ich kann nicht, Gyula. Ich kann nicht."

Gyula wandte sich um, und ich sah mit einemmal, daß er gealtert war. Seine Haare waren weiß geworden, sein Gesicht magerer, ausgezehrter.

„Das Leiden ist den Lebenden aufgegeben und nicht den Toten", sagte er mit einem Blick, der mich durchdrang. „Es ist die Pflicht des Menschen, ihm ein Ende zu bereiten und nicht, es zu vermehren. Eine Stunde Leiden weniger ist schon der Sieg über das Schicksal."

Tatsächlich, er war gealtert. Jetzt war er ein Greis, der zu mir sprach und mir das zeitlose Wissen übermittelte, das erklärt, warum die Erde sich weiterdreht und der Mensch weiter auf den Morgen hofft. Ohne Atem zu holen fuhr er fort, als halte er dieses Wort seit langem für mich bereit:

„Wenn dein Leiden auf die anderen übergeht, die dich umgeben, die in dir ihren Lebenszweck suchen, unterdrücke es. Wenn die Toten es sind, die es dir aufhalsen, so töte sie von neuem und so oft, wie es nötig ist, um ihnen das Handwerk zu legen."

Unendliche Traurigkeit überfiel mich. Ich hatte den Eindruck, daß ich dabei war, meinen Freund zu verlieren: Er richtete mich.

„Angenommen, der Mensch bringt es nicht fertig?" fragte ich niedergeschlagen. „Was bleibt ihm dann übrig? Die Lüge? Ich ziehe die Klarsicht vor."

Langsam schüttelte er den Kopf:

„Sie stellt einen Sieg des Schicksals und nicht des Menschen dar. Es ist ein Akt der Freiheit, der die Verneinung der Freiheit in sich birgt. Der Mensch ist es sich schuldig, weiterzugehen, zu suchen, abzuwägen, die Hand auszustrecken, sich zu verschenken, sich zu ersinnen."

Plötzlich schien es mir, als spreche mein Lehrmeister Kalman, der Kabbalist, zu mir. Seine Stimme hatte den gleichen Unterton von Güte, von Verstehen. Aber Kalman war mein Lehrer gewesen, nicht mein Freund.

„Eines mußt du wissen", fuhr Guyla fort, ohne den Tonfall zu verändern, ja, ohne mit der Wimper zu zucken. „Wisse, daß die Toten, da sie nicht mehr frei sind, nicht mehr die Fähigkeit des Leidens besitzen. Nur die Lebenden haben sie. Kathleen lebt. Ich lebe. An uns mußt du denken, nicht an sie."

Er brach ab, um seine Pfeife zu stopfen, vielleicht auch, weil er nichts hinzuzufügen hatte. Alles war gesagt. Das Für und das Wider. Ich würde die Toten oder die Lebenden zu wählen haben. Die Tage oder die Nächte. Ihn oder Kalman.

Ich betrachtete das Portrait, in dessen Augen ich tief drinnen Großmutter mit ihrem schwarzen Kopftuch sah. Ein Ausdruck schmerzlichen Friedens lag in ihrem ausgezehrten Gesicht. Sie sagte: Fürchte nichts. Ich bin da, wo du bist. Ich lasse dich nicht mehr auf dem Bahnsteig allein. Weder auf dem Bahnsteig, noch in einer fremden Stadt. Ich nehme dich mit. In dem Zug, der zum Himmel auffährt. Dort wirst du die Erde nicht mehr sehen. Ich verberge sie vor deinen Augen. Mit meinem schwarzen Kopftuch.

„Du verläßt morgen das Krankenhaus?" fragte Gyula, dessen Stimme wieder wie sonst klang.

„Ja, morgen."

„Wird Kathleen sich deiner annehmen?"

„Ja."

„Sie liebt dich."

„Ich weiß es."

Stillschweigen.

„Wirst du gehen können?"

„Auf Krücken", erwiderte ich. „Man hat den Gipsverband abgenommen. Ich darf die Füße aber noch nicht aufsetzen. Man hat mir Krücken zum Gehen gegeben."

„Du wirst dich auf Kathleen stützen. Sie wird glücklich sein, wenn du bereit bist, dich auf sie zu stützen. Empfangen ist eine höhere Form der Freigebigkeit. Mache sie glücklich. Ein bißchen Glück rechtfertigt die Anstrengungen eines ganzen Lebens."

Kathleen wird glücklich sein, entschied ich. Ich werde lernen, gut zu lügen, und sie wird glücklich sein. Absurd, daß Lügen das wahre Glück erzeugen können, ein Glück, das, wie lange es auch dauern mag, wahr scheint. Die Lebenden lieben die Lügen, genau wie sie es lieben, Freundschaften zu schließen. Die Toten lieben sie nicht. Großmutter würde es nicht dulden, daß man ihr die Wahrheit verbirgt. Nächstes Mal, Großmutter, ich verspreche es dir: Ich werde aufmerken. Ich werde den Zug nicht verpassen.

Ich mußte das Portrait wohl zu eindringlich angesehen haben, denn plötzlich begann Gyula mit den Zähnen zu knirschen. Mit einer wilden, wütenden Gebärde riß er ein Streichholz an und näherte es der Leinwand.

„Nein", rief ich verzweifelt. „Tu es nicht, Gyula! Tu es nicht! Verbrenne Großmutter nicht ein zweites Mal! Halt ein, Gyula, halt ein!"

Kaltblütig wie er war, ließ Gyula sich nicht aus der Fassung bringen. Mit verschlossener, verbissener Miene hielt er das Bild mit den Fingerspitzen fest, wandte es nach allen Seiten und wartete, bis es nur noch Asche war. Ich wollte mich auf ihn stürzen, war aber zu schwach, um aus dem Bett zu klettern. Tränen über=schwemmten mein Gesicht. Ich weinte lange, nachdem Gyula die Türe hinter sich geschlossen hatte.

Er hatte vergessen, die Asche mitzunehmen.